Mit Delfinen schwimmen

Bobbie Sandoz

Mit Delfinen schwimmen

Die sanften Freunde des Menschen

Aus dem Englischen
von Annette Gabriel-Reinecke

Frederking & Thaler

Den Delfinen in Dankbarkeit für ihre lebendige Freundschaft, ihre heitere Weisheit und für ihre himmlische Geduld mit unserer Langsamkeit, die Sprache anderer Spezies und besserer Welten zu begreifen.

Die Deutsche Bibliothek – CIP-Einheitsaufnahme
Ein Titeldatensatz für diese Publikation ist bei der
Deutschen Bibliothek erhältlich

Englischer Originaltitel »Listening to wild dolphins«

www.frederking-und-thaler.de

Übersetzung aus dem Amerikanischen Annette Gabriel-Reinecke

Fotos: © Frank Balthis: S. 159; © Henrik Bothe: S. 68; © Tom Conlin: S. 154; © Steve Drogin: S. 69; © Ken Marten: S. 67; © Flip Nicklin, Minden Pictures: S. 72; © Doug Perrine, Innerspace Visions: S. 66, S. 71, S. 160; © Bobbie Sandoz: S. 65, S. 66, S. 70, S. 71, S. 153, S. 154, S. 155, S. 156, S. 157, S. 158;
Schutzumschlagfotos: vorne: © Doug Perrine, Innerspace Visions, Hawaii/USA
hinten: © Ken Marten, Earthtrust & Sea Life Park Hawaii
Lektorat: Regina Carstensen, München
Herstellung und Satz: Büro Caroline Sieveking, München
Umschlaggestaltung: Monika Neuser, 2005 Werbung, München
Druck und Bindung: GGP Media, Pößneck

Printed in Germany

ISBN 3-89405-417-4

INHALTSVERZEICHNIS

Einführung

Die Bestsellerlisten des Buchhandels beweisen es: Seit Jahren wächst das Interesse an spirituellen Ratgebern, die von Gurus, Engeln und Gott erzählen. Warum aber ist in unserer realitätsorientierten, tendenziell materiell ausgerichteten Welt der Wunsch, mit weisen und intelligenten Wesen anderer Welten in Kontakt zu treten, so stark?

Paradoxerweise erforschen wir das Weltall, um spirituelle Wesen und höhere Intelligenzen aufzuspüren, fürchten uns aber zugleich vor möglichen Entdeckungen. Wir schwanken zwischen Faszination und Furcht. Wie aber reagieren wir, wenn wir tatsächlich mitten unter uns im Hier und Jetzt – nur einige Meter unter dem Meeresspiegel – auf eine derartige Spezies stoßen? Sollten wir das Potenzial ihrer Fähigkeiten ignorieren oder uns auf sie einlassen, den Dialog aufnehmen und mehr über sie lernen?

Die Antwort darauf finden Sie in der Geschichte, die die Delfine uns erzählen. Obwohl sie mitten unter uns leben, gelten Delfine oft als magische Lebewesen, die mit einer geistigen Welt höherer Intelligenz in Verbindung stehen. Verstehen wir sie richtig, dann bewegen sie sich mit ungewöhnlicher Leichtigkeit in den Räumen der inneren und der kosmischen Bewußtseinswelten. Mit ihnen können wir in neue Dimensionen reisen, die die Grenzen unserer Alltagswelt sprengen. Ihre Welt ist geprägt von einer anderen Zeit – nennen wir sie die Traumzeit. Doch all diese Begabungen und Fähigkeiten werden bei der Erforschung der Delfine kaum beachtet. Vielmehr interessieren sich die traditionellen Wissenschaftler für die physischen Eigenheiten, das Wanderverhalten, die Nahrungsgewohnheiten und das Fortpflanzungsverhalten der Meeressäuger.

Wer sich darauf einlässt, mit wilden Delfinen zu schwimmen, dem bietet sich die Chance, mit den Tieren in einen Dialog zu treten und zu erfahren, was sie uns über jene Quelle ihrer geheimnisvoll magischen

Kraft mitzuteilen haben, die ihnen diese wunderbare Harmonie und Freude am Dasein in unserer gemeinsamen Welt schenkt. Hören wir ihnen zu, anstatt uns dem Ruf und der Kommunikationsfähigkeit der Delfine zu verschließen. Dann zeigen sie uns, wie auch wir unser höheres Selbst entdecken können. Sie lehren uns, die Welt unserer Träume Gestalt werden zu lassen und mit der gleichen Freude zu leben, die sie in ihren ausgelassenen Tänzen kreuz und quer an den Horizonten unsere Meere entlang zum Ausdruck bringen. Gelingt es ihnen, unsere Freundschaft und unser Vertrauen zu gewinnen, bringen sie uns vielleicht dazu, der Ausrottung ihrer Spezies Einhalt zu gebieten, der Verschmutzung ihrer ozeanischen Heimat entgegenzuwirken und sie nicht länger mit Ringnetzen oder Echolotexperimenten zu stören.

Delfine und ihre größeren Wal-Verwandten werden in den frühen Berichten über die Region zwischen Florida und Hawaii selten erwähnt. Doch heute sichten die Menschen hier und in anderen Küstengewässern immer mehr von ihnen. Viele Menschen erleben, dass Delfine und Wale den Kontakt mit ihnen suchen, und genießen die Begegnung mit diesen bezaubernden Wesen. Warum aber nehmen sich die Delfine der Menschheit gerade jetzt an? Was an ihren Begegnungen gibt uns das Gefühl, mit einzigartigen, überragend intelligenten und weisen Geschöpfen zusammen zu sein?

Vor etwa dreißig Jahren erwachte das Interesse am Bewusstsein der Delfine und Wale, wobei sich diese neue Freundschaft in den letzten Jahren intensivierte. Nicht von ungefähr boten auch mir die Delfine vor gut zehn Jahren ihre Nähe und Zuneigung an, und es entstand eine innige Beziehung. Je länger ich mich mit den Meeressäugern auseinandersetzte und ihnen folgte, desto klarer erkannte ich, dass sie eine Geschichte zu erzählen hatten. Der Delfingeist war in mir, der Therapeutin, geweckt, und ich wollte ihn in Worte fassen. Doch um das spirituelle Abenteuer ihrer ausströmenden Lebensfreude, ihrer heilenden Weisheit und liebevollen Geduld aufzuzeichnen, musste ich die Grenzen eines wissenschaftlichen Berichts überschreiten. Denn mit den Kriterien wissenschaftlichen Arbeitens beobachten und halten wir nur das fest, was sich mit unseren fünf Sinnen wahrnehmen und messen lässt.

Progressive Wissenschaftler wie die Pharmakologin und Biochemikerin Candace Pert und andere meinungsführende Kollegen halten die mechanistische Wissenschaftsauffassung für ein Hindernis bei der Untersuchung der immateriellen Welt. Sie blockiere die Wahrnehmung und Erforschung schwer fassbarer, aber höchst interessanter Dinge wie etwa Emotionalität, Verstand, Geist, Seele, Intuition oder Telepathie. All diese Fähigkeiten brauchen wir aber bei der Erforschung hoch entwickelter Lebewesen wie den Delfinen und Walen. Nur damit können wir ihre Botschaften verstehen. Als Folge dieser engen Wissenschaftslehre sind die Gebiete, die uns am ehesten Aufschluss über den möglichen Sinn unseres Lebens geben, in unserer Kultur eigentlich noch unerforscht.

Ungeachtet der Barrieren, die der Entdeckung unserer unsichtbaren Welt entgegenstehen, interessieren sich die Menschen gerade für jene Bücher, die unbefangen neue Wege zur Erweiterung unseres Bewusstseins einschlagen. Und lassen sich davon inspirieren. Im Gegensatz zu dem Desinteresse der etablierten Wissenschaft an der Kommunikation mit außergewöhnlichen Lebewesen wünschen sich also Millionen von Menschen, mit ihnen in Kontakt zu treten und ihnen zuzuhören. Um dieses Thema tiefer zu erfassen, sollten wir den Pfad der traditionellen Gelehrsamkeit verlassen und uns mit einem umfassenderen Forschungsbegriff anfreunden. Vergessen wir nicht, dass gerade jene klugen Köpfe, denen wir die wichtigsten Beiträge zu unserem Wissen von der Welt verdanken, die Grenzen der mechanistischen Wissenschaft durchbrachen, um ihre Entdeckungen zu machen.

Es gibt also gute Gründe, Delfine aus einem vielschichtigen Blickwinkel heraus zu begreifen. Aufgrund meiner Ausbildung und meiner langjährigen Erfahrung, mit ihnen zu schwimmen, um eigene Verhaltensmuster zu erkennen, kam ich zu dem Punkt in meinem Leben, wo ich das geheimnisvolle Wissen der Delfine in einem Buchprojekt zusammenfassen wollte. Ich hatte Sozialwissenschaften studiert, verbrachte in dieser Zeit ein Jahr mit kulturvergleichenden Untersuchungen im Ausland und legte Examen in den Fächern Pädagogik und Sozialarbeit ab. Später analysierte ich Biographien unter wissenschaftlichen Aspekten und arbeitete als Assistentin in einem Forschungsprojekt der Berkeley-Universität in Kalifornien mit, das an der Universität auf Hawaii durchgeführt wurde. Mir war die exakte wissenschaftliche Arbeitsmethode also nicht fremd, doch ich wollte nicht im Elfenbeinturm der mechanistischen Wissenschaften bleiben. Als frei praktizierende Therapeutin war ich nicht an ihre Regeln gebunden und konnte alternative Heilverfahren und Methoden zur Lebensbewältigung anwenden, um meinen Patienten besser helfen zu können.

Neben meiner Tätigkeit als Therapeutin zog ich zwei Kinder auf und verfasste ein Buch über Elternschaft. Ich schreibe Kolumnen für unsere Lokalzeitung und halte viele öffentliche Vorträge. Die Ideen der Metaphysik und der Quantenphysik faszinieren mich besonders, und ich beziehe sie stets in meine berufliche Tätigkeit und in mein Leben mit ein. Bei meinem Umgang mit den Delfinen hilft es, dass ich sehr gut schwimmen kann, sogar Rettungsschwimmerin bin, und Zugang zu einer der schönsten Buchten der Welt habe, Oahu genannt, die häufig von Delfinen besucht wird. Was mich jedoch am meisten dazu brachte, die Botschaften der Delfine aufzunehmen, ist meine große Passion, zuzuhören, mich auf die Seelen meiner Klienten einzustimmen. Und das seit dreißig Jahren.

Ich hatte das Glück, über zweitausend Stunden im Wasser mit Delfinen und Walen verbringen zu dürfen. Mehr als fünfhundert Stunden beobachtete ich sie von Schiffen aus: An den Küsten von Hawaii, Australien, Tonga, Mexiko, den Bahamas, der Dominikanischen Republik, der Südsee, den Bimini-Inseln und von Florida. Außerdem nahm ich an drei nationalen und internationalen Kongressen über Meeressäugetiere (also Wale, Delfine und Schweinswale) in Hawaii und Australien teil.

Ich habe das Wesen der Delfine und Wale mit großer Sorgfalt studiert, täglich meine Beobachtungen und Ergebnisse niedergeschrieben und meine Aufzeichnungen mit denen anderer Experten verglichen. In diesen aufregenden Stunden kam ich zu faszinierenden, ja packenden Einsichten. Mit meinem Buch möchte ich zeigen, dass Delfine uns etwas schenken können. Weil wir mit ihnen kommunizieren können, ist es uns möglich, die tiefen Schichten ihres Wesens wahrzunehmen. Sie offenbaren uns ein Wissen, wie wir unser höheres Selbst in der Welt unserer Träume leben können. Und so lade ich Sie ein, sich zurückzulehnen und der Geschichte der frei lebenden Delfine zu lauschen.

Mit Aloha, Bobbie Sandoz.

EIN ZAUBERGARTEN IM OZEAN

DELFINEN BEGEGNEN

Sei dir deiner Gedanken und deines Verhaltens immer so bewusst, wie du es in Gegenwart eines weisen, dich begleitenden Lehrmeisters wärest. Das lockt dein höheres Selbst hervor, weil du dich anstrengst, ihn zu beeindrucken.

Die meisten Jahre meines Berufslebens habe ich als Therapeutin gearbeitet. Zusammen mit meinen Patienten suchte ich nach Wegen, ihre inneren Blockaden und zwanghaften Verhaltensstrukturen abzubauen, damit sie ihr ganzes Potenzial ausschöpfen und mehr Lebensfreude entwickeln konnten. Die meisten von ihnen schienen – ebenso wie ich – auf den ersten Blick ganz erfolgreiche Menschen zu sein, die einfach nur noch mehr im Leben entdecken wollten. Es war mir immer schon rätselhaft, dass so viele Menschen, die von anderen beneidet werden, an sich selbst einen tiefgreifenden Mangel verspüren. Während ich also meinen Klienten dabei half, das Geheimnis zur Glückseligkeit zu entdecken, fand auch ich selbst einige Wege zu jener inneren Befriedigung, der ich während der Therapiearbeit gemeinsam mit meinen Patienten auf der Spur war. Und doch gab es nach so vielen Jahren des tieferen Verstehens immer noch schwer zu fassende Sehnsüchte und Wünsche in mir.

Vor gut zehn Jahren, als meine Beziehung zu den Delfinen begann, befand ich mich in einer besonders kritischen Lebensphase. Meine Kinder, die unser Familienleben mit soviel Lebendigkeit und Freude erfüllt hatten, beendeten gerade das College und standen kurz davor, endgültig von zu Hause auszuziehen. Ein wichtiger Lebensabschnitt ging für mich zu Ende, und ich wagte mich in ein neues, herausforderndes Abenteuer. Ich schränkte meine Therapietätigkeit ein, versuchte mich als »Teilzeit-Ruheständlerin«, um ein Dasein als »Vollzeit-Schriftstellerin« vorzubereiten. Was mich jedoch eines Abends am meisten beschäftigte, als ich auf den Felsen einer Hotellagune in der Nähe meines Zuhauses saß und die Delfine durch das ruhige Wasser gleiten sah, das war das Chaos meiner Ehe.

Als ich trostsuchend auf das seichte Wasser der Lagune schaute, ahnte ich kaum, dass das, was so bald geschehen würde, mich auf einen unbekannten Weg zu neuen Ebenen der Seligkeit und der Freude führen sollte. Wie konnte ich auch wissen, während ich dort über meine Eheprobleme nachgrübelte, dass ich gerade dabei war, den Schlüssel zu dem höheren Glück zu finden, nach dem ich die ganze Zeit über gesucht hatte. Mehr noch, ich war dabei, einen universellen Zugang zur Erfüllung zu finden, der jedem offen stand, ganz gleich, wie zufrieden er gerade sein Leben genoß oder welche Ebene der persönlichen und seelischen Entwicklung er erreicht hatte.

Ich hatte mich schon einige Jahre zuvor still und in friedlichem Einvernehmen von meinem Mann getrennt, doch wir lebten weiterhin als Wohngemeinschaft zusammen in einem Haus, das wir nicht verkaufen konnten. In dieser Zeit hatten wir es geschafft, unsere Freundschaft wieder aufleben zu lassen. Tatsächlich waren wir uns gerade wieder so nahe gekommen, dass wir unserer Ehe noch einmal eine Chance geben wollten. Doch in dem Moment, in dem wir an eine Erneuerung unserer Ehe glaubten, begann der Streit von neuem.

Gerade hatte mein Mann nach einer dieser Auseinandersetzungen unseren Strandspaziergang abgebrochen und wartete nun im Auto auf mich. Ich saß nun unweit meines Zuhauses auf dem Felsen einer Hotellagune auf Honolulu, schaute den Delfinen zu, mit denen ich mich schon am Beginn unserer Entfremdungsphase angefreundet hatte, und zerbrach mir den Kopf darüber, was nun zu tun war. Ich war eine Frau Anfang fünfzig, die die meisten Jahre ihres Lebens in diese Ehe gesteckt hatte. Bei dem Gedanken, nach dieser großen Investition meinen Lebensabend allein verbringen zu müssen, wurde mir angst und bange.

Während mir diese unangenehmen Gedanken durch den Kopf gingen, schwamm Maka, einer der Delfine der Lagune, auf mich zu. Dabei hielt er die Schirmmütze irgendeines Touristen unter seiner Flosse, ließ sie wieder los, tauchte wieder – scheinbar unbeholfen – unter und erschien mit schief aufgesetzter Kappe wieder an der Wasseroberfläche. Seine Augen blickten mich schelmisch an. Bei dieser lustigen Vorführung brach ich unweigerlich in Lachen aus. Maka schien zufrieden mit der Wirkung seiner Possen und wiederholte sie, bis meine Stimmung umschlug und ich zufrieden lächelnd auf dem Felsen saß.

Die Hotel-Delfine schafften es immer, mich in gute Laune zu versetzen. So hatte ich sie in den vergangenen Jahren herzlich lieben gelernt. Meine Verbundenheit mit ihnen hatte mir die Einsamkeit seit meiner Trennung etwas leichter gemacht. Ich verstand, dass sie in diesen

Momenten den Wunsch und die Fähigkeit hatten, mich aufzumuntern und mir meinen inneren Frieden wiederzugeben. Ich konnte aber nicht genau herausfinden, was an den Delfinen mich derart bewegte; ich spürte allein ihre wunderbare Wirkung auf mein Herz und Gemüt.

Nachdem Maka seine Mission erfüllt und mich in besserer Stimmung auf dem Felsen zurückgelassen hatte, kam meine engste Delfinfreundin, Iwa, zu mir. Sie richtete sich genau vor mir im Wasser auf und blickte mir fest in die Augen. Ich hatte sie zuvor noch nie aufrecht vor jemandem stehen sehen, noch hatte sie mich jemals derart angeguckt. Sie besaß einen unnachgiebigen Blick, doch jetzt schien sie geradezu durch mich hindurch auf etwas jenseits von mir zu schauen.

Verwundert überlegte ich, warum sie sich so verhielt und was sie sah. Im selben Moment durchfuhr mich ein kurzer Energiestoß, der ebenso schnell verschwand, wie er gekommen war. Ich fühlte mich auf sonderbare Weise geehrt, als Iwa ihre aufrechte Haltung beibehielt, während sie nun einen seelenvollen Blick auf mich heftete – doch ich rätselte weiter über die Bedeutung ihres Verhaltens. Jedenfalls löste es eine Flut von Tränen in mir aus, die meine Angst vor der Einsamkeit wegwusch. Iwa hatte gleichsam meinen Energiespeicher aufgeladen und die Kraft meines Herzens erneuert.

Dies war das erste Mal, dass mir beide Delfine bei einem Zusammentreffen so viel Achtung entgegenbrachten. Zwar nahmen sie meine Anwesenheit meistens wahr und spielten auf irgendeine Weise mit mir, doch brachten sie es auch fertig, mich zugunsten anderer Besucher gänzlich zu ignorieren. Manchmal schenkte mir auch nur einer seine Aufmerksamkeit, während der andere verstohlen aus einiger Entfernung zusah, aber keinen Kontakt aufnehmen wollte. Deshalb fühlte ich mich an jenem Abend besonders glücklich, denn jeder von ihnen hatte mir seinen speziellen Besuch abgestattet.

Mein Liebling unter den Delfinen war an einen anderen Ort übersiedelt worden, und ich beklagte den Verlust noch immer. Nehoa war eine alte »Tante« (so bezeichnen die Hawaiianer ihre engen Freunde; so wird das Delfin-Weibchen aus einer Gruppe genannt, das das Muttertier dabei unterstützt, das Neugeborene zum ersten Atemzug an die Oberfläche zu geleiten und es vor Angriffen zu schützen). Nehoa hatte bald nach der Geburt von Iwas Sohn Hoku als Erste von den Delfinen der Lagune damit begonnen, Hüte unter ihren Flossen zu tragen.

Anfangs kümmerte sie sich mit um das neugeborene Kalb, ein Verhalten, das bei wild lebenden Weibchen selbstverständlich ist. Doch die gefangene Iwa wollte lieber allein für Hoku sorgen. So schnappte sich Nehoa eines Tages – vielleicht weil sie es aufgegeben hatte, Iwa mit dem Baby zu helfen – einen der Touristenhüte, die auf die Lagune geweht worden waren, und steckte sich ihn unter die Brustfinne. Es schien, als hätte sie nun einen Säuglingsersatz gefunden.

Es dauerte nicht lang, bis Nehoa mit ihrem Hut ziemlich viel Aufmerksamkeit auf sich zog. Sie schwamm in Angeberpose am Ufer der Lagune entlang und präsentierte dabei triumphierend ihren Hut. Manchmal rollte sie sich dabei sogar auf die Seite, damit er noch besser zu sehen war. Natürlich bekam Nehoa bald genausoviel Anerkennung für ihren Hut wie Iwa für ihr Baby. Besonders genoß sie es, sich für Fotos in Szene zu setzen. Der kostbare Hut wurde Nehoas Markenzeichen, und bald galten ihre Darbietungen als besonderer Höhepunkt im Delfin-Programm der Hotellagune.

Mit der Zeit warfen die Menschen Nehoa mehr Hüte zu, mit denen sie genauso gern spielte. Sie klemmte sich einen unter jede Flosse (die Brustfinnen werden übrigens auch »Flipper« genannt) und präsentierte sie abwechselnd. Rot war ihre Lieblingsfarbe, deshalb versteckte sie meistens einen oder zwei rote Hüte und rückte sie ihrem Trainer abends nur sehr widerwillig heraus. Nehoa gefiel es, welchen Spaß ich mit ihren Hutspielen hatte. Sobald ich kam, schwamm sie auf mich zu, um mir ihr neuestes Modell vorzustellen.

Leider kam der Tag der Trennung. Der junge Hoku musste die Lagune verlassen und in ein anderes Gewässer umgesiedelt werden, um ihn vor seinem dominierenden Vater Maka zu schützen. Nehoa wurde ausgewählt, ihn zu begleiten; denn dieser Umzug schützte auch sie vor Maka, der sich zunehmend launischer verhielt. Er hatte ein Verhaltensmuster entwickelt, das bei dominierenden Männchen, die in Gefangenschaft leben, häufig auftritt: Er griff Weibchen an.

So blieb Hokus Mutter Iwa allein mit Maka in dem luxuriösen Hotelgewässer, weil sie am besten mit seiner temperamentvollen Natur umgehen konnte. Mir war wehmütig ums Herz, als ich an die alte Nehoa dachte. Ich wusste, dass sie mit dem Umzug ein weniger freundliches, weil völlig fremdes Schicksal erwartete. Und ich vermisste ihr angenehmes und zutrauliches Wesen.

Erst nach Nehoas Fortgang kamen Iwa und ich uns näher. Unsere Freundschaft begann, als ich zum ersten Mal bemerkte, dass sie oft nach meiner Ankunft im Hotel auf mich zuschwamm. Sie glitt dann vor mir hin und her durch das Wasser und schaute mich dabei mit einem Auge unverwandt an. Ich blickte ihr ebenso tief in die Augen, und oft fühlte ich mich dann ganz gefangen in diesem Blick, verloren in einem träumerischen, angenehmen Trancezustand. Iwa zog mich durch die Pforten ihrer Augen auf den Grund ihres Herzens, um mir dort einen Moment Ruhe zu schenken. Dann schwamm sie fort, richtete dabei ihren Kopf ganz bewusst in meine Richtung und kam zurück, um mir wieder in die Augen zu schauen. Wir wiederholten unseren intensiven Blickkontakt und verharrten mehrmals längere Zeit in diesem Moment der Verbundenheit. Bald lernte ich, auch sie in mein Herz zu ziehen. Beide genossen wir diese gemeinsamen Augenblicke, in denen wir ganz in die Liebe des anderen eintauchten. Am Ende dieser Herzenstreffen hatte ich jedesmal das Gefühl, aus einer tiefen Meditation zu erwachen.

Nachdem ich an jenem Abend auf den Felsen mit meinen beiden Delfinfreunden kommuniziert hatte, fühlte ich mich leicht, heiter und gelassener. So kehrte ich friedlich gestimmt zu unserem Auto und meinem wartenden Ehemann zurück. Er entschuldigte sich für seine Gereiztheit, und ich konnte ihm viel eher verzeihen als üblicherweise.

Einige Zeit später lernte ich einen Mann kennen, der seit etwa einem Jahr mit wild lebenden Delfinen im offenen Meer schwamm. Er erzählte mir, dass Delfine in den frühen Mythen Hawaiis kaum auftauchen, dass aber heute im Meer vor Hawaii immer mehr Delfine Kontakt mit Schwimmern suchen, ähnlich wie die Wale in Mexiko. Dort kommen einige Wale immer wieder so nah an Fischerboote heran, dass die Menschen sie berühren können. Diese Begegnungen sind als »Phänomen der freundlichen Wale« bekannt geworden, und bei den dort lebenden Mexikanern heißen die Wale bereits »las amistosas«, »die freundlich Gesinnten«.

Von Begegnungen mit frei lebenden liebenswürdigen Delfinen und Walen im offenen Meer hatte ich bereits gehört und gelesen. Ich brannte darauf, einmal selbst solch eine Erfahrung zu machen. Also schiffte ich mich mit ein paar alten Freunden, mit denen ich auf unserem geliebten Hawaii aufgewachsen war, ein, um die entgegenkommenden Delfine unserer Heimat zu suchen. Obwohl wir bei den Ausfahrten eine Menge Spaß hatten und unsere Freundschaft vertieften, begegneten wir bei dieser ersten Suche keinem einzigen Delfin. Nur einmal hörten wir ihr Pfeifen und wußten, dass sie ganz nah waren.

Mittlerweile war auch die Neugier meines Mannes geweckt. Er interessierte sich zunehmend für die Meeressäuger, und eines Tages fasste er den Entschluss, mich bei dem Abenteuer zu begleiten. Gleich am nächsten Morgen wollten wir in eine Bai ausfahren, deren türkisblau schillerndes Wasser auch die hawaiianische Königsfamilie entdeckt hatte. Sie verlebte in einer der kleineren Buchten mit einem sich sanft windenden Tal, von dem aus die ganze Bai zu überblicken war, ihre Sommerfrische. Eine Herde freundlich gesinnter Delfine tollte zur Zeit gerade in der wunderschönen Bucht herum. Es war bekannt, dass sie regelmäßig Kontakt zu Menschen suchten, die zum Baden in die Bucht kamen.

Als wir uns aber am Morgen aufmachten, gerieten mein Mann und ich wieder in einen Streit, der die ganze Ausfahrt überschattete. Kurz bevor wir in der Bucht ankamen, waren die Delfine, die dort zuvor beim Spiel beobachtet worden waren, verschwunden. Das Gleiche geschah einige Wochen später noch einmal. Langsam dämmerte uns, dass unser Zanken den gutmütigen Geschöpfen vielleicht nicht sympathisch war.

Unser Gefühl wurde von Menschen, die die Delfine bereits gut kannten, bestätigt. Sie berichteten, dass die Tiere gradewegs auf einige Badende zuschwammen, während sie andere warten ließen. Das Ganze erinnerte mich an meinen Besuch in einem Aschram einige Jahre zuvor, bei dem ich mich um die Gunst des Gurus bemühte. Seine Jünger erzählten mir, dass er Menschen mit anmaßendem Ego oder Mangel an Selbstbeherrschung oft eine Zeit warten ließ, bevor er ihnen seine Aufmerksamkeit schenkte. Manchmal ignorierte er auch Menschen, die sehr ängstlich und unsicher oder verzweifelt und selbstmitleidig auftraten. Die Abgewiesenen sollten sich bewusst machen, was an ihnen unangenehm war und wo sie sich möglicherweise ändern sollten. Ähnlich wie bei dem Erlebnis mit dem Guru ließ man mich also auch jetzt warten. Ich dachte darüber nach, worin ich mich bessern musste.

In diesem Fall lag das Problem auf der Hand. Mein Mann und ich waren angefüllt mit negativer Streitenergie. Wir versteiften uns darauf, den anderen zu ändern, anstatt uns darum zu kümmern, was in jedem von uns selbst im Argen lag und der Modifikation bedurfte. Mit diesem Bewusstsein saßen wir am dritten Tag unserer Exkursion zusammen in einem Kajak in der Bucht. Wir ließen beide von unserer Wut und den üblichen Schuldzuweisungen ab, hörten uns zu, und jeder nahm seine Verantwortung für die Probleme zwischen uns an. In dreißig Jahren hatten wir uns nicht einmal so aussprechen können wie an diesem Tag. Friedlich gestimmt saßen wir im Kajak, glücklich, wie gut wir uns verstanden, und erfüllt von der Erkenntnis, dass wir selbst für unsere persönliche Entwicklung verantwortlich waren.

Als wir an den Strand zurückkehrten, erzählte man uns, dass die Delfine in einer weiten Bahn um uns herumgeschwommen waren. Wir hatten sie zwar kein einziges Mal gesehen, doch mussten wir ihre beruhigende Anwesenheit gespürt haben. Dieser Tag stand am Beginn einer versöhnlicheren Beziehung zwischen uns. Nach dieser Erfahrung wussten wir, dass wir – ganz gleich, ob wir zusammenbleiben würden oder nicht – einfühlsamer und respektvoller miteinander umgehen würden.

Meine Erfahrungen mit den Delfinen wurden zunehmend intensiver. Bald war offensichtlich, dass sie mir eine Reihe von Lektionen erteilen wollten. Lektionen, in denen sie die Menschen lehren, ihr höheres Selbst zu leben und die Welt ihrer Träume Gestalt werden zu lassen. Erst nachdem ich das verstanden hatte, konnte ich zurückschauen und erkennen, dass sie mir an jenem Tag einen Weg zu meinem Glück aufgezeigt hatten. Die erste Einsicht lautete: *Wenn du das Gute im Leben an dich ziehen willst, musst du dich selbst in deinen Träumen attraktiv zeigen.* Diese Erkenntnis war so simpel, dass sie mir beinahe entgangen wäre. Besonders interessant ist sie aber im Hinblick auf neuere Ergebnisse progressiver Wissenschaftler wie Candace Pert. Sie zeigt in ihrem Buch – *Moleküle der Gefühle* – auf, dass wir selbst auf molekularer Ebene das anziehen, was der Qualität der gerade in uns vorherrschenden Energien entspricht. Damit erklärt sich, warum wir, wenn wir uns unsicher fühlen oder wütend sind, unsere positiven Wünsche und Sehnsüchte abstoßen. Wenn wir dagegen von Freude und Zuversicht erfüllt sind, ziehen wir das Positive an.

Also fuhren wir beim nächsten Mal in harmonischer, friedlicher Stimmung in die Bucht. Die Delfine belohnten unsere positive Energie mit einem ersten Kontakt.

Jedesmal, wenn dich positive Energie erfüllt,
kommt das Gute des Lebens zu dir und
ergießt seinen Segen über dich.

ERSTE KONTAKTAUFNAHME

Tauche ein in die Freuden eines jeden Augenblicks,
anstatt den negativen Energien der Enttäuschung nachzugeben,
nur weil sich deine Zukunftsträume noch nicht erfüllt haben.

Als wir unser »Auto« am Rande der Bucht parkten, sprang ein einzelner Delfin nur ein paar Meter vom Strand entfernt ausgelassen aus dem Meer hoch, schaute kurz in unsere Richtung und tauchte wieder unter. So nah am Strand hatten wir noch nie einen Delfin gesehen. Wir spürten, dass er als Bote gekommen war, um uns einen Tag mit den Meeressäugern im Meer anzukündigen.

Mein Herz klopfte, als ich die Aufforderung zum Spiel begriff. Aufgeregt und hastig packten wir unsere Sachen zusammen. Als wir den Pfad zum Strand hinuntereilten, kamen gerade ein paar Schwimmer aus dem Wasser. Sie hatten eine intensive Begegnung mit den Delfinen erlebt und wollten sich nun ausruhen. Sofort überfiel mich eine Schwermut, weil ich befürchtete, zu spät gekommen zu sein. Trotzdem versuchte ich, ruhig zu bleiben. Schnell griffen wir zu unserer Schnorchelausrüstung und liefen zum Wasser. Obwohl ich schon ganz außer Atem war, ging ich ohne mein übliches Zögern vor der Kälte ins Wasser.

Kaum hatte ich meinen Kopf in das kalte Wasser eingetaucht, hörte ich einen Delfin pfeifen. Ich antwortete ebenfalls mit einem Pfeifen, das er erwiderte. Erneut pfiff ich, er entgegnete mir entsprechend und so ging es eine ganze Weile zwischen uns hin und her. An den Tönen konnte ich herausfinden, wo sich die Tiere aufhielten. Vorsichtig schwamm ich in Richtung der Laute. Ich wollte sie nicht aufschrecken, sollte ich nah genug für eine Berührung an sie herankommen. Doch immer wenn ich mich der Quelle des Pfeifens zu nähern glaubte, schien sich der Klang zu verlagern und aus einer anderen Richtung zu kommen. Manchmal verlor ich den Kontakt sogar völlig und war schon ganz entmutigt. Sobald ich aber aufgeben und zurück in Richtung Strand schwimmen wollte, machten sie sich mit einem lauten Schnattern wieder bemerkbar.

Zwar bin ich eine vorzügliche Schwimmerin, doch schließlich war auch ich müde. Ich erinnerte mich an all die Berichte darüber, wie gern Delfine Verstecken spielen. Als ich zum ersten Mal davon gehört hatte, glaubte ich, die Menschen würden etwas in ihre Erlebnisse hineinprojizieren. Jetzt bekam ich selbst zu spüren, dass mit mir gespielt wurde. Amüsiert fragte ich mich, ob nicht doch etwas Wahres an diesen Geschichten sei.

Mein Mann war auf der Suche nach den Delfinen in seinem üblichen Freiheitsdrang sehr weit hinausgeschwommen. Dabei hatte er das Meer in alle Richtungen abgesucht. Am Ende waren wir beide so weit, uns einzugestehen, dass die Tiere wohl keinen von uns anziehend gefunden hatten. Mein Mann schwamm zu mir herüber, und wir trafen einmütig die Entscheidung, zum Strand zurückzukehren. Während wir gemächlich durchs Wasser glitten, schauten wir uns die Fische und das Leben im Meer unter uns intensiver an als zuvor, wo wir ganz auf die Delfine fixiert waren. Jetzt hatten wir Zeit und Muße und machten uns gegenseitig auf verschiedene Meeresbewohner aufmerksam. Dabei entdeckten wir, wie wunderbar aufregend die farbigen Fische, Muscheln und kleinen Quallen unter uns waren.Wir hatten sie auf der Suche nach den Delfinen völlig übersehen.

Erst jetzt waren wir entspannt, weil wir uns mit der Natur um uns herum verbunden fühlten und dankbar aufnahmen, was wir direkt vor unseren Augen hatten, anstatt dem nachzujagen, was nicht dort war. Jedesmal, wenn mich eine Woge der Zuneigung für die Fische durchlief, hielten sie inne, machten kehrt und schwammen auf mich zu. Wenn ich ihnen mein Innerstes noch weiter öffnete oder wenn ich sie durch meinen Schnorchel angurgelte, hoben sie ihre kleinen Köpfe, schielten mich an und kamen noch näher heran. Die Freude an dieser Entdeckung nahm mich völlig gefangen, und eine Zeit lang vergaß ich meinen Wunsch, den Delfinen nachzuspüren.

Mein Mann beobachtete mich und war ebenso beeindruckt von der Reaktion der Fische. Auch sein Herz öffnete sich. Er nahm meine Hand, wir lugten uns durch die Taucherbrillen an und lachten gemeinsam.

Losgelöst von der Angst, die Delfine zu verpassen, und voller Bewunderung für die neu entdeckte Schönheit des Riffs und seiner Bewohner, wurden wir gänzlich unerwartet mit dem Besuch dreier Delfine belohnt. Sie tauchten direkt unter uns wie aus dem Nichts auf. Dann gesellten sich noch weitere Tiere dazu. Langsam glitten sie als Paar oder Dreiergruppe an uns vorbei, nahmen Blickkontakt auf und starrten uns an. Ein tranceartiger Zustand überfiel mich.

Mir war, als würde ein ganz außergewöhnliches Wesen hinter diesem Delfinblick wohnen, das mich grüßen und sich mit mir anfreunden wollte. Ich erwiderte den Blick. Ich schaute ihnen auf den Grund ihrer Seelen, und sie umhüllten mich so sehr mit ihrer Güte, dass Endorphine meinen Körper überfluteten. Mein Herz floss über vor Sympathie und mein Hals sprudelte vor Lachen. Manchmal hörte ich mich sogar selbst schnalzen und pfeifen und den Tieren zujauchzen.

Eine neue Art der Freude, die ich noch nie zuvor erfahren hatte, durchflutete mich, und ich begriff, dass ich auf einer visionären Reise war. Ich kannte Menschen, die eine Begegnung mit Delfinen als ein Bad in Champagner beschrieben hatten, prickelnd und ungemein rauschhaft. Jetzt verstand ich ihr Bemühen, ein sprachlich adäquates Bild für dieses euphorische Gefühl zu finden. Ich gab mich dem Vergnügen ganz und gar hin. Reine Verzückung strahlte aus meiner Seele und fing sich in einem überglücklichen Lachen.

Dann entschwanden die Delfine ebenso plötzlich, wie sie uns überrascht hatten. Mein Mann und ich tauchten aus dem Wasser auf, nahmen unsere Taucherbrillen ab und strahlten uns an. Wir waren uns sofort einig, dass wir endlich eine erfüllende und beglückende Erfahrung mit den Delfinen gemacht hatten, und so schwammen wir zum Ufer.

Zurück am Strand, hatten wir das Bedürfnis, noch einen Spaziergang zu machen. Während wir über den Sand schlenderten, lachten und alberten wir die ganze Zeit über. Die Endorphine in uns schienen durch jede Pore Austritt zu suchen. Auf dem Rückweg zu unseren Strandliegen erschien am Ufer eine Gruppe von Delfinen, die uns beim Spazierengehen, so schien es uns wenigstens, begleiten wollten. Ich ging erneut ins Wasser und wartete, ob sie vielleicht eine Annäherung suchten. Daraufhin änderten sie ihre eigentliche Route, schwammen direkt auf mich zu, umkreisten mich und schenkten mir eine weitere Dosis ihrer Lebensfreude. Erst dann setzten sie ihren Weg fort.

Am selben Nachmittag luden wir zwei einheimische Mädchen zu einer Ausfahrt im Kajak ein. Sie freuten sich riesig, und nach einer kurzen Diskussion mit ihrer Mutter durften sie mit uns kommen. Bald nachdem wir es uns in dem Kajak bequem gemacht hatten und hinter die Uferfelsen gepaddelt waren, näherten sich uns ein paar Delfine. Sie tanzten und tollten ausgelassen um uns herum und blickten dabei besonders unsere kleinen Passagiere an.

Schon sprang ein junger Delfin mehrmals vor dem sechsjährigen Mädchen in die Höhe, das im Bug saß. Je mehr wir uns freuten und in die Hände klatschten, desto höher sprang er. Als ich zusah, wie dieses bezaubernde, übermütige Baby seine neu erworbenen Fähigkeiten vorführte, bemerkte ich, dass noch weitere Jung-Delfine zu der Gruppe gehörten. Sie alle spielten miteinander und umgarnten unsere kleinen Freundinnen.

Kaum glaubten wir, dass sie uns nun alles geschenkt hätten und wir uns weiteren Enthusiasmus kaum noch vorstellen konnten, da sprangen die Jungtiere schon wieder vor uns in die Luft und wirbelten herum. Bei jedem Sprung brachen wir in schallendes Gelächter aus, was die Delfine ermunterte, ihre Show noch ausgelassener fortzusetzen.

Dieser Tag gehörte zu den schönsten meines Lebens, obwohl ich bis dahin auf ein erfülltes Leben mit außergewöhnlichen Reisen und einer Vielfalt von Erlebnissen blicken konnte. Wie jung dagegen die Mädchen waren! Sie hatten ihr Leben bisher auf einer kleinen Insel verbracht. Und doch war es auch für sie ein besonderer Tag und eine ebenso tiefe Erfahrung wie für mich.

Es erstaunte mich, dass dieses Zusammentreffen mit den Delfinen jeden von uns, trotz der unterschiedlichen Lebenshintergründe, so verzaubert hatte. Allen gab es das Gefühl, einen einmaligen Moment des Glücks erfahren zu haben. Wir hatten erlebt, wie diese edlen Geschöpfe den Taumel der Liebe und der Freude Gestalt werden ließen, und dabei hatten sie uns mit der Kraft ihrer einzigartigen Energie überschwemmt.

An jenem Abend kam ich kurz vor dem Einschlafen zu der Einsicht, dass diese tanzenden Delfine an unsere Küsten kamen, um ihre Geheimnisse mit uns zu teilen, um uns zu lehren, wie wir ihren nahezu erhabenen Zustand der Harmonie und der Freude erreichen können. Ich begriff auch, was sie mir mitteilen wollten. Es war meine zweite Lektion: *Lerne zu spielen, während du auf das wartest, was du dir erträumst und wonach du dich sehnst.*

Zwar gewann ich diese Einsicht schon zu Beginn unserer Beziehung, doch ganz konnte ich damals noch nicht erfassen, wie viel ich im Laufe der nächsten zehn Jahre noch von den Delfinen lernen würde. Erst in einer späteren Phase meiner Erfahrung mit den Tieren wurde mir bewusst, dass sie mir und meiner Spezies zeigten, wie auch wir die Eigenschaften unseres höheren Selbst verinnerlichen und zum Ausdruck bringen können. Sie lieferten uns damit ein erstaunlich einfaches Rezept zur Lösung unserer selbst geschaffenen Probleme und zur Manifestation der Welt unserer Träume.

Die Delfine offenbarten mir die Quelle ihrer Magie. Sie lehrten mich und meine Spezies, in unserer Lebenswelt eine von Weisheit, Liebe, Harmonie und Freude erfüllte Gesellschaft zu schaffen, so wie sie es im Meer bereits getan hatten. Dabei gaben sie mir Antworten auf die Fragen, denen ich zusammen mit meinen Patienten über all die Jahre unermüdlich nachgegangen war. Und sie taten das so leicht und spielerisch, dass ich es beinahe nicht mitbekam. Fast hätte ich verpasst, dass mir der Schlüssel zum Universum gereicht wurde. Fast hätte ich den Weg zum wahren Glück übersehen.

Auf halbem Wege dorthin entwickelte ich das Bedürfnis, darüber zu berichten. Ich wollte, dass andere Menschen miterleben, wie ich immer heiterer und zufriedener wurde.

Ist der Keim der Sehnsüchte von morgen gesetzt, genieße die Ernte der Träume von gestern. Denn mit Anerkennung und Freude im Jetzt ziehst du das Göttliche im Menschen an, und die Träume von morgen nahen heran, während du spielst.

DELFINE SIND EIN GESCHENK

Die sechs Eigenschaften des höheren Selbst

DIE GABEN DER DELFINE

Geben ist der höchste Ausdruck der Macht.
Erich Fromm

Seit meiner ersten Begegnung mit Delfinen wuchs in mir die Sehnsucht, mehr Zeit mit ihnen zu verbringen. In den folgenden zehn Jahren ging ich dieser immer häufiger nach und zu meiner Faszination offenbarte mir jedes Erlebnis mehr über den Ursprung ihrer Magie und ihrer Freude.

Sechs besondere Eigenschaften

In der ersten Zeit meiner Bekanntschaft mit den Delfinen erkannte ich, dass ihre Anziehungskraft und ihr Charisma von sechs besonderen Eigenschaften bestimmt werden, die alle, miteinander verwoben, den Charakter der Delfine ausmachen. Jede dieser Qualitäten repräsentiert eine andere Facette des höheren Selbst. Sie alle wirken zusammen und bilden die Liebesessenz eines Delfins. Diese verschmilzt mit den Essenzen anderer Delfine, wodurch die Liebesenergie ein Kraftfeld erzeugt, das unweigerlich anzieht. Die Energie dieses Liebeskraftfeldes durchströmt nicht nur das Herz eines jeden Delfins, sondern ergießt sich auch in seine Umwelt und auf jene, die das Glück haben, seinen Weg zu kreuzen.

Vom ersten Moment an überwältigte mich diese unglaubliche Energie der Meeressäuger. Unentwegt wollte ich mich darin baden. Erst später begriff ich, dass sie der Fähigkeit entspringt, die sechs Eigenschaften des höheren Selbst beständig in sich zu tragen. Außerdem erkannte ich an ihrer Art, diese Liebeseigenschaften auszuleben, wie leicht es für uns Menschen sein könnte, dasselbe zu tun. Indem wir nachleben, was die Delfine uns vorleben, können wir ein neues, positives Kraftfeld in unserem Dasein erzeugen.

Im Folgenden möchte ich Ihnen zeigen, wie die Delfine die Eigenschaften des höheren Selbst verkörpern und uns daran teilhaben lassen und wie diese Eigenschaften in ihrem Herzen zur Quelle ihres liebenswerten Wesens, ihrer Magie und ihrer Freude verschmelzen.

Sechs Erkenntnisse zur Manifestation unserer Träume

Nachdem ich die Delfine so gut kennengelernt hatte, dass ich die höhere Natur ihrer Persönlichkeit wahrnahm, erfuhr ich durch sie eine Art Initiation. Sie wollten dabei meine Lehrmeister sein. Ich hatte keinen Zweifel an ihrer Qualifikation, und so fiel es mir leicht, diesem Arrangement zuzustimmen. Dafür wurde ich bald mit Einsichten über ihre geheimnisvolle Weisheit und den Weg zu dem Glück, das ich ja suchte, belohnt.

Ihre Formel war einfach. Sie forderte nicht mehr, als dass ich und meine Spezies zunächst lernten, die sechs Eigenschaften des höheren Selbst zu verinnerlichen, so wie es die Delfine schon längst getan hatten. Danach galt es, ihre sechs leicht verständlichen Einsichten zur Manifestation unserer Ziele und Träume anzuwenden.

Ein Wunder weben

Bei dem ersten Schritt auf unserem Weg müssen wir uns zunächst mit den besonderen Eigenschaften des höheren Selbst vertraut machen, die die Delfine in sich tragen und der Welt zum Geschenk machen können. Dann werde ich jede dieser Gaben vorstellen und erklären, wie sie im Leben der Meeressäuger und deren Wechselbeziehungen mit anderen Spezies zum Ausdruck kommen. Beim Lesen sollten wir uns immer wieder fragen, wie oft wir selbst uns so verhalten wie die Delfine, wie oft wir die eigenen Fähigkeiten so bedingungslos als Geschenk anbieten, wie sie es tun. Zum Abschluss geht es um die Vorstellungen der Delfine zur Manifestation unserer Träume und darum, wie uns das Ineinanderspielen all dieser Elemente Macht über uns selbst verleiht. Und Würde.

Nachdem ich selbst die Geschenke der Delfine angenommen und ihre Einsichten zur Manifestation verstanden hatte, keimte in mir erneut die Hoffnung auf, dass wir Menschen fähig sein werden, das Glück, das wir suchen, zu finden. Mir wurde klar, dass wir die Wesenszüge und die Weisheit der Delfine verinnerlichen müssen, um unsere Spezies aus dem selbst geschaffenen Chaos herauszuführen zu der Harmonie und Freude, die die Delfine uns vorleben.

Uneingeschränktes Geben ist der erste Schritt
auf dem Weg zu Freiheit und Freude.

DIE ERSTE GABE
Freundschaft und Freundlichkeit

Allein dem Delfin, vor allen anderen Geschöpfen,
hat die Natur gewährt, wonach die besten Philosophen
streben: Freundschaft ohne Berechnung.
Plutarch

Eine Charaktereigenschaft fiel mir zuerst bei den Delfinen auf: Beständig bieten sie uns und ihren eigenen Artgenossen Freundschaft und Nächstenliebe an. Auch mir wurden diese Gaben zuteil. Dabei erkannte ich, wie leicht ihnen das Schenken im Gegensatz zu uns fällt. Denn das Zusammenleben zwischen uns Menschen ist zunehmend von Misstrauen und Abwehr bestimmt, immer öfter verweigern wir unseren Artgenossen Zuwendung und Mitgefühl.

Schon die Menschen in der Antike glaubten, dass die Delfine über besondere Kräfte verfügten, da sie aus dem Meer – dem Urquell allen Lebens – kommen. Der griechische Philosoph Aristoteles hatte erkannt, dass Wale und Delfine Säugetiere sind, und beschrieb sie als sanfte, liebenswürdige Geschöpfe mit beinahe menschlicher Intelligenz. In den Mythen und Kunstwerken der Griechen und Römer schließen Delfine Freundschaft mit den Menschen oder erretten sie sogar vor Meeresungeheuern und -schlangen. Ähnliche Legenden, die die Innigkeit zwischen Mensch und Delfin belegen, gibt es auch in anderen Kulturen. In der frühchristlichen Kunst erschien der Delfin, nahezu ein gottgleiches Wesen, als Symbol für Liebe, Gewissenhaftigkeit und Schnelligkeit. Manche Deuter der Jetztzeit sind sogar davon überzeugt, dass das Sternzeichen des Fisches ursprünglich auf eine Delfindarstellung zurückgeht, und dass der obere Teil der Papstmitra eindeutig das Profil eines Delfins widerspiegelt. Für uns ist diese uralte Verbundenheit zunächst ein wunderbarer Mythos, doch neueste Erzählungen, die von Gegenliebe und Einverständnis berichten, holen die alten Mythen aus dem Reich der Fantasie mitten in unsere Wirklichkeit.

Horace Dobbs, einer der ersten Forscher, der mit einzelnen zutraulichen Delfinen schwamm, bezeichnet die freundlichen Meeressäuger als »Botschafter«. Nach Meinung der Sozialpsychologin Jean Houston haben sich die Delfine – geschichtlich gesehen – immer dann an unseren Küsten blicken lassen und den Kontakt mit Menschen gesucht, wenn eine Zeit der Bewusstseinserweiterung und der kulturellen und gesellschaftlichen Renaissance bevorstand. So sehr wir ihre fesselnden Begegnungen genießen, wir müssen uns aber auch fragen, warum die Wale und Delfine unsere Küsten gerade in unserer Zeit wieder besuchen und uns ihre Wärme und ihr Wohlwollen signalisieren.

Herzliche Freundschaft

Heute besuchen freundlich gesinnte Delfine und ihre größeren Wal-Verwandten Häfen und Buchten überall auf der Erde. Sie rufen, springen, necken, reizen und locken die Menschen, bis diese bereit sind, sich mit ihnen zu befassen, mit ihnen zu spielen und von ihnen zu lernen. Auf dem offenen Meer springen sie mit einer oft überschwänglichen Freude um unsere Schiffe und Boote herum. All dies zeigt eindeutig, dass sie unsere Freundschaft wünschen. Die Begegnungen mit Delfinen, von denen ich selbst viele erlebt habe, sind vielgestaltig. Manchmal gleiten große Herden neben und unter den Schwimmern und Schiffen entlang, manchmal sind es einzelne Delfine oder kleine Gruppen, die eine persönliche Beziehung zu ausgewählten Menschen entwickeln. Diese kann zu einer ganz besonders engen Verbundenheit führen. Gegenseitiges Berühren und alle möglichen Spiele und Scherzereien gehören dazu. Dabei erteilen die Tiere Lehrstunden auf höchster Ebene.

So, wie ich die Delfine erlebt habe, zeigen sie uns sehr deutlich, dass sie die Freundschaft mit uns wünschen. Sie schnellen auf uns zu, wirbeln herum, winden sich hin und her, winken und schlagen mit ihren Flossen, formen verschiedenste Laute, um mit uns zu kommunizieren, und werfen uns auffordernde, schelmische Blicke zu. Haben sie einmal Kontakt aufgenommen, hüpfen und wirbeln sie ununterbrochen um uns herum, ja sie jumpen sogar aufgeräumt über kleine Boote oder Badende und dabei pfeifen und schnattern sie vor Freude oder ziehen uns in Bann mit einem kecken Blick. Manchmal heben sie in einem Anfall größter überschwänglicher Freude ihren ganzen Körper mit einem hohen Schwung aus dem Wasser, oder sie suchen uns mit einem Salto rückwärts oder einem fünf bis sechs Meter hohen Luftsprung zu beeindrucken. Ich habe sogar einmal einen Delfin erlebt, der einen doppelten Salto rückwärts machte, und ein anderes Mal sah ich ein etwa dreißig Zentimeter langes Delfinbaby, das einen Salto vorwärts sprang.

Nach der ersten Tuchfühlung begleiten die Delfine uns im offenen Meer meistens über einen Zeitraum bis zu drei oder mehr Stunden. Die ganze Zeit über kommunizieren sie mit uns. Sie geben verschiedene Laute von sich, schwenken freudig ihre Flossen, drehen sich auf den Rücken und schlagen unter Wasser Purzelbäume. Manchmal errötet die Haut am Unterbauch, ein Zeichen, dass sie besonders viel Zärtlichkeit empfinden. Andere schwimmen langsam und synchron neben uns her, zeigen uns ihre Jungen oder machen uns vor, wie wir mit ihnen tauchen und uns wieder nach oben schrauben können. Wieder andere hopsen beständig um uns herum oder spritzen einen unerwartet naß, oder sie bringen uns Tang oder andere Meeresgaben und schieben sie vor uns hin und her. Die meisten Delfine beherrschen ein großes Annäherungsrepertoire und testen es nach Lust und Laune aus. Sie antworten auf unsere Sprache und erwidern unsere musikalischen Einlagen, imitieren unsere Laute und unser Lachen und spielen mit uns, um uns zu necken.

Wann immer sich ein Delfin entschließt, auf einer tieferen Ebene mit uns zu korrespondieren, packt er uns mit einem langen Blickkontakt. Ist die Verbindung hergestellt, nimmt er uns ganz mit diesem unverwandten Blick gefangen und hält uns fest, Herz an Herz. Das kann fünf bis zehn Minuten oder länger dauern. Bei diesem Zusammentreffen scheint sich ein Tor zwischen uns und ihm zu öffnen. Der Delfin atmet dich nahezu ein und absorbiert dein Herz für die Dauer der Verbindung. Sein Blick ähnelt dem zärtlichen Blick des Schöpfers, der dich hüllenlos im Garten des Lebens anschaut und dich so liebt, wie du bist. Während dieser Erfahrung fühlst du, wie sich dein Herz weit öffnet, um die uneingeschränkte Liebe deines Gegenübers aufzusaugen, und du schwingst dich auf eine höhere Ebene deines Selbst.

Wenn ich mich einmal mit einem Delfin in einem dieser aufwühlenden Blicke verbunden habe, kann ich ihn aufgrund unserer Energieströme überall wieder erkennen, auch wenn ich keine einzige Erinnerung an seine besonderen Köpermerkmale habe. Es ist, als hätten wir durch unsere physische Gestalt hindurch in die Wesenheiten unseres Selbst geblickt. In seinem Buch – *Gespräche mit Gott, Band 2* – behauptet Neale Donald Walsh, dass wir die Welt allein durch diese tiefen, zärtlichen Blickkontakte heilen können.

Pioniere der Freundschaft

Zwar gab es schon in früheren Zeiten Kontakte zwischen Menschen und Delfinen, doch die neue Welle der weltweiten Begegnungen setzte vor etwa dreißig Jahren ein. Damals erkannten wir allmählich die Bedeutung und den Wert der Tiere und begannen, uns gegen den Walfang und den Einsatz von Ringnetzen im Thunfischfang, in denen sich auch die Delfine verheddern, zu engagieren.

Donald war der erste einzelgängerische Delfin, der sich am Beginn dieser neuen Periode den Menschen näherte. Sein erster Freund, Horace Dobbs, war so beeindruckt von dieser Erfahrung, dass er seinen Beruf als Arzt aufgab, um über seine Freundschaft mit dem Delfin zu schreiben und sein Leben den Delfinen zu widmen. Ich lernte Horace Dobbs bei einer internationalen Konferenz über Meeressäugetiere in Australien kennen. Dort sprach der erfahrene Wissenschaftler über die hohe Intelligenz der Tiere und ihre tiefgreifenden Heilkräfte.

Als Nächster tauchte Jojo vor der Küste von Provo im Gebiet der Westindischen Inseln auf. Jojo entwickelte sich zu einem besonders zutraulichen Exemplar. Der Delfin freundete sich mit Dean Bernal an, der später von Kalifornien nach Provo umzog, um die außergewöhnliche Beziehung zu erhalten. Jojo wurde zunächst als gefährlich eingestuft, weil er sich nicht berühren lassen wollte und aggressiv auf Schwimmer reagierte, die diese Abneigung nicht respektierten. Dean setzte sich dafür ein, dass Jojo vor ungewollten Kontakten geschützt wurde. Heute kann er sich entspannt von seiner liebenswürdigen, friedlichen Seite zeigen. Jojo liebt Dean über alles. Täglich schwimmt er mit ihm und verwöhnt ihn mit kleinen Geschenken: Schalen von Krebsen und Hummern, Fischen und Muscheln. Kinder mag Jojo ganz besonders gern. Manchmal legt er sein Maul sogar ganz um ein Kind herum und kitzelt es mit seiner Zunge am Bauch. Seine beste Freundin ist die Labradorhündin Toffee. Er liebt es, gemeinsam mit ihr unterzutauchen und an ihren Pfoten zu knabbern. Jojo spielt gern mit Dingen und Objekten jeglicher Art, die er vor sich hin und her schiebt. Einmal wurde beobachtet, wie er einen Hai, der gefährlich nah an Taucher herangekommen war, wegschubste und verjagte – ein typisches Delfinverhalten. Sie kämpfen, solange es möglich ist, für eine friedliche Lösung. Doch Jojo hat bei den gemeinsamen Tauchgängen mit Dean in den tiefblauen Ozean auch schon einmal Haie aus Notwehr getötet. Ich lernte Dean persönlich kennen und durfte von ihm selbst all die Geschichten erfahren, die er in der dreizehn Jahre währenden Freundschaft mit Jojo erlebt hatte.

Auf Donald und Jojo folgte Percy, ein besonders schelmischer und intelligenter Delfin, der 1981 an der Nordküste Cornwalls in Großbritannien auftauchte. Anfangs pflegte er den Fischerbooten zu folgen, dann näherte er sich auch den Tauchern. Der erste Mensch, mit dem er Kontakt aufnahm, war der Hummerfänger Bob Holborn. Weil sich Bob in der ersten Phase der Annäherung ganz ruhig im Wasser treiben ließ, wenn er die Hummerreusen setzte, traute sich Percy nah heran, legte seinen Kopf auf Bobs Brust und ließ sich von ihm streicheln. Bald kannte jeder Percy, den Delfin, der gern mit den am Meeresboden verankerten Reusen spielte. Mit Vergnügen brachte er Bobs Hummerkörbe durcheinander, und wenn Bob tauchte, um sie wieder zu ordnen, war Percy schneller und stellte seine eigene Ordnung wieder her. Bei einer anderen Gelegenheit versuchte er einen ins Wasser gesprungenen Taucher wieder ins Boot zurückzustoßen – möglicherweise hatte er Haie gesichtet. Bald wurde Percy immer zutraulicher. Er duldete auch, dass man sich an seiner Finne festhielt und durchs Wasser ziehen ließ. Nach einiger Zeit verschwand er aus der Gegend.

Ein Jahr später tauchte Fungie, ein wahrer Spaßvogel, vor Dingle Harbour an der Küste Irlands auf, wo er noch immer seine närrischen Scherze treibt. Fungie hat ein ausgesprochenes Vergnügen an Menschen. Er zieht an ihren Schwimmflossen, pickt vorsichtig an ihren Tauchermasken oder schleicht sich an neue Besucher heran und stupst sie an der Schulter oder unter der Achsel, um sich an ihren aufgeschreckten Blicken zu erfreuen.

Als Nächster schloss der Delfin Simo an der walisischen Küste Freundschaft mit Anne Marks. Sie durfte seinen Kopf und seinen Schnabel, die Augenpartien und den Bauch streicheln. Er bandelte auch mit Clare Sendal an, für die er oft Luftblasen und Luftringe aus dem Wasser nach oben blies. Sie hält die Luftzeichen übrigens für eine spezielle Art der Kommunikation unter den Delfinen. Doch davon erzähle ich später.

Vor etwa zehn Jahren näherte sich der Delfin Freddie einer Frau, die seine Finnen vor Englands Küste von einem zerrissenen Fischnetz befreit hatte. Von Freddie wird erzählt, dass er Menschen vorsichtig an den Armen hält und durchs Wasser zieht. Alle, die schon mit ihm geschwommen sind, erzählen davon, dass er ihre Wünsche und Bedürfnisse intuitiv erfasste.

Zutrauliche Delfine haben seither die Küsten überall auf der Erde besucht und die Tradition der artenübergreifenden Begegnung zwischen einzelnen Menschen und Delfinen fortgesetzt.

Einige Jahre vor diesen berühmt gewordenen Einzelbegegnungen sammelte sich 1964 eine Herde wild lebender Grosser Tümmler, angeführt von ihrem ältesten Weibchen Holey Fin, täglich vor Monkey Mia, ein abgelegener Fischerort nördlich von Perth an der australischen Westküste, um dort mit Menschen Kontakt aufzunehmen. Bedauerlicherweise werden diese Tümmler mit tiefgefrorenem Fisch gefüttert, was mittlerweile ihr Verhalten Menschen gegenüber und auch untereinander verändert hat. So haben sie beispielsweise einen für Delfine untypischen Konkurrenzgeist entwickelt. Sie lassen sich immer noch täglich vor Monkey Mia blicken, jetzt angeführt von Nicky, der Tochter von Holey Fin. Oft werfen sie den Menschen, die sie füttern, einen Fisch oder Seetang zurück. Vielleicht spiegelt sich darin eine Erinnerung an frühere Zeiten, an den gemeinsamen Fischfang mit Aborigines, die an der Küste lebten. Zuweilen lassen sie sich auch von den Besuchern an den Flanken oder der Bauchseite streicheln, sie mögen es aber nicht, wenn man ihren Vorderkopf tätschelt, denn dort sind sie äußerst empfindlich. Wie die meisten ihrer Artgenossen bringen sie Kindern besondere Aufmerksamkeit entgegen. Wissenschaftler meinen, Monkey Mia sei eine einmalige Erscheinung. Es gab schon immer einzelne Freundschaften zwischen einem Delfin und einem Menschen, aber hier findet man eine Gruppe vor, die zu vielen Menschen zutraulich ist.

Leider basieren die meisten Studien über Delfine auf Erfahrungen mit in Gefangenschaft lebenden Tieren. Bei diesen Erkenntnissen wird der Einfluss der Menschen und die Art der Fütterung wenig berücksichtigt. Nach meinen Beobachtungen führt das Füttern der Delfine zu einschneidenden Verhaltensänderungen. Deshalb stehe ich allen Schlussfolgerungen aus der Wahrnehmung halbzahmer Delfine, wie der von Monkey Mia, sehr skeptisch gegenüber. In bestimmten Regionen an der Küste Floridas hat die Angewohnheit, Delfine zu füttern, tatsächlich schon so oft aggressives Verhalten gegenüber Menschen wie auch untereinander ausgelöst, dass bereits gesetzliche Maßnahmen angekündigt wurden, um gegen die zusätzliche, ja unnötige Nahrungszufuhr vorzugehen.

Die auffälligste Verhaltensänderung bei halbzahmen und in Gefangenschaft lebenden Delfinen ist der ständige Konkurrenzkampf um das Futter, der nicht selten ernste Verletzungen nach sich zieht. Dagegen habe ich bei wild lebenden Delfinen noch nicht eine einzige derartige Auseinandersetzung beobachtet. Nur einmal in zehn Jahren begegnete ich einem wilden Delfin mit offenen Wunden. Sie waren so groß, dass sie wohl eher von einem Schiff als von einem anderen Delfin herrührten. Außerdem hatten die frei lebenden Delfine, die ich bisher gesehen habe, im Gegensatz zu Delfinen in Gefangenschaft weitaus seltener kleine Bissnarben von Artgenossen. Die Narben, die ich überhaupt entdecken konnte, waren zudem sehr hell und nie tief, sondern nur oberflächlich in die Haut eingeritzt.

Noch mehr Delfinfreundschaften

Nach dieser ersten Dekade sporadischer Freundschaften mit zutraulichen einzelnen Delfinen stieg die Zahl der Begegnungen in den folgenden zwanzig Jahren kontinuierlich an. Vor etwa zehn Jahren gab es noch einmal einen rapiden Zuwachs, der seither Jahr um Jahr anhält. Heute kennen wir sieben zutrauliche Einzelgänger-Delfine und rund um den Globus eine Reihe von Delfinherden, die regelmäßig die menschliche Nähe suchen.

Meine erste Begegnung mit einem Delfin hatte ich am Beginn der neuen Kontaktwelle. Die Kommerzialisierung dieser Erlebnisse war zum Glück noch nicht im Gange. So hatte ich das große Vergnügen, wild lebende Delfine zu beobachten, bevor sie mit zu vielen Menschen in Berührung kamen und den negativen Einflüssen unserer manchmal sehr aufdringlichen Spezies ausgesetzt waren.

Während der ersten Phase meiner Schwimmerlebnisse mit den Delfinen, in dieser noch unbelasteten Zeit der Freundschaft, erstaunte mich immer wieder, wie viele verschiedene Wege die Delfine finden, ihre Liebe mit uns zu teilen, welch einen Sinn für Humor sie haben und wie gerne sie ausgelassen spielen und ihren Schabernack treiben.

Was die Freundschaft der Delfine für unsere Welt bedeutet

Diese liebevollen und gewitzten Begegnungen mit Delfinen lassen in den Menschen die Fähigkeit wachsen, freundlicher und souveräner miteinander umzugehen. Offensichtlich ist die innige Verbundenheit mit den Meeressäugern wie geschaffen dazu, die menschliche Solidarität und Herzlichkeit auszuweiten und auf ein höheres Niveau zu heben. Der Wissenschaftler Ilya Prigogine hat in seinem Buch *Das Gesetz des Chaos* dazu folgende Theorie entwickelt: Wenn wir Menschen uns wirklich für ein Verhalten entschieden haben, beispielsweise freundlich zu anderen und zu uns selbst zu sein, dann wollen wir dieses Verhalten auch stetig wiederholen und sogar andere dazu bringen, sich ebenso zu verhalten. Weitergedacht resultiert daraus am Ende eine neue Haltung zur Welt oder eine neue Norm der Freundschaft in der Welt.

Die Delfine leben uns mit ihrer Art, Zugewandtheit und Hilfsbereitschaft zu praktizieren, nicht nur vor, wie wir andere auf diesem Planeten mit Liebe und Herzlichkeit annehmen können, sondern sie lösen in uns auch den Wunsch aus, uns ebenso zu verhalten. Wenn immer mehr von uns diesem Wunsch nachgeben, haben wir die wunderbare Chance, unsere Herzen zu heilen und zugleich eine Welt glücklicher Verbindungen zu schaffen.

Lasse Wärme und Freundschaft fließen
aus deinem Herzen zu allen Dingen in der Art
wie die Sonne ihre Strahlen ohne Ausnahme verschwendet.
Diese Gabe besitzen die Delfine, doch sie ist nicht allein die
Quelle ihres Zaubers. Die Freundschaft, die sie verschenken,
vertieft die Freude des Lebens auf diesem Planeten.

DIE ZWEITE GABE
Ausgelassene Heiterkeit und Glückseligkeit

Spaß und Spiel
sind die Wurzeln der Freude.

Die zweite Gabe der Delfine, die mir auffiel, ist ihr Vermögen zu ausgelassener Fröhlichkeit. Am Anfang erfreute ich mich einfach nur an der wunderbaren Wirkung dieser Eigenschaft. Mit der Zeit jedoch empfand ich Ehrfurcht vor der Möglichkeit, den euphorischen Zustand so kontinuierlich auf einem Niveau zu halten, das weit über dem liegt, was wir Menschen bisher erreichen konnten.

Als ich mich mit dieser Eigenschaft der Delfine genauer befasste, wurde mir klar, dass ihre Freude zu einem guten Teil aus ihrer Begeisterung an Spaß und Spiel und aus einer schier unerschöpflichen Lust am Ulken entspringt. Ihre Hingabe an ein Glücklichsein überträgt sich auf mich, wann immer ich mit ihnen zusammen bin. Sie bringen mich nicht nur zum Lachen, sondern versetzen mich in eine Stimmung wahrer innerer Freude.

Freudiges Begrüßen

Ich lernte die Delfine immer besser kennen und bemerkte bald, dass sie die Menschen, denen sie schon einmal begegnet sind, wieder erkennen. Sie sind sogar ganz aufgeregt über das Wiedersehen und die Fortführung der Beziehung. An Tagen, an denen die Delfine zum Spielen aufgelegt sind, zeigen sie uns ihre Erkenntlichkeit oft schon bei unserer Ankunft. Das Auto ist gerade geparkt, schon springen sie begeistert in die Luft, und nicht selten schlagen sie vergnügt einen Salto dazu oder drehen sich ausgelassen im Kreis herum. Manchmal verlassen sie spontan ihren Weg, machen eine Kehrtwende oder schlagen einen rechten Winkel, um geradewegs Richtung Strand auf uns zuzuschwimmen, so als hätten sie uns als alte Freunde erkannt. Die Reaktion zeigt nur zu deutlich, dass sie uns erneut wahrgenommen haben und die Beziehung wieder aufnehmen möchten. Fremde Besucher fragen nahezu automatisch, ob die Delfine uns gut kennen. Diese offenherzige, sorglose Begrüßung ist nur eine der vielen Ausdrucksformen, mit denen die Delfine von Anfang an eine Stimmung der Aufgeräumtheit und Freude in die Begegnung mit den Menschen tragen.

Liebevolle Darbietungen, um Freude zu schenken

Nachdem die Delfine uns mit überschwänglicher Freude wieder erkannt und begrüßt haben, fühlen wir uns herzlich willkommen und geachtet. Doch nicht genug! Die Delfine intensivieren die gute Laune und die heitere Stimmung zwischen uns, indem sie die tollkühnsten Kunststücke vor uns aufführen. Sie lieben es zum Beispiel, in der Nähe von Booten oder Schwimmern immer wieder hochzujumpen und herumzuwirbeln und den Menschen dabei mit jedem Luftsprung ein überraschtes Staunen zu entlocken. Einige vertiefen das frohsinnige Erleben, indem sie Blickkontakt aufnehmen, mitten im Sprung Laute von sich geben oder mit einer gekonnten Landung vielleicht einen Menschen aus der zuschauenden Gruppe nass spritzen.

Die besonders wendigen Jung-Delfine genießen es gleichermaßen, ihre Sprünge vorzuführen, ganz besonders mögen sie das »Delfinschwimmen« in der Luft, eine Art »Fliegen«, bei dem sie sich eine Weile durch Vorwärtsbewegungen der Finnen in der Luft halten. Delfine, die dieses Kunststück beherrschen, scheinen sich besonders am Beifall und Gejubel ihres Publikums zu erfreuen. Ihre Körper beben in der Luft geradezu vor Hochstimmung.

Eine dieser Demonstrationen in Mexiko ist mir unvergesslich geblieben. Ein Walkalb sprang immer wieder zum Beifall der jauchzenden Zuschauer in die Luft. Mit jedem Sprung gelang es ihm, sich mit einem grandiosen Brustflossenschlag einen Moment länger in der Luft zu halten und uns dabei fest in die Augen zu blicken. Offensichtlich wollte es keinen Moment unserer Freude an dieser Vorstellung verpassen. Denn immer, wenn wir glaubten, es sei schlapp und könne unmöglich weitermachen, sprang es noch einmal in die Luft, insgesamt fünfzehnmal. Das Kalb war geradezu »showbesessen«. Und ich hatte das Gefühl, durch meine Begeisterung dazu beizutragen, dass es sich zu einem der berühmten mexikanischen Wale entwickeln wird, die wir als die »freundlich Gesinnten« kennen.

Eine weitere besondere Darbietung erlebte ich mit einer Herde von fünf Delfinbabys vor Big Island in Hawaii. Sie schwammen ohne ihre Mütter in der Bugwelle unseres Bootes. Wir verlangsamten die Fahrt und überlegten, was zu tun war. Ich hatte noch nie zuvor so junge Delfine allein unterwegs gesehen und war überrascht, dass diese fünf sich von ihrer Herde hatten entfernen dürfen. Die Babys waren offenbar ganz zufrieden und vergnügt mit sich selbst. Sobald sie aus unserer Gruppe entzückte Ausrufe über ihre Anmut und Geschicklichkeit vernahmen, zappelten sie noch wilder im Wasser.

Eines der Babys war besonders versiert. Es konnte in einem genau kalkulierten Rhythmus springen, wofür das Delfinkalb laute Hurra- und Beifallsrufe aus unserer Gruppe erntete. Sichtlich bestärkt von unserer Reaktion, sprang es mit jeder Minute höher und höher, während wir johlten und »hana hou!« riefen, »noch einmal!«. Dieser wunderbare junge Delfin fand sichtbar Gefallen an der Freude und dem heiteren Gelächter seines Publikums. Er setzte seine Sprünge fort, und schließlich kam einer seiner Kameraden auf die Idee, mitzumachen, dann versuchte es auch schon ein dritter. Aber nur der Erste schaffte es, seine virtuosen Luftsprünge mit Blickkontakten zum Publikum zu koordinieren. Zum Schluss gab er seinen Sprüngen noch mehr Schwung, und dabei schaute er uns lang und kokett in die Augen, was natürlich noch mehr Lachen, Freude und Erstaunen auslöste.

Schließlich beschleunigte der Kapitän vorsichtig das Tempo unseres Schiffes, und die jungen Delfine scherten einer nach dem anderen aus. Der begnadete Hopser verließ uns als Letzter. Mit einem über drei Meter hohen Luftsprung, bei dem er uns selbstzufrieden einen verstohlenen Blick zuwarf, versetzte er uns alle noch einmal in Entzücken. Erneut jauchzten wir ihm laut zu, und er wiederholte seinen Sprung wieder und wieder. Er tanzte geradezu aus unserer Bugwelle heraus, während unser Hurrageschrei noch um einiges an Lautstärke zunahm. Dieser Delfin schien ein unglaubliches Vergnügen daran zu haben, uns Freude zu schenken, während er seine Talente vor unseren Augen trainierte und weiter entwickelte. Er war ein echter »amistosa«.

Nachdem der Kleine seine Vorstellung beendet hatte, sahen wir einen ausgewachsenen Delfin etwa sechs Meter weit aus dem Wasser springen. Er bekam tosenden Beifall. Und uns wiederum belohnte er mit weiteren Sprüngen. Wir riefen unser »hana hou« und jedesmal waren wir überzeugt, dass er keinen nächsten Sprung schaffen würde. Doch umso erstaunter und erfreuter waren wir, wenn er wieder auftauchte. Noch zwanzig Sprünge währte der gegenseitige Freudentaumel, dann zog er mit seiner Herde Richtung Horizont ins Weite. Wann immer ich mich daran erinnere, tauche ich in die Wonnen dieses Augenblicks ein.

Viele Delfine mögen es offenbar, fotografiert zu werden. Sie schwimmen nicht nur gern vor einer Foto- oder Videokamera herum, sondern verlangsamen auch ihr Tempo, kommen näher heran, lugen in die Linse, posieren oder stellen allerhand dummes Zeugs vor der Kamera an. Deshalb rate ich Menschen, die zum ersten Mal mit Delfinen schwimmen möchten, sich in der Nähe von Fotografen aufzuhalten. Denn dann ist die Wahrscheinlichkeit größer, Delfine zu Gesicht zu bekommen. Vermutlich verstehen die Tiere, dass sie abgelichtet werden, und vielleicht möchten sie die Menschen, die sie filmen, mit ihrer Bereitwilligkeit erheitern.

Einmal beobachtete ich einen Mann, der äußerst konzentriert Videoaufnahmen von den wunderschönen Fischen in meiner geliebten Bucht machte. Eine Freundin und ich schwammen unbemerkt an ihm vorbei und wir scherzten darüber, dass bei einer so tollen Ausrüstung bestimmt in Kürze Delfine aufkreuzen würden. Als wir später zurück zum Strand schwammen, kamen wir wieder in seine Nähe. Gerade rechtzeitig: Zwei Meeressäuger glitten unbemerkt von hinten an ihn heran und versetzten ihm einen gehörigen Schrecken, als sie plötzlich vor seiner Linse erschienen. Wir amüsierten uns köstlich über das typische Verhalten der Delfine. Mir kam sofort der Gedanke, dass sie den Zeitpunkt für ihren Spaß vielleicht bewusst gewählt hatten, um den lustigen Augenblick mit uns zu teilen.

Ein anderes Mal erlebte ich, wie die Filmcrew eines Fernsehsenders, die nach Tonga gekommen war, von dem Interesse der Wale am Fotografieren profitierte. Eine Walherde führte einen derart aufregenden Spiraltanz im Angesicht der Kamera vor, dass sogar die erfahrenen und abgehärteten Kameramänner von dem wundersamen »Ballett« überwältigt waren. Nie zuvor hatten sie Ähnliches gesehen. Die Wale formierten sich zu einer gleichsam gigantischen Unterwasserrose, die in Sekundenschnelle erblühte. Ich habe auch Filmaufnahmen von einzelnen Walen angeschaut, die mit unerwarteter Anmut im Wasser tänzelten. So schraubten sie sich unter Wasser langsam nach oben, die Drehung mit dem Kopf beginnend, dann mit dem Körper fortsetzend, wobei die Brustflossen der Drehung graziös folgten, ähnlich einer Ballerina, die ihre Pirouette dreht.

Spass an der Imitation

Delfine bringen uns gern zum Lachen, indem sie uns nachahmen oder auf vergnügliche Weise mit uns schäkern. Als ich beispielsweise eines Tages in meiner Bucht schwamm, tönte eine hawaiianische Melodie aus einem Radio vom Strand zu mir herüber. Ich tanzte einen Hula im Wasser, und schon tauchte unter mir ein Delfin auf. Er wackelte mit seinem Körper seitwärts hin und her, um meinen Tanz nachzuahmen, was sehr unbeholfen aussah. Juchzend und lachend schaute ich ihm zu. Als Antwort öffnete er sein Maul, äffte mein Lachen nach und wackelte weiter hin und her.

Ein anderes Mal kam eine Gruppe von Delfinen zu mir und schwamm langsam gleitend, mit meinem regelmäßigen, ruhigen Beinschlag Tempo haltend, direkt unter mir her. Als ich zum Delfinstil wechselte, imitierte ein Delfin meinen plumpen Versuch, wie er zu schwimmen. Ihm würde es sicher schwer fallen, einen Hula zu tanzen, dachte ich. Also rief ich ihm in Gedanken zu: »Wie wär's mit einem Hula!« und schwang meine Hüften. Sofort ahmte er die Bewegung nach, so gut er konnte, kurz darauf erneut meine unbeholfenen Schwimmzüge als menschlicher Delfin. Um meine Mätzchen zu kopieren, schaute der Delfin, der direkt unter mir schwamm, kein einziges Mal zu mir hin, sondern er nahm mich allein über seine Sonarwellen, seinen Ohren, mit denen er praktisch »sehen« kann, aufs Korn.

Bugwellenreiten

Delfine verbinden sich gern in Überschwang und Freude mit uns, wenn sie auf den Bugwellen unserer Boote reiten oder auf den Wellen des Kielwassers surfen. Wenn sie in den Bugwellen schwimmen, gibt es immer eine besondere Bindung zwischen ihnen und uns. Wir schenken ihnen die Wellen, sie erwidern das Geschenk mit ihrem fröhlichen Spiel. Sie schauen uns an, ziehen wie auf Kommando Schleifen und schmiegen sich aneinander, während sie ihre Muster in die Wellen schwimmen.

Oft suchen sie sich dabei einen Menschen an Bord aus, mit dem sie flirten, und ich fühle mich jedes Mal sehr geehrt, wenn die Wahl auf mich fällt. Meine Freundin Sue und ich ergötzten uns einmal an einer Gruppe Delfinen, die in der Bugwelle unseres Bootes spielten. Sue sah, dass einer von ihnen eine V-förmige Kerbe mitten auf seiner Rückenflosse hatte. Sie gab ihm den Namen »Notch« (Kerbe, Einschnitt), was ihm offenbar gefiel. Später fragte sie ihn laut, ob er andere Delfine mit »notches« auf den Flossen kenne. Sofort verschwand Notch aus der Welle. Ich schaute Sue an und sagte nur: »Ich glaube kaum.« Aber da war er schon wieder zurück in Begleitung eines Freundes, der uns stolz seine Kerbe auf der Flosse präsentierte. Wir kreischten vor Vergnügen, als die »Zwillinge« dann im Gespann auf unserer Welle ritten und sich dabei so zur Seite neigten, dass wir die Male genau sehen konnten. Ihr vergnügter Blick verriet ihre Freude darüber, dass wir ihre Vorstellung verstanden hatten.

Einmal hatte ein Mann, der allein auf seinem Schiff zwischen Neuseeland und Australien unterwegs war, ein besonderes Erlebnis mit Delfinen. Er ging um drei Uhr nachts an Deck, um sich eine Zigarette anzuzünden, und entdeckte dabei, dass Delfine auf der Bugwelle seines Schiffes ritten. Es war für ihn aufregend, diesen Meeressäugern bei ihrem heiteren, vergnügten Ritt auf dem Meer mitten in der Nacht zuzusehen. Zudem war die Bugwelle durchtränkt von einem blauen Meeresleuchten, ausgelöst von einer besonderen Form von Plankton, was den Anblick noch faszinierender machte.

Zwar hatte ich schon oft mit Vergnügen Delfine auf Bugwellen beobachtet, doch als eines Tages hunderte von ihnen plötzlich gleichzeitig aus der Sea of Cortez auftauchten und uns fröhlich und ausgelassen entgegensprangen, war ich faszinierter denn je. Als sie uns erreicht hatten, machten sie eine scharfe Kehrtwende und schwammen etwa eine halbe Stunde lang neben unserem Boot her, wobei sie nachinander auf der Bugwelle ritten. Weil sie so viele waren, wechselten sie sich recht schnell ab, was reibungslos und kooperativ funktionierte, so dass jeder Delfin an die Reihe kam. Zum Schluss verabschiedete sich der Letzte von ihnen, wie es für sie überall auf der Welt so typisch ist: mit einigen Extrasprüngen und einem letzten Blick und Pfiff als Dank für die Welle, die wir ihnen geschenkt hatten.

Aus Spaß surfen

Von Zuma, Malibu und anderen Stränden Kaliforniens wird in letzter Zeit immer wieder erzählt, dass Delfine auf Surfer und Wellenreiter zuschwimmen, um mit ihnen zu spielen und das gemeinsame Surfen zwischen verschiedenen Spezies zu genießen. Auch in Australien wurden delfinische Mitsurfer beobachtet. Besonderen Spaß haben sie bei besonders hohen Wellen; da übertrumpfen sie leicht die menschlichen Wellenreiter mit ihren Sprüngen.

Bei einem internationalen Surfwettbewerb im Sommer 1998 vor der Küste Südafrikas tauchte eine Herde Delfine auf und surfte neben den Teilnehmern. Ich sah die Bilder in einer Nachrichtensendung und dachte, wie leicht es den Delfinen gefallen war, global auf sich aufmerksam zu machen. Vielleicht gehörte diese fröhliche Überraschungsvorstellung im Spotlight der Fernsehkameras zu ihrem Projekt, sich mit den Menschen zu verbinden und unsere Herzen mit ihrem Humor zu gewinnen.

Zumindest passt dieser Auftritt zu ihrer Begabung, den Menschen zum richtigen Zeitpunkt auf sich aufmerksam zu machen. Denn einige Monate vor dem Surfwettbewerb hatte die U.S. Navy ein Niederfrequenz-Aktiv-Sonar-Testprogramm (LFAS) begonnen, das die Orientierung und die Gesundheit (niedrige Frequenzen wirken sich bei dauernder Aussetzung nervenschädigend aus) der Delfine und Wale gefährdete. Sollte es fortgesetzt werden, bedeutete dies nicht nur weiterhin eine potenzielle Gesundheitsgefährdung der Tiere, sondern stellte in letzter Konsequenz auch ihren Fortbestand in Frage. In den Medien wurde heftig über das Navy-Projekt debattiert. Das passte es nun wunderbar, dass der weltweit telegene Auftritt der Delfine gerade jetzt passierte. Ihre Rettung wurde zu einer Herzensangelegenheit. Ich mag da dem Tiefseeforscher Jacques-Yves Cousteau recht geben, der den Delfinen nach Jahren gemeinsamer Taucherlebnisse das Talent zur Ironie attestierte.

Das Spiel der Schwindler

Und ich kann Cousteaus Beobachtungen nur bestätigen. Delfine besitzen Sinn für Humor, können ein ausgeprägt gewitztes Verhalten an den Tag legen.

Ein Schelm beherrscht das humoristische Spiel wie eine Kunst, geprägt von der Lust, andere zu necken und zu überraschen. Wenn der Zeitpunkt richtig gewählt ist, erzeugt diese Art des Humors freudige Hochstimmung beim Gegenüber. Ihre Meisterschaft beruht dabei auf ihrer fast unheimlichen Fähigkeit, Erwartungen durch unerwartete, heitere Aktionen zu täuschen. Unsere Vorliebe für Ordnung und berechenbare Resultate steht unserer Fähigkeit zur Freude und Unbeschwertheit oft im Wege. Delfine versuchen, wann immer sie mit Menschen zusammentreffen, dieses Hindernis aus dem Weg zu räumen. Sie tun das, indem sie zum Beispiel eine Erwartung in uns wecken, dann aber für einen ganz unerwarteten Ausgang sorgen. Haben sie uns einmal so weit gebracht, dass wir über uns selbst lachen, fühlen wir uns leichter ums Herz, unsere Lebensenergie fließt freier und unser Daseinsgefühl entwickelt sich dank dieser kleinen Mogelei unbeschwerter.

In Gefangenschaft lebende Delfine haben ihre eigenen Methoden, der Neigung zum Täuschen nachzugehen. So schaffen sie sich Gelegenheiten, unerwartet die Kontrolle über ihre Aufseher zu bekommen. Manchmal widersetzen sie sich deren Wünschen ganz einfach, oder sie reagieren verzögert. Manchmal gelingt es ihnen sogar, die Rollen zu tauschen und anstelle des Trainers selbst die Führung zu übernehmen. Einer dieser dressierten Delfine genoss es beispielsweise sichtlich, in der Hotelshow immer dann, wenn ein junger, sehr geschwätziger Trainer die Leitung hatte, schon vorzeitig mit seinem Auftritt zu beginnen. Wenn der Trainer auf das Publikum einredete, veranstaltete Keola einige Mätzchen hinter seinem Rücken, die die Zuschauer zum Lachen brachten. Drehte sich der Trainer um, um zu sehen, was hinter seinem Rücken geschah, hörte Keola sofort auf, was noch mehr Gelächter hervorrief. Sobald der Mann die Besucher weiter langweilte, trieb Keola wieder ihre Possen. So sorgte der Delfin mit seinen unerwarteten Späßen für heitere Stimmung und rettete die Menschen aus der Langeweile.

Doch Delfine gewinnen nicht nur die Oberhand über ihre Trainer, sie spielen auch in gleicher Weise mit ihrem Publikum. So locken sie Besucher gerne mit der Aussicht auf einen besonders engen Kontakt nah an sich heran, um sie dann mit einem Schwall Wasser nass zu spritzen. Während sich das durchweichte Opfer von dem Schrecken erholt hat, kann es mit einem wahrhaft begeisterten Delfinblick rechnen.

Ich hatte schon einmal die Ehre, von einem dressierten Delfin und auch von einem Grauwal in der Lagune von San Ignacio in Baja California in Mexiko auf diese Weise durchnässt zu werden. Nachdem der verspielte Wal kräftig mit mir geflirtet hatte, füllte er sein Blasloch mit Wasser, schwamm ganz bewusst auf mich zu, fixierte mich dabei mit seinem funkelnden Auge und stieß dann die ganze aufgesparte Wassermenge auf einmal aus, so dass nichts trocken blieb. Natürlich brachen alle auf unserem Boot in schallendes Gelächter aus. Zum Glück gilt es als ein überschwängliches Zeichen der Zuneigung, wenn ein Wal uns auf diese Weise nass spritzt. Auch der berühmte Wal Keiko machte sich gerne diesen Spass mit seinen Trainern in Oregon.

Eine Belustigung, mit der Delfine ganz besonders gern Schwimmer an der Nase herumführen, ist eine Art Versteckspiel, dessen Leidtragende ich schon oft war. Die Delfine tauchen dabei an der Wasseroberfläche auf, springen und tanzen euphorisch herum, um die Menschen ins Wasser zu locken, verschwinden aber, sobald diese der Einladung gefolgt sind, und geben keinen einzigen Laut mehr von sich. Sobald wir frustriert aufgeben und Richtung Strand zurückschwimmen, brechen die Delfine in lautes Geschnatter und Pfeifen aus, um uns zu zeigen, dass sie sich genau hinter uns befinden und nun zum Spielen mit uns aufgelegt sind. Kaum machen wir kehrt, um sie zu erreichen, verstummen sie wieder und sind nirgendwo mehr ausfindig zu machen. Das Spiel kann stundenlang andauern, bis zur völligen Erschöpfung der Schwimmer. Doch obwohl wir dann alle fix und fertig sind, amüsieren wir uns gemeinsam über diesen hintersinnigen Humor. Interessanterweise wirkt das Spiel der Delfine oft wie ein Katalysator, der Schwimmer und Strandbesucher untereinander und miteinander verbindet. Zuweilen verdeutlichen die Delfine, dass sie diese Bindung unter uns mögen, sogar erwünschen.

Als sie einmal über eine Stunde lang mit uns Verstecken gespielt hatten, ließ sich mein Sohn müde in den Strandsand fallen und verkündete, dass er den verlockenden Aufforderungen der Tiere keinesfalls noch einmal folgen werde. Er war überzeugt, dass sie an diesem Tag getarnt blieben, sich ihm nicht zeigen würden, und mit seinem Verhalten wollte er ihnen nun die eigene Überlegenheit demonstrieren. Fest entschlossen blieb er im Sand sitzen. Kaum hatte er seine Erklärung abgegeben, hüpften und wirbelten die Delfine ungewöhnlich nah am Strand vor ihm durch das Wasser. Meine Schwiegertochter und ich lachten uns an. Wir kapitulierten und ließen uns noch einmal ködern. Mein Sohn blieb unbeirrt auf seinem Platz sitzen, während wir ziemlich ermattet wieder ins Wasser gingen, wo wir dann eine ganz besondere Begegnung mit den Delfinen erlebten. Meine Schwiegertochter und ich lernten uns gerade näher kennen, und nun wurde uns ein wunderbarer Moment des Verbundenseins geschenkt. Wir hielten uns an den Händen und kreischten vor Freude als Antwort auf die Extraportion Liebe, die uns von den Delfinen entgegenschlug. Sie wollten unsere Verbundenheit offenbar würdigen und stärken. Als wir Richtung Strand umkehrten, stießen wir plötzlich mit meinem Sohn zusammen, der über sich selbst schmunzeln mußte, weil er nun doch hinter uns hergeschwommen war. Normalerweise hält er an seinen Entschlüssen fest, aber dem Bann der Delfine hatte er sich doch nicht entziehen können. Dagegen schafften es die Delfine, ihrem »untreuen Freund« doch wieder zu entwischen.

Besonders gern spielen Delfine auch mit Laubresten, Farnwedeln, Geröll und allen möglichen Dingen, die sie im Wasser finden, wie zum Beispiel Mülltüten oder Plastikflaschen. Sie mögen es, diese Objekte zwischen sich oder zwischen uns und ihnen gegenseitig hin und her zu schieben. Manchmal tauchen sie mit dem Objekt ziemlich tief ab, lassen es dann fallen und fordern einen ausgewählten Schwimmer mit einem Blick auf, danach zu tauchen. Oft nehmen sie es dann mit jedem Tauchgang noch etwas tiefer mit ins Meer. Auf ihre Weise wollen sie uns damit zu mehr Anstrengung und Grenzerweiterung im Leben animieren. Manchmal bauen sie das Spiel mit unerwarteten Elementen aus. Beispielsweise stoßen sie das Objekt nicht wieder zurück oder lassen es achtlos wegtreiben, um danach hinterherzujagen und es vor allen anderen wieder zu erwischen.

Beobachtungen bezeugen, dass Delfine auch mit anderen Spezies ihr schelmisches Spiel treiben. So ließ ein Delfin vor der Behausung eines Barsches ein abgebissenes Stück Tintenfisch treiben. Als der Barsch herauskam, um sich den leckeren Happen zu sichern, schnappte der Delfin ihn schnell weg. Andere Meeressäuger wurden beobachtet, als sie sich an Pelikane heranschlichen und ein paar Schwanzfedern stahlen, wieder andere, als sie Schildkröten im Vorbeischwimmen mehrmals herumdrehten, so als ob sie ihnen die Freuden des Schraubens um die eigene Achse beibringen wollten, das ihnen selbst soviel Spaß macht.

Freude finden durch das Spiel

Anfangs fiel es mir schwer, meinen überquellenden Schreibtisch zu verlassen, um einfach nur aus Spass und ohne besonderes Ziel mit Delfinen herumzutollen und zu spielen. Ich hatte ein schlechtes Gewissen und befürchtete, mit all meinen wichtigen Projekten nicht durchzukommen und Fristen nicht einhalten zu können. Doch jedes Mal, wenn ich ihrem Ruf folgte, zeigte sich im Nachhinein, dass es an jenem Tag zu einer besonderen Begegnung gekommen war.

So lernte ich aus eigenem Schaden, dem Humor, dem Spiel und der Heiterkeit mehr Raum in meinem Leben zu geben. Mit der Zeit fiel es mir leichter, meinen Schreibtisch zu verlassen. Zudem fiel mir auf, dass ich später mit der zu Hause liegen gebliebenen Arbeit viel schneller vorankam, wenn ich zuerst der Aufforderung der Delfine zum Spiel gefolgt war. Schließlich erkannte ich, wie falsch es war, immer zuerst die Arbeit erledigen zu wollen und mir dann Zeit zum Vergnügen zuzuteilen.

Es versetzte mich immer wieder in Erstaunen, wie unbeschwert die Delfine lebten. Oft tadelte ich sie sogar und warf ihnen vor, dass sie den Tag nur deshalb leichtfertig mit ihren Spielen verbringen konnten, weil sie keine Hypotheken abbezahlen müssten. Doch bald erkannte ich, dass wir Menschen auf ähnliche Weise leicht leben können. Wir müssen uns nur darauf einlassen, unkompliziert zu sein und in unseren Terminkalendern mehr Platz für die reine Freude, für das Lachen und Spielen freihalten.

Allmählich wurde mir klar, dass ich den Delfinen bereits zwei außerordentliche Geschenke verdankte. Sie hatten mich an ihrer Fähigkeit zu unverfälschter Freundschaft und Liebenswürdigkeit teilhaben lassen, die sie mit ihrer fröhlichen Heiterkeit und Verspieltheit auslebten. Wenn ich selbst und andere Vertreter meiner Spezies diese Qualitäten so verinnerlichen würden wie die Delfine, so würde sich unser Leben verwandeln und an Sinn und Tiefe gewinnen.

Bei dieser Einsicht allein blieb es jedoch nicht. Die Delfine sollten mir noch weitere Geschenke machen.

Setze den Humor und das Spiel an die erste Stelle deines Tagesplans; denn sie sind die Quelle der Freude, die wir mit unserer Arbeit so mühselig zu erreichen suchen, während die Delfine einfach spielen.

DIE DRITTE GABE

Die Harmonie untereinander und mit anderen

Herzen verbinden schenkt Harmonie

Die dritte Gabe der Delfine ist die der Harmonie. Sie leben in beständiger Harmonie miteinander und bieten uns an, diese mit ihnen zu teilen. Dagegen ist das Miteinander unter uns Menschen oft von Missklängen und Streit geprägt, und wir brauchen viel Energie und Zeit, um die selbst erzeugten Spannungen wieder auszubalancieren.

Harmonie in Freiheit

Ich gehöre zu den ersten Menschen, die im offenen Ozean mit wilden Delfinen schwammen. Natürlich war ich anfangs unsicher, wie ihr Verhalten zu deuten war und ob sie eventuell angriffslustig werden könnten. Ich wusste, dass sie zu den stärksten Tieren der Erde zählen, dass sie Haie dominieren und uns mit einem einzigen Schwanzflossenschlag töten können. Außerdem kannte ich Berichte über aggressive Delfine in Gefangenschaft, die Menschen beim gemeinsamen Schwimmen schwer verletzt haben. Auch frei lebende Delfine, die zu oft menschlichem Kontakt ausgesetzt sind und regelmäßig gefüttert werden, sind ebenfalls zu gewalttätigem Verhalten fähig. Zudem hatte man mich gewarnt, dass ein wiederholtes Hinundherschlagen der Schwanzfluke Unbehagen signalisiert und dass ein Delfin, der direkt auf einen Schwimmer zusteuert und dabei mit dem Kopf nickt oder mit seinem Schnabel klappert, sein Territorium energisch abgrenzen will oder kurz davor ist, den Eindringling zu rammen.

Als ich dann zum ersten Mal sehr nah an wilde Delfine herankam, ihre riesigen Körper betrachtete und ihr lautes, rhythmisches Atmen vernahm, war ich dementsprechend eingeschüchtert. Ich befand mich draußen im tiefen Meer, mehrere hundert Meter vom Strand entfernt. Zwar rechnete ich mit einer friedlichen Begegnung zwischen uns, doch das konnte mir niemand garantieren. Trotz meiner Bedenken hatte ich mir immer sehnlichst gewünscht, mit wilden Delfinen zu schwimmen. Also nahm ich das Risiko auf mich.

Als die Delfine zum ersten Mal an meiner Seite auftauchten, bekam ich zunächst einen Schrecken und hatte ziemliches Herzklopfen. Doch bald erfasste mich eine wunderbare Hochstimmung. Ich war überrascht, wie schnell ihre Gegenwart meine Ängste bezwungen hatte. Sie boten mir nicht nur – wie ich es gehofft hatte – Frieden und Freundschaft an. Ihr sanftes, fast meditatives Gleiten und ihre entspannten, ruhigen Blicke wirkten auch derart besänftigend auf mich, dass meine Angst verflog. So begann unsere Freundschaft unter dem Zeichen der Harmonie.

Mit Delfinen tanzen

Trotz dieser ermutigenden friedlichen Begegnung mit den Delfinen fühlte ich mich weiter als Außenstehende in ihrer Welt und versuchte, mich anzupassen. Ich blieb passiv und überließ es ihnen, die Initiative zu ergreifen, anstatt ihre Annäherung zu stören und sie mit meinen aus Spielfilmen und Delfindressur-Shows gewonnenen Vorstellungen zu konfrontieren.

Das gab ihnen Raum und Zeit, die vielen Elemente unserer Begegnung ganz in ihrem Sinne zu gestalten. Zuerst schwammen sie langsam um mich herum, dabei zogen sie mit jeder Runde den Kreis immer enger. Ich hatte dabei gewartet und war ihnen nicht – wie die meisten Schwimmer – nachgejagt. Es war eine Chance, die auch von den Delfinen verstanden wurde. Sie kamen immer näher heran, bis sie nur noch wenige Meter entfernt waren. Dabei spürte ich, wie ihre liebende und zugleich kraftvolle Energie stetig zunahm. Nachdem wir eine stille, doch feste Verbindung zwischen uns hergestellt hatten, genossen wir es, uns gegenseitig anzuschauen. Dabei kreisten sie weiter gemächlich um mich herum und umfingen mich in ihrer harmonischen Umarmung.

Der größte Delfin brach dann aus der Umlaufbahn aus und glitt noch näher an mich heran. Als sein gewaltiger Körper nur noch ein bis zwei Meter von mir entfernt war, schaute er mir tief in die Augen und hielt diese Verbindung mit einem langen, ausdauernden Blick fest. Ähnlich wie ich es mit den in Gefangenschaft lebenden Delfinen erlebt hatte, glaubte ich auch hier, durch seine Augen auf den Grund seines Herzens gezogen zu werden. Doch trieb mich eine noch stärkere Kraft. Denn selbst als etwas Wasser in meinen Schnorchel gelangte und ich einen

Moment nach Luft japste, versuchte ich, unsere Verbindung nicht zu unterbrechen.

Dann schwamm ich wie durch eine Eingebung ganz intuitiv mit ebenso langsamen Bewegungen parallel zu ihm. Die anderen Delfine blieben bei uns, hielten sich aber im Hintergrund, während der große Delfin mir Geleitschutz gab.

Seit dieser Begegnung erkannte ich den Delfin überall wieder. Dabei spielten seine Körpermerkmale keine Rolle, sondern ich erkannte ihn an dem Blickkontakt und der Verbindung unserer Herzen, die er bei jedem Zusammentreffen wieder herstellte. Sobald wir vereint waren, hatte ich das Gefühl, Instruktionen von ihm zu bekommen, was ich als Nächstes tun sollte. Mit seinem ganzen Wesen, seinem Geist, seinen Augen, seinem Herzen und auch seinem Körper und seiner Haut schien er zu mir zu sprechen. Meine jahrelangen Erfahrungen als Therapeutin halfen mir dabei, mit der richtigen Sensibilität und Intuition hinzuhören, um die leisen Töne seiner energetisch übermittelten Instruktionen wahrzunehmen. Je stiller ich mich verhielt und je intensiver ich mit meinem Herzen danach horchte, was zwischen uns geschah, desto selbstverständlicher verstand ich seine Mitteilungen.

So spürte ich, wie dieser Leitdelfin mit meinen Bewegungen mitzog und sich ihnen anpasste und mich zugleich mit seinen Bewegungen einverleibte, während er die Verbindung unserer Herzen und Augen unentwegt aufrecht erhielt. Für mich war es wie ein Tanz mit dem faszinierendsten Partner, den ich mir vorstellen konnte. Nach unserem rhythmisch übereinstimmenden Vergnügen war ich von unendlicher Freude erfüllt. Seit unserem ersten gemeinsamen Tanz nannte ich meinen sensiblen Partner »meinen Leitdelfin«. Und manchmal war er für mich auch »der Prinz«.

Später lernte ich von ihm, in zeitlupenhafter Geschwindigkeit zu tauchen und zu wenden. Entweder waren wir dabei allein oder in Begleitung seiner Delfinfreunde. Auch während dieser Lehrstunden spürte ich seine Signale, indem er auf spiritueller Ebene Einsatzzeichen auf mich projizierte. So ließ er mich wissen, dass er nach rechts oder links abdrehte, dass er zum Tauchen ansetzte oder wenden wollte. Immer wenn noch andere Delfine dabei waren, schienen auch sie seine Verhaltensänderungen genau im Voraus zu wissen. So liefen all unsere Bewegungen wie bei einem Wasserballett synchron ab.

Wann immer ich an der Seite der Delfine schwamm, konnte ich sehen und fühlen, wie sie ihre Geschwindigkeit drosselten. Verglichen mit den Notenwerten der Musik verlangsamten sie ihre Bewegungen zunächst auf eine achtel, dann eine viertel und schließlich eine halbe Note. Dieser allmähliche Übergang in einen mäßigeren Rhythmus kam meinem Schwimmtempo entgegen. Dabei spürte ich, wie ich den Delfinen folgte, einen meditativen Zustand zu erlangen. Wenn ich längere Zeit mit ihnen verbrachte, schien ich nahezu mein Zeitempfinden zu verlieren. Drei Stunden kamen mir dann oft wie dreißig Minuten vor.

Nachdem mir diese Zeitverzerrung aufgefallen war, entdeckte ich erst Jahre später eine Studie, bei der man die Gehirnströme von Menschen kurz nach einem Erlebnis mit Delfinen gemessen hatte. Die EEGs zeigten nicht nur Alpha-Wellen, sondern auch die langsameren Theta-Wellen an, die beispielsweise auch bei Menschen unter Narkose gemessen werden. Diese Ergebnisse erklären vielleicht, warum Menschen beim Schwimmen mit Delfinen tiefe Ebenen des Friedens und der Harmonie erreichen und immer wieder berichten, dass sie ihr Zeitgefühl verlässt.[1]

Jedesmal, wenn ich auf diese fast hypnotische Weise mit den Delfinen tanzte, erfuhr ich an mir selbst und gemeinsam mit ihnen, wie sie sich gegenseitig in ihren meditativen Zustand der Liebe und des Friedens hineinziehen und wie sie die große Harmonie untereinander herstellen.

Feste Beziehung und Harmonie

Die beste Garantie für die Harmonie in einer Kultur ist die Verbindung der Herzen. In unserer Gesellschaft dreht sich jedoch alles um den materiellen Wettbewerb, in dem es allein darum geht, wie viele materielle Güter sich jeder leisten kann und wer das meiste besitzt. Als Folge davon entfremden wir uns voneinander, lassen Neid und Konkurrenzkampf von uns Besitz nehmen und entwickeln eine Selbstbedienungsmentalität. Oft bleiben bei unserem Streben nach materiellem Erfolg unsere Familienbindungen, sogar die Beziehung zu unseren Kindern, auf der Strecke. Im Gegensatz dazu verbringen die Delfine ihre Zeit mit meditativem Schwimmen, wobei sie gemeinsam im Familienverbund rhythmisch atmen und jeder am Leben der Herde teilnimmt – an der Sorge ums Überleben, an der »Freizeitgestaltung« und an der Entwicklung des höheren Selbst.

Bei uns Menschen brechen die Familienbande oft früh. Wir halten die Unabhängigkeit für eine Grundvoraussetzung des Erwachsenwerdens. Deswegen ermutigen wir unsere Jugendlichen, früh ihre Familien zu verlassen, um Selbständigkeit und Reife zu erlangen. Im Sozialleben der Delfine dagegen haben die Abhängigkeit voneinander und die Verbindung miteinander einen hohen Stellenwert. Beides schweißt sie zusammen, und ihr Zusammenleben ist von liebevoller, geselliger Partnerschaft geprägt. Deswegen werden die Delfine meistens in Gruppen gesichtet. Sie halten engen Kontakt zu ihren Familien. Wir Menschen fühlen uns oft abgetrennt von anderen und der Gemeinschaft und suchen dann die Liebe zu einer einzigen bestimmten Person, um unsere innere Leere zu füllen. Diese Vereinzelung kann Gefühle des Isoliertseins und der Wut auslösen und zu Depressionen oder sogar offener Gewalt führen.

Synergieeffekte durch Kooperation

Die Unterschiede zwischen den Lebensweisen der Delfine und der Menschen standen mir immer deutlicher vor Augen, doch ich wollte den Delfinen mehr von ihrem Geheimnis entlocken, wie sie diese hohe Ebene der Harmonie und des Friedens erreichen. So schärfte ich meinen Blick und fand eine ganze Reihe weiterer Beonderheiten.

Delfine atmen im Gegensatz zu den Menschen bewusster und weniger automatisiert. Mir fiel auf, dass sie in längeren gemeinsamen Schwimmphasen mit der Herde ihr Atmen oft synchronisieren. Zudem blicken sie sich dabei immer wieder tief an und koordinieren ihre Bewegungen genau miteinander, so dass sie in völligem Einklang zusammen schwimmen. Bei diesem Vorgang scheinen sie sich gegenseitig auf eine stille, tiefe und beständige Ebene des Austauschs zu ziehen, der wiederum die Basis ihres harmonischen Zusammenlebens zu sein scheint. Interessanterweise setzen meine mir bekannten Hoteldelfine, die vor ihrer Gefangenschaft einige Jahre mit ihren Familien zusammenlebten, dieses Ritual fort. Bevor sie morgens ihren Tag beginnen, kreisen sie etwa eine Stunde lang gemeinsam durch die Lagune.

Auch außerhalb dieser gemeinsamen Zeit der Meditation ist das Leben innerhalb der Herde von einer Verbundenheit miteinander und einer Harmonie geprägt, die zugleich den Gruppen- wie den individuellen Bedürfnissen der Delfine dient. Dies zeigt sich in allen Bereichen des Zusammenlebens: beim Spiel, beim Springen und Tauchen, bei der Kommunikation und dem Singen, beim Streicheln, Lieben und der Sorge füreinander, bei der Geburt, dem Aufziehen der Jungen, der Trauer und der Sorge um die Sicherheit.

Die Familie steht an erster Stelle

Obwohl wir Menschen den Wert der Familie immer wieder betonen, schließen wir unsere Kinder oft aus unserer Erwachsenenwelt aus. Entweder sie müssen die meiste Zeit des Tages in der Schule verbringen, oder wir engagieren eine professionelle Kinderbetreuung oder überlassen sie sich selbst. Wir organisieren sie häufig weg, und die Folge ist, dass unsere Kinder sich isoliert fühlen und oft mit Aggression reagieren. Außerdem gelingt es uns immer weniger, unser Wissen und unsere Erfahrungen an sie weiterzugeben. Im Gegensatz dazu setzen die Delfine die Familie an die erste Stelle und verbringen die meiste Zeit in ihrem Verband. Ihre Bindung an die Familie ist so stark, dass sie Herdenmitglieder, die sich in einem Ringnetz verfangen haben, gemeinsam befreien, bevor sie weiter schwimmen. Wenn sich ein Junges in einem Netz verfängt, ist die Mutter jederzeit bereit, mit ihm zu sterben. Es gibt Vermutungen darüber, dass das Stranden ganzer Herden eventuell damit zusammenhängt, dass einige Tiere todkrank waren und die anderen ihnen in den Tod gefolgt sind.

Die Intensität dieses Zusammenschlusses zeigte sich überdeutlich, als die Navy im Frühling 1998 auf Hawaii Echolot-Experimente durchführte. Die Forscher beobachteten fünf Stunden lang, wie ein Walkalb, das aufgrund der Experimente offenbar die Orientierung verloren hatte, über hunderte von Malen in irgendeine Richtung ausbrach und noch häufiger mit den Brustflossen schlug, bis der Tod den verzweifelten Versuchen, wieder Kontakt mit der Mutter zu bekommen, ein Ende setzte. In Walbündnissen kommt es höchst selten vor, dass Jungtiere im Stich gelassen werden. Umso grausamer war es, dem verzweifelten Kampf dieses Kalbs und auch anderer Tiere während der Meeresexperimente zuzusehen.

Diese Vorfälle belegen, wie ungeheuer wichtig die Gemeinschaftsbildung für Delfine ist und warum sie so sehr leiden, wenn wir sie fangen und von ihren Herden trennen. Dies erklärt auch, warum Iwa,

das Delfinweibchen mit der besonderen Heilbegabung, depressiv wurde, nachdem sie umziehen und von ihrer langjährigen Delfin-Ersatzfamilie in der Hotellagune Abschied nehmen musste.
Zufällig besuchte ich Iwa gerade an dem Tag, an dem sie abtransportiert werden sollte, und erfuhr, dass sie trächtig war. Laut erzählte ich ihr in Anwesenheit einiger Mitglieder meiner Familie, dass ich sie und ihr Baby nach der Geburt in dem neuen Becken besuchen würde. Daraufhin drehte sie sich um, hob ihren weißen Bauch aus dem Wasser und schaute mir in die Augen. So verharrte sie einige Minuten lang, während wir uns gegenseitig mit den Blicken fixierten. Eine Röte überzog ihren Bauch. Meine Familie und ich waren erstaunt, dass sie meinen Kommentar zu einem für sie so bedeutungsvollen Ereignis offenbar verstanden hatte und mir ihre Dankbarkeit zum Ausdruck brachte.

Monate später besuchte ich Iwa und ihr Baby. Sie war mit viel zu vielen Delfinen in einem Becken untergebracht. Iwa begrüßte mich wie eine längst verloren geglaubte Hoffnung. Sie schoss an den Beckenrand und ehrte mich, indem sie sich vor mir aufrichtete und über die meiste Zeit meines zwanzig Minuten dauernden Besuchs ausgiebigen Blickkontakt hielt. Als ich sie nach ihrem Baby fragte, tauchte sie unter, schwamm an das andere Ende des Bassins und kam mit ihrem kleinen Kalb zurück. Es begrüßte mich auch in aufrechter Haltung, ebenso wie Hoku, das ältere Kind Iwas, das schon vor ihr an diesen Ort hatte umziehen müssen. Jeder, der diese Begrüßungen beobachten konnte, musste sein Erstaunen zugeben. Es schien, als ob Iwa in der neuen Umgebung auf ihre Art die Bindung an alte Freunde bekunden wollte.

Nach dieser Begegnung und meiner offensichtlichen Unfähigkeit, Iwa zu helfen – was ich ihr auf telepathischem Weg versprochen hatte –, weigerte sie sich bei meinen folgenden Besuchen, mich auch nur anzuschauen. Dennoch ertappte ich sie, wie sie mir aus der Entfernung verstohlene Blicke zuwarf. Es brach mir das Herz, diesen wunderbaren Delfin so tief deprimiert und hoffnungslos ohne die Beziehungen zu sehen, die für das Leben eines Meeressäugers so bedeutend sind. Iwas Elend war unter anderem ein Grund, dass ich mich immer wieder aufraffte, dieses Buch weiter zu schreiben.

Glücklicherweise wurde Iwa Jahre später als Kindermädchen für ein Walkalb auserkoren, das im Rahmen eines Echolotexperiments gerettet werden konnte. Dazu wurde sie in ein Becken mit anderen Delfinweibchen umgesiedelt und konnte neue Freundschaften schließen. So verbesserte sich ihre Situation grundlegend, und immer wenn ich sie nun besuche, begrüßt sie mich herzlich.

Geburten in der Gemeinschaft

Wenn die Hebammen unter den Delfinweibchen spüren, dass eine Geburt bevorsteht, sammeln sie sich um die Mutter, um sie zu schützen und ihr beizustehen. Später kümmern sie sich fürsorglich mit um das Neugeborene. Sie bilden eine Art Schutz- und Spielzone, innerhalb der sich das Jungtier behütet und frei bewegen kann. Die Jungdelfine bleiben nicht nur drei bis sechs Jahre lang bei ihren treu sorgenden Müttern, sondern kehren auch immer wieder zu ihren Familien zurück, wenn sie selbst schon eine eigene Familie gegründet haben.

Delfine assistieren auch bereitwillig bei menschlichen Geburten, wenn sie dazu eingeladen werden. So haben sie zusammen mit Igor Tjarkovsky in den sechziger Jahren eine ganze Reihe von freudigen Ereignissen im Schwarzen Meer in Rußland begleitet, und auch in Israel und an anderen Orten waren sie bei menschlichen Entbindungen anwesend. Offenbar können sie spüren, wenn die Niederkunft eines Kindes bevorsteht. Sie erscheinen pünktlich und bleiben bis zum Ende in der Nähe. Direkt nach der Entbindung schwimmen sie dann neben dem Neugeborenen, bevor seine Nabelschnur durchgeschnitten wird und es atmen muss. Russische Studien zeigen, dass Menschenbabys, die im Beisein von Delfinen geboren wurden, nicht nur ruhiger und stärker, sondern auch aufgeweckter als andere Säuglinge sind und sich sprachlich besser entwickeln.

Babys verbinden Delfine und Menschen

Delfine freunden sich gern mit unseren Kindern an. Sie mögen es ebenso, wenn rücksichtsvolle Schwimmer und Menschen, die sie schätzen und lieben gelernt haben, sich an ihren Babys erfreuen. Immer wenn mir diese Ehre zuteil wurde, beobachtete ich, dass die Neugeborenen in der Mitte einer Erwachsenengruppe schwimmen, wenn sie präsentiert werden. Manche Delfinmütter haben mir ihre etwas älteren Jungen auch schon allein, manchmal sogar beim Säugen, gezeigt. Die Babys scheinen das Geschehen um sie herum sehr bewusst wahrzunehmen. Meist zappeln sie vor Aufregung und Freude mit ihrem weichen, manchmal noch schrumpeligen Körper, während sie mit ihrem Publikum immer wieder kurz Blickkontakt halten. Oft überzieht ihre Haut dann ein rötlicher Schimmer, der sich zeigt, wenn sie sich geliebt fühlen und Liebe zeigen. Die Mütter führen ihre behüteten Babys vor, um die Bindung zu ihren menschlichen Freunden zu intensivieren.

Wenn sie einem Schwimmer sehr viel Vertrauen entgegenbringen, lassen sie ihn manchmal bei einer Geburt zusehen. Doch das kommt selten vor, und ich selbst habe es nur durch Fotos dokumentiert gesehen. Allerdings hatte ich das Glück, den Beginn einer Geburt zu beobachten, und einigen Babys konnte ich direkt nach der Geburt beim Säugen zusehen. Doch eine komplette Geburt habe ich bisher noch nicht mitverfolgen können. Meine Freundin Joan Ocean (Autorin von *Dolphins into the Future*) ist zehn Jahre lang fast täglich mit Delfinen geschwommen. Sie hat schon mehrere Entbindungen beobachtet und dabei immer sorgsam darauf geachtet, im Hintergrund zu bleiben und sich nicht auf irgendeine Art einzuschalten.

Bindung durch Berühren

Neben sexuellen Aktivitäten lieben die Delfine alle Formen der freundschaftlichen Berührung. Sie streicheln und kratzen sich gegenseitig mit ihren Rücken- und Brustflossen, ihren Schnäbeln und Schwanzflossen, und schwimmen Bauch an Bauch, wobei sie ihre Flossen berühren, wie wir uns an den Händen halten. Es macht immer wieder große Freude, Delfingruppen zuzuschauen, wie sie in Paaren, zu dritt oder zu mehreren synchron schwimmen, tauchen, sich drehen und auf irgendein unsichtbares Einsatzzeichen hin zusammen springen, so als hätten sie mit dem Bolschoi-Ballett geprobt.

Disziplin im Dienst der Harmonie

Um ihren Jungen und auch anderen Herdenmitgliedern Grenzen zu setzen und für Disziplin zu sorgen, bedienen Delfine sich einer Gebärdensprache, die ihre Stellung in der Gruppe verdeutlicht. So schlagen sie mit der Schwanzfluke, harken sich mit den Zähnen oder nicken von

Angesicht zu Angesicht mit den Köpfen, was manchmal in Schnabelklappern kulminiert. Es ist faszinierend, wie friedlich diese Abgrenzungs- und Disziplinarmaßnahmen vonstatten gehen – vor allem, wenn man bedenkt, dass Delfine zu den stärksten Tieren der Erde gehören.

Ich selbst habe im Wasser miterlebt, wie Delfine mit einem energischen Schwanzflukenschlag Schwimmern, die ihnen nachsetzten, ein deutliches Signal gaben, sich zurückzuziehen. Einmal erlebte ich sie aggressiv, ohne dass ich mir den Grund erklären konnte. Allerdings verstand ich ihr Verhalten eher als Warnung denn als echte Gefahr für mich. Trotzdem entfernte ich mich schnellstens. Leider schaffen viele Schwimmer es nicht, diese Botschaften zu deuten, und bleiben in der Umgebung oder setzen sogar ihre aufdringlichen Annäherungsversuche fort. Normalerweise zeigen Delfine und Wale auch unbelehrbaren Menschen gegenüber ein großes Maß an Beherrschung und Geduld. Es sind jedoch ernsthafte Verletzungen und sogar Todesfälle vorgekommen, wenn sie aggressives und aufdringliches Verhalten von Menschen abwehren mussten. Wer den konkreten Warnungen der Delfine und Wale keine Beachtung schenkt, geht ein hohes Risiko ein.

Zu den Erziehungsmitteln, mit denen sie sich bei ungehorsamen Jungdelfinen elterliche Autorität verschaffen, gehört zum Beispiel, sie unangenehm lange unter Wasser zu ducken. Als Autorin eines Buches über Elternschaft (*Parachutes for Parents*) weiß ich, dass elterliche Autorität für eine gute Erziehung ausschlaggebend ist und dass sie zu einer harmonischen Gesellschaft beiträgt. Dennoch gibt es unter uns Menschen keinen klaren Konsens über die Notwendigkeit, Grundsätze einzuhalten. Unsere Kinder und Jugendlichen dürfen immer wieder gegen Regeln verstoßen. Das Ignorieren von Barrieren ist ein Verhaltensmuster unserer Spezies geworden, das ernste Störungen in unserer Gesellschaft und auf der ganzen Erde verursacht.

Im Gegensatz zu unserer Nachgiebigkeit halten sich Delfine und Wale an ihre Grenzen. Das bekam auch eine Frau zu spüren, die vor Maui schwamm, sich einem Wal allzu aufdringlich näherte und ihm kräftig den Rücken scheuerte. Der Wal reagierte auf diese unangemessene Verletzung seines intimen Bereiches, indem er einen Knöchel der Frau sanft zwischen seine Zähne nahm und sie tief ins Wasser zog, bis sie schließlich zu ersticken glaubte. Dann stupste er sie – in der gleichen Weise, wie er es mit einem ungehorsamen Kalb getan hätte – sanft zurück nach oben an die Wasseroberfläche. Eine Videoaufzeichnung dieser Begegnung, die ein Begleiter der Frau aufgenommen hatte, wurde später in National Television gezeigt.

Harmonie durch Mitleiden

Ein weiteres Medium, über das die Delfine die Harmonie ihrer Herzen miteinander und mit der Welt teilen, ist ihre Bereitschaft zum Mitleiden. Das fiel mir auf, als ich einmal aufgrund einer Todesnachricht zutiefst traurig war. Anstatt mich zu necken, wie sie es sonst oft taten, oder mich zu ignorieren, was geschah, wenn ich zu viel Energie in Selbstmitleid steckte, schienen sie nun meine wirkliche innere Stimmung wahrzunehmen und meine tiefen Verlustgefühle zu verstehen. An diesem Tag kamen sie sehr nah an das Ufer heran und blieben genau vor meinem geparkten Personenwagen, in dem ich tränenüberströmt saß, ruhig schaukelnd im Wasser liegen. Als ich mich ausgeweint hatte und mich ruhiger und innerlich befriedet fühlte, verschwanden die Delfine ganz leise.

Eine Freundin von mir hatte ein ähnliches Erlebnis. Nach dem Tod ihrer Mutter wollte sie zusammen mit ihren Töchtern mit Delfinen schwimmen. Überrascht sah sie die Tiere bereits im flacheren Gewässer der Bucht auf sie warten. Als sie mit den Mädchen ins Wasser stieg, versammelten sich die Delfine still um sie herum und umkreisten sie fast eine Stunde lang. Auf diese Weise betrauern sie auch ihre eigenen Toten.

Delfine schenken nicht nur uns ihr gütiges Mitleid. Auch ihr Leben untereinander ist von tiefer Zuwendung und Anteilnahme geprägt. So wurde beobachtet, wie sie kranke Artgenossen tagelang mit sich tragen und erst loslassen, wenn sie wissen, dass sie wieder gesund sind und nicht mehr gebraucht werden.

Delfinmütter schleppen ihre toten Kälber über Stunden und Tage überall mit hin. Dabei werden sie von ihrer Familienherde, so lange es notwendig ist, geduldig begleitet. Diese Phase dauert an, bis der tote Körper zerfällt oder bis die Mutter sich bereitwillig von dem Leichnam trennt und ihn an einem seichten Ufergestade ablegt. Ein australischer Fischer folgte einmal über eine Stunde lang respektvoll einem dieser Leichenzüge. Er beobachtete, wie die Gruppe verständnisvoll anhielt, bevor die Mutter allein mit ihrem toten Säugling zum Ufer schwamm. Als sie eine geeignete Stelle gefunden hatte, ließ sie das Neugeborene

los, schmiegte mehrmals ihren Kopf an den ihres toten Babys und kehrte dann langsam zu ihrer Familie zurück. Delfinmütter scheinen nach dem Tod ihrer Babys lange Phasen der Trauer und Depression zu durchleben, ähnlich wie es menschlichen Müttern in so einem Fall ergeht.
Auch ausgewachsene Delfine, die gestorben sind, werden getragen und betrauert. So wurde ein altes Weibchen einmal weithin sichtbar tagelang an der Küste von Ventura und Malibu entlang mitgeführt, bis es vor Manhattan Beach abgelegt wurde. Es gab viele Augenzeugenberichte und mehrere Zeitungsartikel über dieses Ereignis und auch manche Spekulation darüber, wie dieses Verhalten zu deuten sei. So glaubte ein junger Mann, der mit seinem Surfbrett ganz nah an den Leichenzug herankam, dass hier die eine intelligente Spezies die andere intelligente Spezies, also uns, wissen lassen wollte, dass etwas im Argen liege. Auch eine Gruppe von Delfinkennern, die in der Nähe gerade eine Konferenz über den Schutz von Delfinen und Walen besuchte, entdeckte die Prozession. Einige fragten sich, ob die Delfine den Zeitpunkt möglicherweise absichtlich gewählt hatten.

Offensichtlich bieten die Wale und Delfine nicht nur uns ihr Mitleid an, sondern sie suchen zugleich unser Mitleid für sie. Vielleicht wollen sie uns damit zum richtigen Handeln bewegen: Warum versuchte das Walkalb vor den Augen der Echolot- Forscher immer wieder verzweifelt auszubrechen? Warum zeigte mir ein Delfin seine Verletzungen, die aller Wahrscheinlichkeit nach von einer Schiffsschraube herrührten? Warum zeigen uns gefangene Delfine ihr Leid, und warum bringen uns so viele Delfine den Müll aus dem Meer? Warum erlaubte Keola mir, eine besonders tiefe Wunde zu versorgen, die er sich in Gefangenschaft zugezogen hatte? Warum führte Iowa mir vor, wie deprimiert sie war, und warum zeigte ein graues Walweibchen einem Jäger ihre Narbe, die eine Harpune ihr zugefügt hatte? Warum stranden Delfine und Wale gezielt an unseren Stränden? Wollen sie nicht auf das hinweisen, was sie unmittelbar im negativen Sinn betrifft, auf die Umweltverschmutzungen und Echolotexperimente?

Leben retten und verteidigen schweißt zusammen

Wann immer einer Delfinherde Gefahr droht, reagiert sie einträchtig und geschlossen. Die Delfine drängen sich zusammen und bilden eine

Art Schutzwall: Im Inneren bleiben die Kinder, den mittleren Kreis bilden die Mütter, außen schwimmen die Männchen.

Weil der harmonische Zustand ihre größte Sorge ist, dehnen die Delfine ihre Schutzaktionen auch auf andere Spezies aus – was ich selbst einmal erlebte. Mein Mann, eine Freundin und ich waren mit dem Kajak ausgefahren. Wir hatten unsere helle Freude, als eine Delfingruppe auftauchte und in unserer Bugwelle ritt. Allerdings achteten wir nicht darauf, dass wir dabei immer weiter ins offene Meer trieben. Gerade als wir spürten, wie der Wind auffrischte, und merkten, wie weit wir schon draußen waren, tauchten die Delfine unter und verschwanden. Es schien, als wollten sie uns loslassen, damit wir zum Ufer zurückkehren konnten. Die Freundin und mein Mann paddelten uns gemeinsam zurück zum Strand. Zuerst hatten wir viel Spaß, doch dann wurde mir unbehaglich zumute, weil wir nur sehr langsam vorankamen.

Plötzlich überfiel mich ein Gefühl der Unruhe und Unsicherheit. Nur wenige Sekunden später tauchten zwei große Delfine neben uns auf, die uns gleich Wachtposten zu beiden Seiten unseres Kajaks eskortierten. Achtsam schwammen sie dann gemeinsam vor unserem Kajak in Richtung Bucht. Diesmal wirkten sie nicht verspielt, sondern sehr ernst. Meine Freundin hatte keine Kraft mehr und reichte mir das Paddel.

Meter für Meter schafften wir es, näher an den Strand zu kommen. Während der nächsten halben Stunde paddelten wir stetig gegen eine immer stärker werdende Strömung und zunehmenden Wind. Dabei schwammen die Delfine unermüdlich neben uns her, bis wir endlich außer Gefahr waren. Jetzt erst konnte ich mich entspannen. In dem Moment, in dem ich mich wieder sicher fühlte, sprangen die Delfine simultan aus dem Wasser. Sie hielten meine Augen in ihrem Blick gefangen, drehten sich mitten in der Luft gemeinsam herum und tauchten unter, um zu ihrer Herde zurückzukehren. Ich war mir nicht sicher, ob mein Unbehagen die Hilfsbereitschaft der Delphine geweckt hatte oder ob sie es waren, die in mir ein Alarmsignal auslösten, oder ob beides interaktiv passierte. Jedenfalls wusste ich, dass mich an diesem Tag eine intensive nonverbale Kommunikation mit den Delfinen verband. Ich fühlte mich an jene Momente erinnert, als meine Kinder noch klein waren und ich instinktiv fühlte, dass sie dringnd meine Hilfe benötigten.

Bei einem anderen Erlebnis hielten sich die Delfine in der Bucht auf und gaben merkwürdige Laute von sich, zeigten sich aber keinem von uns und kamen auch nicht nah genug zum Spielen heran. Wir fühlten, dass etwas nicht stimmte, und genau in diesem Augenblick spürten wir eine negative Spannung im Wasser, gleichsam einen energetischen Stoß. Es war sofort klar, dass die Delfine uns vor einem Hai warnen wollten. So schnell wie nur möglich schwammen wir zum Ufer zurück. Tatsächlich tauchte innerhalb der nächsten Viertelstunde ein Rettungsschwimmer an unserem Strand auf, um uns vor einem Hai zu alarmieren, der westlich von uns gesichtet worden war und nun auf unsere Bucht zuschwamm.

Geschichten aus der Antike, die erzählen, wie Delfine mit Menschen Freundschaft schlossen, ihnen Schutz boten und sie aus Gefahren retteten, wurden seit jeher für Mythen gehalten. So eine Geschichte des römischen Schriftstellers Plinius des Älteren. Er berichtete von einem kleinen Jungen in Hippo (heute in Tunesien gelegen), der sich mit dem Delfin Simo anfreundete, nachdem dieser ihn vor dem Ertrinken gerettet hatte. Derart viele Reisende wollten das seltsame Freundespaar betrachten, dass in der Stadt Lebensmittel, Wasser und Unterkünfte knapp wurden. Heutzutage ereignen sich wieder ähnliche Geschichten, und es hat ein Umdenken begonnen, diesen Erzählungen wird von Jahr zu Jahr mehr Glauben geschenkt. Eine Freundin von mir erlebte einmal eine dramatische Rettungsgeschichte. Nach einem Tauchunfall trieb sie mehrere Stunden lang in rauer See, in der es nur so von Haien wimmelte. Während sie völlig erschöpft und müde in ihrer Rettungsweste herumtrieb, auf nichts als auf ein Wunder hoffte und sich einzig nach ihrem Kind sehnte, tauchte eine Delfingruppe auf und kreiste unentwegt um sie herum. So beschützten die Delfine sie nicht nur vor Haien, sondern beruhigten sie auch durch ihre Anwesenheit und gaben ihr die Kraft durchzuhalten. Vielleicht half die Fähigkeit der Delfine, Alarmsignale abzuschicken – wie sie es bei meinem Kajakerlebnis gemacht hatten –, dem Retter meiner Freundin, sie am richtigen Ort zu suchen. Die lange Zeit im Wasser hat sie dann auch ohne eine Folgekrankheit überstanden. Was sehr selten vorkommt.

Harmonie durch die Gabe des Heilens

Ich hatte schon vieles über die Heilkräfte der Delfine bei verschiedensten menschlichen Leiden gelesen – bei Depressionen, Autismus, Entwicklungsverzögerungen, Hyperaktivität, Autoimmunkrankheiten und chronischen Beschwerden sowie bei Verletzungen des Rückenmarks und bei vielen anderen körperlichen und seelischen Erkrankungen. Zunächst stand ich diesen Berichten ein wenig misstrauisch gegenüber, doch später änderte ich meine Meinung, nachdem ich die magische Heilkraft der Delfine am eigenen Leib erfuhr.

Seit einer viele Jahre zurückliegenden Ohrinfektion hatte ich ständig Probleme mit meinem linken Ohr. Immer wenn ich mit dem Kopf untertauchte, drang das Wasser sofort tief in das Ohr ein. Das führte unweigerlich zur nächsten Infektion. Um dem vorzubeugen, trug ich also beim Schwimmen immer Ohrstöpsel. Als ich an einem Tag in der ersten Zeit meiner Erlebnisse mit den Delfinen in unserer Bucht ins Wasser stieg und auf eine Begegnung hoffte, spürte ich plötzlich etwas auf meiner Wange. Ratlos strich ich mit der Hand über mein Gesicht und merkte, dass sich beide Stöpsel auflösten und aus den Ohren fielen. Ich schaffte es einfach nicht, sie irgendwie zurückzustopfen. Das war mir noch nie zuvor passiert. Ich war verärgert und traurig, weil ich mir eine mögliche Begegnung mit den Delfinen durch diesen läppischen Umstand nicht verderben lassen wollte.

Schließlich bekam ich einen Impuls, der mir den Gedanken übermittelte, dass ich die Ohrstöpsel nicht mehr brauche und dass das Problem mit dem Ohr »erledigt sei«. Mir war nicht ganz wohl bei der Vorstellung, ohne Schutz zu tauchen. Doch der Gedanke blieb und kreiste immer wieder durch meinen Kopf. Die Pfropfen ließen sich ohnehin nicht mehr richtig einsetzen, und zudem hörte ich ein entferntes Pfeifen und Schreien, das von Delfinen herzurühren schien. Also entschloss ich mich, die Botschaft anzunehmen. Ich bückte mich, tauchte vorsichtig meinen Kopf unter und erwartete, dass sich mein linkes Ohr wie immer mit Wasser füllte. Doch dieses Mal drang das Wasser nur so weit in mein Ohr ein wie in Zeiten vor der Infektion.

Zunächst dachte ich, dass ich gerade eine dieser berühmten Heilungen durch Delfine erlebt hatte. Doch damals bedeutete solch eine Schlußfolgerung für jemanden wie mich, die ganz auf die Kraft des rationalen Verstandes setzte, einen ziemlichen Gedankenspagat. Also wollte ich anfangs nicht weiter darüber spekulieren. Jedenfalls blieb mein Ohrproblem bis heute verschwunden. Danach lernte ich mehr und mehr über die Delfine kennen und konnte noch einige Male Demonstrationen ihrer

geheimnisvollen Heilkraft miterleben. Allmählich gelangte ich zu der Überzeugung, dass die Delfine mir mit der Heilung meines Ohres tatsächlich ihr erstes Geschenk machten.

Meeressäuger scheinen stets in weitherziger Stimmung zu sein. Groß zügig lassen sie die Menschen an ihren Heilkünsten teilhaben. Freunden und Kindern mit seelischen oder anderen gesundheitlichen Problemen, die wir in die Bucht mitbrachten, haben sie jedesmal ihre besondere Aufmerksamkeit geschenkt. Sobald die Hilfe suchenden Menschen im Wasser sind, schwimmen die Delfine auf sie zu und richten ihre sogenannte »Melone« auf sie. Die Melone liegt in der oberen Kopfrundung und ist Teil des Echolokationsorgans, mit dem der Delfin navigiert und Nahrung aufspürt. Mit diesem Sonarsystem werden sowohl hoch- als auch niederfrequente Klickgeräusche hervorgebracht. Die niederfrequenten, also tiefen Töne ermöglichen das Erkennen und Bestimmen von Gegenständen, die weit außerhalb der Sichtgrenze liegen. Die hochfrequenten Töne werden in dichter Folge ausgestoßen und verschaffen dem Delfin Informationen über Dinge in der unmittelbaren Umgebung. Ist ein Gegenstand oder ein Mensch ganz nah bei ihm, dann werden die Töne extrem hoch und der Delfin berührt das ihn Umgebende mit seinem Unterkiefer. Es hat dann den Anschein, als würde er den Gegenstand oder den Menschen durchleuchten. Zudem ist davon auszugehen, dass Delfine ihren Unterkiefer in der gleichen Weise benutzen wie wir unsere Finger – nur mit dem Unterschied, dass er mit einer noch größeren Gefühlsempfindlichkeit ausgestattet ist. Nach einer solchen Berührung fühlen sich die Menschen zunächst sehr schlecht, doch bald geht es ihnen bedeutend besser, und manchmal verlieren sie ihre Beschwerden gar vollständig. An einem Schiffsausflug vor Big Island nahm eine Frau teil, die unter Muskelrheuma litt. Kurz nachdem sie zu den Delfinen ins Wasser geglitten war, musste sie sich sogar übergeben. Doch schon bald fühlte sie sich wieder wohl und blieb bei ihnen. Erstaunt stellte sie fest, dass sie keine Schmerzen mehr hatte. Für den Rest der Reise brauchte sie keine Medikamente mehr.

Viele Menschen verspüren nach einem Schwimmerlebnis mit Delfinen einen verstärkten Harndrang, der eventuell durch eine Ausschüttung von Toxinen ausgelöst wird. Ich kann mittlerweile die Energieveränderung wahrnehmen, wenn Delfine die Bucht mit ihren heilenden Vibrationen durchstrahlen. Manche Menschen sind genauso überwältigt wie ich von dieser Energie und bekommen sogar Muskelkrämpfe, wenn die Delfine sich ihnen nähern. Zuweilen spüre ich nach einem Zusammensein mit ihnen, wie mein ganzer Körper sanft zittert. Die meisten Menschen erleben das Schwimmen mit Delfinen wie ein wohltuendes Heilbad. Sie fühlen sich hinterher sowohl physisch wie psychisch befreiter, gesünder und glücklicher.

Doch bleibt es rätselhaft, woher die Delfine ihre Heilfähigkeiten nehmen. Meinem Gefühl nach liegt die Quelle ihrer Kraft darin, dass sie diese ihnen einzigartige Energie übermitteln können. Ein Erlebnis schien mir das besonders deutlich zu bestätigen. Nachdem ich auf Makas Haut eine tiefe Wunde entdeckt hatte, hob ich meine Hände und richtete meine ganze Hoffnung darauf, ihm genügend liebende und mitfühlende Energie zur Heilung zu senden. Ich fragte mich, ob Delfine ihre Heilenergie vielleicht auf die gleiche Weise überantworten, und nahm mir vor, mehr über die Kunst der Energieübertragung zu lernen. Während mir diese Gedanken durch den Kopf gingen, tauchte Maka unter. Plötzlich schien ein Energiestoß gegen die Felsen auf der anderen Seite der Lagune zu prallen. Daraufhin schlug in der stillen Lagune eine kräftige Welle laut gegen die Felsen. Ich hatte so heftige Energiestöße schon einmal miterlebt und nahm an, dass sie von den Delfinen herrührten. Ich fühlte ganz deutlich, dass Maka mir zeigen wollte, wie Delfine ihre Heilenergie zu anderen schicken.

Doch wo auch immer die Quelle dieser Energie entspringen mag, sie beeinflusst auf jeden Fall unsere Empfindlichkeit. Sie zieht uns mit hinein in einen Zustand größerer innerer Ausgeglichenheit, der uns mehr Harmonie, Gesundheit und Freude bringt. Die Delfine lassen ihre Energie in unsere einfließen, was sich auf unsere Emotionen, unser physisches Befinden und unser Herz auswirkt. Der positive Effekt ist deutlich spürbar. Und er könnte sich auf unser gesamtes Dasein auswirken. Die Untersuchungen von Herbert Benson (*Heilung durch Glauben*), Gary Zukav (*Die tanzenden Wu-Li-Meister)* und Caroline Myss (*Mut zur Heilung*) legen nahe, dass die Ausbildung – und dazu halte ich uns Menschen für fähig – einer umfassenden, alles durchdringenden Liebe möglicherweise unsere Molekularstruktur und die DNA verändert und auf ein bedeutend höheres Niveau hebt. Würden wir also anstreben, unser Energieniveau zu heben, hätten wir die Chance auf ein Leben in größerer Eintracht.

Terry Pinney, eine Delpfinexpertin mit dem Sinn für Außergewöhnliches, erzählte mir bei unserer ersten Begegnung, dass sie während eines Besuchs in einem Aquapark plötzlich das Verlangen hatte, ihren Kopf gegen das Plexiglas des Delfinbassins zu drücken. Zuvor war sie noch nie mit Delfinen geschwommen. Während sie das tat, wanderte ein Vibrieren durch ihren Kopf, ihren Hals und ihre Schultern. Sie öffnete die Augen und sah, dass ein Delfin seinen Kopf genau ihr gegenüber gegen die Beckenabtrennung drückte. Nach dieser Erfahrung entdeckte Terry ihre übersinnlichen Fähigkeiten. Sie erzählte, dass sie sogar von der Polizei bei der Suche nach vermissten Menschen um Mithilfe gebeten wurde, und dass Iwa und Maka mit ihr zusammenarbeiten, wenn sie Menschen mit gesundheitlichen Problemen zu ihnen bringt. Obwohl ich mich eingehend mit metaphysischen Fragen befasste und manche Erscheinungen für möglich hielt, blieb ich doch skeptisch und zweifelte, ob Terry wirklich diese – angeblich von den Delfinen geweckten – Fähigkeiten besaß.

Als ich dann eines Tages der Delfin-Show in meinem Hotel zuschaute, tauchte auch Terry auf. Iwa reagierte ganz aufgeregt und benahm sich so übermütig, wie ich sie noch nie erlebt hatte. Terry empfand keine Hemmungen, auch vor den Zuschauern ein lautes Delfinpfeifen zu imitieren, um mit Iwa zu sprechen, und Iwa antwortete gleichfalls mit einem Pfeifen. Es wird allgemein vermutet, dass sich Delfine durch die Pfeiftöne verständigen, auch untereinander. Während die Vorstellung weiterlief, blieb Iwas Blick fest auf Terry gerichtet, und sie baute ihr Pflichtprogrammm mit einigen schönen Zusatzsprüngen aus. Terry jubelte laut vor Freude und applaudierte begeistert. Sogar der Trainer war überrascht über Iwas Ausgelassenheit und ihre besonderen akrobatischen Einlagen. Nach der Show schwamm Iwa schnell zu Terry hinüber und begrüßte sie freudig. Dann richtete sie ihre Melone auf die Menschen, die Terry mitgebracht hatte, um sie von ihren Beschwerden zu heilen. Allmählich musste ich eingestehen, dass an Terrys Erzählungen über ihre übersinnliche Verbindung und ihre gemeinsame Heilarbeit mit den Delfinen doch etwas Wahres war.

Eine weitere Geschichte in dieser frühen Phase meiner Delfinerlebnisse ließ meine skeptische Haltung gegenüber ihren besonderen Wirkkräften ebenfalls aufweichen. Kaori, ein hübsches, gut erzogenes und reizendes elfjähriges Mädchen halb japanischer, halb hawaiianischer Abstammung, konnte einhändig einige einfache Melodien auf dem Klavier spielen. Als sie eines Tages nach einem Schwimmgang mit den Delfinen aus dem Wasser stieg, fühlte sie sich so leicht und frei, dass sie glaubte, fliegen zu können. Nachmittags setzte sie sich an das Klavier ihrer Großmutter und spielte plötzlich beidhändig eine wunderbar eindringliche Melodie. Kaori fühlte, dass die Delfine ihr diese Gabe verliehen hatten. Und sie ging auch nicht wieder verloren. Kaori hat bereits mehre Kassetten und CDs mit Klavierstücken eingespielt, die den Klang und den Schwimmrhythmus der Delfine auf einzigartige Weise wiedergeben. Sie wurden erfolgreich bei Heiltherapien eingesetzt, unter anderem auch bei der Behandlung eines todkranken Hundes, der wieder vollständig gesund wurde. Ich hatte das große Glück, dem Klavierspiel dieses liebenswerten Mädchens in unserer Delfinbucht zuhören zu dürfen. Für Filmaufnahmen hatte man einen Flügel auf den Strand gestellt, und so konnten wir ihrer Musik bei einem herrlichen Sonnenuntergang mit Blick über die ganze Bucht lauschen.

Die Harmonie der Musik

Forscher fanden heraus, dass sich frei lebende Delfine und ihre Wal-Verwandten von Musikaufnahmen nahezu magisch angezogen fühlen, die über Hydrophone im Wasser abgespielt werden. Noch mehr interessieren sie sich für Livemusik. Offensichtlich mögen sie besonders die hohen Töne, zum Beispiel von Flöten und Glocken. Ich habe bisher bei jedem Schiffsausflug mit Livemusikern an Bord erlebt, dass Delfine oder Wale auftauchten.

Wie wichtig Klänge und Musik für die Meeressäuger sind, erkannte ich zum ersten Mal bei einer meiner frühen Begegnungen mit Delfinen, als eine Gruppe von Mutter- und Jungtieren unter mir herschwamm und ich laut vernehmbar in meinen Schnorchel »gurrte«. Ein Delfinbaby reagierte auf meine Geste. Als Antwort auf mein Gurren zappelte es freudig hin und her, gleich dem aufgeregten Schwanzwedeln eines jungen Hundes. Dabei schaute es mich ganz lieb an. Später bestärkte eine ähnliche Beobachtung meine Vermutung. Dabei konnte ich feststellen, dass Delfine von ihrem Kurs abwichen, um mich zu grüßen, nachdem ich einem »Om«-Ton durch meinen Schnorchel ins Wasser sang.

Eines Tages kam ein junger Mann mit einer Bongotrommel an den Strand. Er war ein exzellenter Trommler und begann einen mitreißenden Rhythmus zu schlagen. Augenblicklich erschienen die Delfine am Horizont und zeigten aus meilenweiter Entfernung ihre Freude an der Musik, indem sie auf das Ufer zusprangen. Als sie näher kamen, schlug der Trommler immer lauter und schneller. Auch die Menschen am Strand und im Wasser konnten sich mittlerweile dem Rhythmus nicht mehr entziehen. Bald hatten die Delfine das Badeterrain erreicht und begannen zwischen den vergnügten Schwimmern hin und her zu hüpfen und zu wirbeln. Der Mann trommelte weiter, und die Delfine und Menschen tanzten dazu. Unsere Herzen wurden eins in diesem Gleichklang unserer gemeinsamen Freude und unseres gemeinsamen Lachens.

Als ich vor nicht allzu langer Zeit mit meinem Sohn und meiner Schwiegertochter auf Big Island war, nahm ich auf einen unserer Schiffsausflüge eine Bongotrommel und ein Glockenspiel mit, auf denen wir übermütig spielten. Schon bald lockten wir damit etwa siebzig Grindwale an, die uns fast eine Stunde lang begleiteten und sich offensichtlich an unserer Musik erfreuten. Als wir später anhielten, um unsere Hydrophone ins Wasser zu lassen, hörte ich einen Buckelwal, der die Töne meiner Glocke nachahmte. Ich antwortete mit der Glocke, und so »musizierten« wir eine Weile zusammen. Ganz gleich, ob ich zwei oder drei Töne oder nur einen Ton spielte, er folgte immer meiner Vorgabe. Bei der Weiterfahrt kamen noch etwa fünfzig Delfine dazu, die unser Schiff wieder etwa eine Stunde lang begleiteten. Auch sie erfreuten sich an unserem Trommeln und schwammen so nah neben unserem Schiff entlang, wie ich es noch nie erlebt hatte.

Die Reaktion der im offenen Ozean lebenden Wale und Delfine auf die Musik hatte mich nicht überrascht. Erstaunt war ich allerdings darüber, wie gefesselt die Hoteldelfine Keola und Kama mir zuhörten, als ich eines Tages auf die Idee gekommen war, ihnen mit hoher Sopranstimme »O Holy Night« vorzusingen. Während ich sang, schienen beide sehr konzentriert zuzuhören. Als ich fertig war, stieß Keola drei große Luftblasen nacheinander aus. Das sah ich zum ersten Mal bei ihm. Allmählich erkannte ich, dass Delfine sich mit Hilfe einer symbolischen Sprache mitteilen. Ich fragte mich, ob die drei Luftblasen als eine Art Bewertungskriterium für meine Gesangsleistung zu verstehen waren.

An einem anderen Tag summte ich den in Gefangenschaft lebenden Delfinen den Laut »Om« vor. Keola zeigte wieder das meiste Interesse. Er gab ähnliche Laute von sich und versuchte hörbar, mich zu begleiten. Als ich dann dazu überging, »He's Got the Whole World in His Hands« zu schmettern, versuchte Keola der Melodie zu folgen, wenn auch nicht durchgehend exakt. Kama blieb in der Nähe, hörte uns zu und fiel manchmal mit ein paar unbeholfenen Lauten in unser Duett ein. Ich ermunterte ihn mit einem Lachen, und als Antwort öffnete er sein Maul, zeigte seine Zähne und ahmte mein Lachen nach. Er schien von seiner im Vergleich zu Keola geringeren musikalischen Begabung ablenken zu wollen. Ich hatte in Studien des Delfin-Institutes auf Hawaii gelesen, dass Delfine nicht nur Melodien erkennen, sondern auch Töne und Gesten von Menschen nachahmen können.

Harmonie zwischen den Lebewesen

Delfine genießen die Harmonie in ihrem Lebensumfeld, die Einstimmigkeit untereinander und den Wohllaut in der Musik. Zusätzlich erfreuen sie sich aber auch an dem Zusammenspiel mit anderen Spezies. Deshalb begegnen sie nicht nur den Menschen freundlich, sondern dehnen ihre Liebenswürdigkeit auch auf andere Kreaturen aus. Zum Beispiel ist bekannt, dass sie bei der Geburt von Killerwalen assistieren. Außerdem spielen sie mit vielen anderen Meeresbewohnern und sogar mit Hunden, die auf Schiffen zu ihnen mitgenommen wurden. Einst reiste ein Delfinliebhaber auf einer Autofähre nach Queensland, um dort Meeressäuger zu sehen. Weil er glaubte, sein Rottweiler könne die Delfine verschrecken, sperrte er den traurigen Hund in den ersten drei Tagen ins Auto ein. Die Delfine zeigten sich aber erst am vierten Tag, als er nun doch dem Hund erlaubt hatte, ihn zu begleiten. Sie schlossen sofort mit dem Rottweiler Freundschaft, noch bevor sie es mit dem Hundebesitzer taten.

Delfine und Wale haben gemeinsam ein großes Bedürfnis nach Ausgeglichenheit, das sich meiner Ansicht nach am besten in der Freude ausdrückt, die sie aneinander finden. Immer wenn ich irgendwo auf dem Globus mit einem Schiff auf der Suche nach ihnen unterwegs war, entdeckte ich sie im Spiel miteinander. Eine Freundin von mir hatte das Glück, einen riesigen Wal unter ihr hergleiten zu sehen, auf dessen ausgestreckten Brustflossen fünf oder sechs Delfine per Anhalter mitritten.

Harmonie mit der Natur, Zwietracht der Menschen

Die Gegenden, die die Delfine und Wale auswählen, um ihre Jungen aufzuziehen und den Winter zu verbringen, gehören zu den schönsten Orten der Erde: Kleine und große Ozeanbuchten mit indigoblauem und türkisfarbenem Wasser, in dessen Tiefen eine Fülle von Korallen, buntschimmernden Fischen, Schildkröten und Rochen leben, während der Himmel über dem Meer vom Licht der Sonne, dem Kreischen der Seevögel und dem Tanz der Schmetterlinge erfüllt ist. In diesen Buchten herrscht ein einträchtiges Miteinander in der Tierwelt und auch unter den Menschen, die auf dem die Buchten umschließenden Land leben. Sobald Streit ausbricht oder etwas anderes die Harmonie in den Dörfern aus dem Gleichgwicht bringt, suchen die Delfine und Wale sich zumindestens für die Zeit, in der die Störung anhält, einen neuen Wohnsitz.

Eine solche Beobachtung machte ich erstmals in einem Sommer, in dem sich unsere Gemeinschaft von Delfinliebhabern sehr gut verstand, dann aber eine Phase folgte, in der unsere Harmonie zerbrach. Unsere Gruppe war äußerst heterogen zusammengesetzt. Es gab Städter und Landbewohner, Arme und Reiche, Akademiker und Menschen ohne Collegeabschluss, Anhänger der Metaphysik und Vertreter der rationalen Wissenschaft – und doch verband uns alle die Liebe zu den Delfinen. Gemeinsam aßen, tranken und lachten wir, erzählten uns Geschichten, hörten Musik und teilten unsere Herzen. In der Zeit, in der wir uns gut verstanden, hüpften und tanzten die Delfine den ganzen Tag über in unserer Bucht herum. Manchmal spielten sie bis zu drei oder vier Stunden lang mit uns. Ich erinnere mich kaum an eine glücklichere Zeit als an diesen Sommer 1995.

Dann machten sich Klatschgeschichten und Gerüchte breit, und allmählich bildeten sich mehrere Streitfraktionen. Immer wenn die Konflikte offen ausbrachen, waren die Delfine nicht zu sehen. Doch sobald wir versuchten, unsere Probleme zu lösen, belohnten sie uns mit ihrer Anwesenheit. Zu den Differenzen, die wir untereinander hatten, kamen auch negative Einflüsse, die unsere Beziehung zu den Delfinen direkt störten. Einige Menschen begannen, die Delfinbegegnungen kommerziell zu vermarkten. Das führte zu einem riesigen Besucherandrang in der Bucht. Alle wollten mit den Delfinen schwimmen, doch niemand hatte sie mit dem nötigen Informationen über den angemessenen Umgang mit den Tieren versehen. In der Folge brach eine regelrechte Hetzjagd auf jeden Delfin aus, der nur kurz zum Luftholen an die Wasseroberfläche kam. Diese brutale Verfolgung stand in radikalem Gegensatz zu der Beziehung, die wir ursprünglich zu den Meeressäugern aufgebaut hatten. Wir waren stets der Ansicht gewesen, so lange zu warten, bis die Tiere zu uns kamen, und bei den gemeinsamen Erlebnissen wollten wir uns von ihnen führen lassen. Als sich immer mehr Menschen auf die Delfine stürzten, gab es einen radikalen Energieumschwung in der Bucht. Der einst fröhliche Tanz zwischen den Spezies ging nun in einem gnadenlosen Konkurrenzkampf unter. Massen von Menschen setzten den Delfinen nach und verdrängten andere, um das »beste und tollste« Erlebnis zu haben. Die Bedürfnisse der Meeressäuger blieben dabei völlig auf der Strecke. Statt Harmonie herrschte Kleinkrieg.

Die Delfine hatten uns ihre Hingabe an die Harmonie offenbart, sei es in ihrem Leben untereinander oder auch im Zusammensein mit uns Menschen. Und über diesen Frieden fielen wir nun mit unserem Egoismus gnadenlos her. Sie konnten nicht länger mit ihren Tänzen und Spielen bei uns verweilen, sondern mussten das Weite suchen. Die Beziehung zwischen Menschen und Delfinen hatte sich ins Absurde verkehrt. Die Menschen kamen zu den wunderschönen Lebensstätten dieser hochentwickelten Geschöpfe und trieben sie im eigenen Terrain in die Enge. Die Dummheit dieses Verhaltens erinnert mich an Menschen, die im Wald ein Reh jagen mit der Begründung, sie würden eigentlich nur die Freundschaft zu dem Tier suchen. Würde man etwa einen erleuchteten Guru in der Hoffnung, an seiner Erleuchtung teilzuhaben, um seinen Tempel jagen? Der Eigennutz hatte die Menschen dazu gebracht, ihren gesunden Menschenverstand aufzugeben und nicht einmal ein Minimum an Höflichkeit zu bewahren. Die Gesetze, die unsere Welt beherrschen, hatten die harmonische Ordnung der Delfine verdrängt.

Zunächst versuchten die Meeressäuger unserer unsensiblen Missachtung ihrer Bedürfnisse entgegenzuwirken, indem sie jedem von uns einen kurzen Besuch abstatteten und dann verschwanden. Doch auch mit dieser gütigen Reaktion auf die Grobheit der Menschen, die in ihrer Bucht herumwuselten, schafften sie es nicht, das Bewusstsein der Menschen zu erweitern. Unerbittlich verfolgten sie die Delfine weiter und konkurrierten um die mittlerweile nur noch kurzen Begegnungen mit ihnen. Ihr Jagdfieber nahm sogar zu. Sie schwammen immer weiter und schneller hinter den Tieren her und schubsten und stießen sich dabei, um zuerst bei ihnen zu sein. Mit zahlreichen Kajaks versuchten sie die flüchtenden Delfine aufzuspüren. Bald setzten sie auch größere Schiffe ein, von denen einige mit voller Fahrt direkt in die Herden hineinfuhren. Das Geschehen in der Bucht wurde bald zu einem traurigen Spiegel menschlicher Gefühllosigkeit und Gier.

Mit der Zeit vertieften sich auch die Konflikte der Menschen untereinander, und die Delfine verschwanden nach und nach. Dann ertrank ein Schwimmer, was unsere Herzen noch mehr verdunkelte. Anscheinend waren die Delfine mehr von der Lieblosigkeit betroffen, die unter uns Menschen herrschte, als von unserem unfreundlichen Verhalten ihnen gegenüber. Sie alle blieben unserer Bucht eine ganze Zeit lang fern.

Doch Delfine neigen nicht zu endgültigen Urteilen und sind nicht nachtragend. So dauerte es nur einige Monate, bis sie sich ab und zu für kurze Zeit erneut blicken ließen. Meistens sahen wir sie an den Tagen, wenn wir über unser grundsätzliches Verhalten zerknirscht waren und mit ihnen und uns selbst wieder liebevoll umgingen. Manchmal schenkten sie uns auch flüchtige Momente, wo sie mit uns wieder spielen wollten. Da diese aber nur sporadisch vorkamen und sehr kurz waren, konnten die Menschen, die eine Garantie für eine Begegnung mit Delfinen forderten, wenig damit anfangen.

Ich verstand ihr provisorisches Auftauchen als vorsichtige Antwort der Delfine auf den Zank und die unverschämte Dreistigkeit der Menschen in der Bucht. Die Tiere verhielten sich so liebenswürdig und tolerant wie möglich, doch am Ende waren sie gezwungen, ihr großzügiges Geschenk der reinen Freude an uns einzuschränken. Eine Änderung im Verhalten der Menschen wurde notwendig.

Nach etwa einem Jahr bekamen wir eine neue Chance. Weil der Besucherandrang nachgelassen hatte und viele Menschen sich nun respektvoller verhielten, gab es allmählich wieder mehr Begegnungen mit den Delfinen. Mittlerweile erleben wir Tage, wenn auch nur selten, die an die schöne Zeit der anfänglichen Zusammentreffen erinnern. Mit der Liebe in meinem Herzen, die mich die Delfine bewahren lehrten, ermahne ich jedoch die Menschen in unserer Bucht und überall auf der Welt mit sanften Worten, ihr Verhalten zu überprüfen, wenn sie weiter an dem Geschenk der Freundschaft, Eintracht und Freude und an den wundersamen Lehrstunden teilhaben möchten, für die die Delfine uns an den verschiedensten Küsten aufsuchen.

Nach einer Phase, in der wir die Verbindung auch zu unseren Walfreunden erneuern konnten, kam es zu einem Rückschlag. Im Frühling 1998 führte die U.S. Navy Echolotexperimente durch, bei denen Niederfrequenz-Sonare direkt auf Wale im Meer vor Hawaii gerichtet wurden, um ihre Reaktionen zu verfolgen, wie diese Tiere, die buchstäblich mit Tönen »sehen« können, von ihrem Kompass abgebracht werden. Zivil- und Hobbyforscher beobachteten bei den Tieren ungewöhnliche Verhaltensänderungen und mehrere Todesfälle. Doch die Navy ging den Hinweisen nicht nach und stritt die Probleme ab. Dann zog sie vor Gericht, um durchzusetzen, dass sie die Echolote überall im Ozean setzen durfte.

Während ich über die ersten drei Gaben der Delfine schrieb, über Güte, Freude und Harmonie, erkannte ich, wie leichtfertig die Menschen über die tiefe Bedeutung dieser Werte hinwegsehen und wie wenig sie begreifen, dass sie die entscheidenden Komponenten unseres Glücks darstellen. Doch wir vernachlässigen es, nach diesen lebensvollen Eigenschaften des höheren Selbst zu streben. Und deshalb haben wir Güte, Freude und Harmonie vermutlich noch nicht so weit entwickelt wie die Delfine.

Die Harmonie verbundener Herzen
schafft eine Welt voller Liebe und Freude.
Das Gleiche gilt auch andersherum.

DIE VIERTE GABE
Hohe Intelligenz, weise genutzt

Wahre Wissenschaftler haben keine Angst vor Neuland.
Margaret Mead

Jede Charaktergabe der Delfine, die mir offenbart wurde, baute auf der anderen auf. Zugleich entfaltete sich das Wesen der Meeressäuger vor meinen Augen gleichsam wie ein Teppich, an dem immer weiter gewebt wird. Die vierte Gabe ist die der weise genutzten hohen Intelligenz.

Paradoxerweise schätzen wir Menschen die Gabe der Intelligenz sehr hoch ein, versagen aber konsequent, wenn es darum geht, diese Anlage bei unseren Kindern und in unserer Gesellschaft zu fördern. Das zeigt sich nicht zuletzt an den vielen Schwächen unseres Schul- und Bildungssystems. Tatsächlich versuchen wir zu ignorieren, wenn wir mit der Genialität anderer konfrontiert werden. Deshalb haben es die Weisen unter uns meistens schwer, werden missverstanden und verspottet. Was uns aber nicht abschrecken sollte, das Wesen der delfinischen Intelligenz offen und unbefangen zu untersuchen und Wege zu finden, diese Stärke für uns und andere zu nutzen, um das eigene Erkenntnisvermögen weiter zu entwickeln.

Vom Einfachen zum Sublimen

Bei einem Segeltörn mit Freunden in der Nähe der Bahamas trafen wir auf drei gefangene Delfine in einem Meeresaquarium. Ihrem Besitzer gehörten auch die Delfine der Fernsehserie *Flipper*, die mittlerweile alle nach Kuba umgesiedelt worden waren. Nur diese drei waren zunächst zurückgeblieben, bis das Baby, das noch gesäugt wurde, alt genug für den Umzug war. Wir freundeten uns mit dem Pfleger der Tiere an, und er erlaubte uns, in dem Meergehege mit den Delfinen zu schwimmen, so lange wir wollten.

Gemeinsam näherten sich die relativ großen Delfine, sobald ich im Wasser war. Sie starrten mir in die Augen, während sie einige Bahnen um mich herum schwammen, um dann in die gegenüberliegende Ecke ihres Delfinariums zu verschwinden. Binnen weniger Minuten kamen sie zurück, glitten schnell und bedrohlich direkt auf mich zu und drehten gerade noch rechtzeitig vor einem Zusammenprall ab. Als ich einige delfinähnliche Klick- und Pfeiflaute imitierte, beschleunigten sie das Kreisen und schossen aufgeregt zwischen mir und der Freundin hin und her. Dann stoppten sie auf der Stelle, wechselten ihre Positionen und drehten sich weiter um uns. Sie schienen allzu wild und übermütig, und weil ich sie und ihre Geschichte nicht kannte, war ich mir nicht sicher, ob sie uns gefährlich werden konnten. Ich hörte auf zu pfeifen, schwamm ruhiger durch das Wasser und hoffte, dass sie meinem Vorbild folgen würden. Glücklicherweise taten sie das.

Als sie sich abgeregt hatten, begannen sie eines ihrer offenbar liebsten Spiele. Ein Delfin kreiste langsam um mich herum und fixierte dabei ausdauernd mein Auge. Ich schloss mich ihm an und schwamm parallel zu seiner Bahn, um den Blickkontakt zu halten. Daraufhin erhöhte der Delfin seine Geschwindigkeit allmählich und zwang mich so, ebenfalls schneller zu schwimmen, um im Spiel zu bleiben. Er beschleunigte immer mehr, so dass ich selbst im inneren Kreis nicht mehr mithalten konnte und ausscheiden musste. Dann tänzelte der Delfin fort, schlug mit der Schwanzfluke und gab dabei Triumphlaute von sich und begann das Spiel von neuem.

Anschließend kam er sehr nah an mich heran und schien mir nahezulegen, ihn zu berühren. Ich hatte eine solche Aufforderung zuvor noch nie erlebt, noch hatte ich jemals von mir aus versucht , einen Delfin anzufassen. Doch in dieser Situation sagte mir eine innere Stimme, ich solle ihm folgen. Also streckte ich langsam meine Hand aus. Im selben Moment wich der Delfin zurück und verharrte etwa drei Zentimeter von meinem ausgestreckten Finger entfernt. Dann umkreiste er mich in exakt diesem Abstand in schnellem Tempo. Wieder konnte ich nicht mithalten und musste aussteigen. Darauf schwamm er schnatternd in seine Ecke zurück.

Als es Zeit zum Abschiednehmen war, spürte ich, dass die Delfine uns nicht gehen lassen wollten. Ich konnte ihre Einsamkeit direkt fühlen. Kurz nachdem mir ihre Isolation durch den Kopf gegangen war, schwamm die Mutter sehr nah an mich heran, während sie ihr Baby säugte. Ich verstand diese Geste als ein Zeichen, dass sie meine Anteilnahme wahrgenommen hatte und mir mit dem zutraulichen Verhalten ihre Verbundenheit ausdrücken wollte.

Ich verabschiedete mich und war überrascht, wie schwer es mir fiel, mich aus dem Wasser zurück auf den Steg zu hieven. Zumal mein Mann mich vom Bassin aus stützte und meine Freundin vom Steg aus zog. Je länger es dauerte, desto mehr mussten wir lachen, und schließlich fiel ich, geschwächt vom Herumalbern, wieder ins Becken. Ich bemerkte, dass unter der Wasseroberfläche ein Delfin in aufrechter Position verweilte und mich beobachtete. Ich schaute ihn an, und unsere Augen trafen sich. Er schüttelte seinen Kopf mehr als viermal hin und her. Ich bekam einen Lachanfall, und er wiederholte sein Kopfschütteln, während ich versuchte, mein Lachen zu unterdrücken, um keinen Moment seines heiter-spöttischen Blickes zu verpassen. Als ich endlich mit vereinten Kräften aus dem Wasser gehievt war, wir in unser Boot einstiegen und losfuhren, schwammen alle drei Delfine an der Absperrung ihres Aquariums entlang und schauten uns nach, so weit sie konnten. Der Pfleger hatte uns erzählt, dass zuweilen wilde Delfine vorbeikämen und die in Verwahrung gehaltenen Artgenossen besuchten. Ich hoffte, dass sie bald wieder kommen würden, um den Gefangenen ihre für uns alle wahrnehmbare Einsamkeit erträglicher zu machen.

Diese Delfine konnten ihre Aktionen und Reaktionen noch weitgehend frei entscheiden und waren damit besser dran als die meisten ihrer in Gewahrsam lebenden Artgenossen. Dennoch wirkten sie verglichen mit gleichaltrigen wild lebenden Delfinen weniger weit entwickelt. Diese Erfahrung unterstützt die verbreitete Missbilligung an der bisherigen Delfinforschung, die weitgehend auf der Beobachtung gefangener Delfine aufbaut. Die kritischen Wissenschaftler argumentieren, dass die Tiere in einem Ozeanarium nicht dasselbe Verhalten zeigen wie in freier Wildbahn. Zudem handelt es sich bei den Gehegedelfinen meistens um Tiere, die bereits sehr jung oder als Neugeborene von ihren Familien getrennt oder sogar in Gefangenschaft von ebenfalls lange in Gefangenschaft lebenden Müttern geboren wurden.

Im Gegensatz zu der verspielten, doch einfachen Freundlichkeit jener eingesperrten Flipper steht das Verhalten zweier wild lebender Schwertwale. Sie sind die unter den Meeressäugetieren dominanteste Art. In einer mir bekannt gewordenen Geschichte wird sichtbar, wie überaus sensibel, bewusst und intelligent diese Spezies sich verhält, wenn sie in ihrem natürlichen Lebensraum angetroffen wird. Zwei Holzfäller arbeiteten an einem Steilhang in British Columbia. Einer von ihnen ließ in böswilliger Absicht einen Holzstamm ins Meer rollen, um damit Schwertwale zu treffen, die gerade an der Küste entlangzogen. Ein Wal wurde derart hart am Rücken getroffen, dass er zwar nicht starb, aber eine schlimme Verletzung davontrug. Zunächst zogen die Wale weiter, doch später am Abend kehrten sie genau zu dem Zeitpunkt wieder, als die Holzfäller in ihrem Boot zurück zum Camp ruderten. Die Wale kippten das Boot um, und der für die Verwundung verantwortliche Holzfäller wurde nie gefunden, während der andere Mann unversehrt davonkam und von dem Ereignis berichten konnte.

Ich habe ein ähnlich intelligentes und bewusstes Verhalten bei wild lebenden wie auch bei gefangenen Delfinen beobachtet. Sie können sich mit den Gefühlen und Wesensheiten ihrer Artgenossen und den von Menschen auseinandersetzen. Das verstehe ich unter Intelligenz, nicht die Fähigkeit, unter einem Trainer durch einen Reifen oder nach einer hoch hängenden Kugel zu springen. So schwamm ich beispielsweise einmal zusammen mit meinem Mann in unserer Lieblingsbucht. Eine kleine Delfingruppe hatte ihren Kurs geändert und sprang aufgeregt auf uns zu. Während sie näher kam, gerieten mein Mann und ich in einen Streit. Die Delfine hoben ihre Köpfe alle zugleich aus dem Wasser, starrten uns seltsam an, machten eine Kehrtwende und blieben für den Rest des Tages verschwunden. Wir hatten Zurückweisung wohl verdient.

Dagegen initiieren Delfine eine Begegnung, wenn sie spüren, dass eine Person positive Energie ausstrahlt. Fühlen sie sich besonders eng mit jemandem verbunden, richten sie sich sogar vor ihm auf und balancieren auf ihren Fluken. Der große Tümmler Donald, der sich mit Horace Dobbs angefreundet hatte, richtete sich bei einem Wiedersehen nach langer Trennung über eine halbe Minute lang vor seinem Freund auf.

Diese ehrende Geste wurde auch bei gefangenen Delfinen beobachtet. Besonders eindrucksvoll erlebten das die Besucher eines Delfinariums in Florida. Hier standen alle Delfine eines Beckens aufrecht im Wasser, als ihnen ein paar Zuschauer (sie gehörten einem Chor an) mehrstimmig ein Ständchen sangen. Ein besonders inniges Erlebnis erfuhr eine Frau, die das *Texas-Marine-Mammal*-Rettungsprogramm tatkräftig unterstützt hatte. Sie zog später in eine Stadt, in der sie Mattie, einen ihrer geretteten Lieblingsdelfine, wieder traf, der mehrere Monate zuvor dorthin umgesiedelt worden war. Als sie sich wieder sahen, begrüßte Mattie sie mit aufgerichtetem Körper und hielt dabei festen Blickkontakt. Wie ich bereits erzählte, wurde auch mir diese seltene Begrüßung bei mehreren Zusammentreffen mit Iwa und ihren Kindern zuteil und auch bei Begegnungen mit wild lebenden Delfinen an der Küste des Bimini-Atolls und mit Laukani, Laka und Nehoa, den Delfinen aus dem Sea Life Park auf Hawaii.

Ein solches Verhalten wirkt sehr persönlich und ehrerbietend. Es ist fast so, als würde sich jemand respektvoll vor der gegrüßten Person verneigen und dabei sagen: »Das Göttliche in mir erkennt das Göttliche in dir.« Offenbar nehmen Delfine uns nicht nur physisch wahr, sondern auch energetisch. Sie drücken jenen ihre Anerkennung aus, deren Herzen sich tief mit den ihren verbinden. Dieses Maß an Wahrnehmungs-, Empfindungs- und Reaktionsfähigkeit deutet auf eine hohe Bewusstseinsebene hin. Dennoch fällt es den Menschen bisher schwer, die sensible Natur und intelligente Wahrnehmungsfähigkeit der Delfine angemessen anzuerkennen und wertzuschätzen.

Blockaden bei der Bewertung der Delfinintelligenz

Die meisten Wissenschaftler gehen von der Prämisse aus, dass Menschen allen anderen Wesen überlegen sind. Sie neigen dazu, diese Position standhaft und kompromisslos zu verteidigen, anstatt sich offen zu halten, um mögliche höhere Ebenen der Intelligenz in anderen Spezies zu entdecken. Ihre Beobachtungen sind einseitig, und ihr eingeschränkter Blickwinkel hindert sie daran, intelligente Verhaltensweisen zu erkennen, selbst wenn diese offensichtlich sind. Viele Wissenschaftler wollen beispielsweise nicht verstehen, dass die beobachteten Beerdigungsprozessionen von Delfinen auf einen bewußten Umgang mit dem Tod eines ihrer Artgenossen schließen lassen.

Um ihre Annahme zu stützen, dass allein Menschen höhere Intelligenz besitzen, weisen viele Wissenschaftler auf den weit verbreiteten Anthropomorphismus hin, der Projektion menschlicher Eigenschaften auf Tiere. Ihrer Ansicht nach ist alles Verhalten, das als »intelligent«, »bewusst« oder »planvoll« verstanden werden kann, eine Interpretation aus dem menschlichen Wahrnehmen heraus. Diese Eigenheiten in anderen Spezies zu entdecken sei daher das Resultat einer naiven und falschen Projektion menschlicher Eigenschaften auf andere Arten. Ausgestattet mit diesem Vorurteil können alle Verhaltensweisen im Tierreich in die einfachen Kategorien von Nahrungssuche, Fortpflanzungs- und Wanderverhalten, Neugierde oder Verteidigung verbannt werden.

Genau diese Auffassung hat amerikanische Naturforscher zu dem Vorschlag verleitet, das Adjektiv »freundlich«, mit dem mexikanische Fischer die ihre Boote umschwimmenden Grauwale beschrieben, durch »neugierig« zu ersetzen. Mit der Umdeutung wird die Chance vertan, diese Geste der Wale als bewusst oder beabsichtigt zu interpretieren.

Aber wie jede strenge Ansicht, ist auch diese nicht frei von Ironie. Denn die meisten Menschen, die die Gelegenheit zu ausgedehnten Begegnungen mit Meeressäugern haben – selbst wenn es sich um gefangene Tiere handelt –, machen andere Erfahrungen. Sie ahnen, dass diese scharfsinnigen, mit großen Gehirnen ausgestatteten Tiere mehr Geisteskraft und Weisheit besitzen als die Menschen. Und viele verstehen die Freundschaft, die die Meresbewohner den Menschen entgegenbringen, als ihren Versuch, unser aller Bewusstsein zu erweitern.

Dennoch widersetzen wir uns stur, diesen Eindrücken ernsthaft nachzugehen. Vielmehr kleben wir an den Methoden der mechanistischen Wissenschaft, die nur anerkennt, was wir mit unseren fünf Sinnen wahrnehmen, was gemessen und unter kontrollierten Bedingungen reproduziert werden kann. Diese Fokussierung auf rein physische Kennzeichen, auf Nahrungssuche, Fortpflanzung und Wanderverhalten, hat zur Folge, dass die eigentlich aufregenden, aber nicht materiell fassbaren Rätsel im Verhalten von Meressäugern – wie planvolles Handeln, ihre Fähigkeit zu heilen und zur Telepathie – eher verspottet als untersucht werden.

Nachdem ich mich schon vier Jahre mit Delfinen beschäftigt hatte, kam eines Tages ein Forscherteam in die Bucht, um die Meeressäuger ebenfalls zu studieren. Sein erklärtes Ziel war, das Wanderverhalten der Delfine zu verstehen und den Einfluss zu untersuchen, den Badende auf sie ausüben. Die Experten waren umgänglich und was sie untersuchen wollten, fand ich auffallend fortschrittlich und interessant. Allein weil sie Spezialisten waren, glaubten nun einige von ihnen mehr zu wissen als jene, die schon seit Jahren mit Delfinen schwammen. Aufgrund dieser Haltung ließen sie einzig ihre auf wissenschaftliche Methoden beruhenden Beobachtungen und Erfahrungen gelten und zeigten betontes Desinteresse, wenn wir von unseren Eindrücken erzählten.

An jenem Tag stieg ich etwa fünf Meter von den Forschern entfernt ins Wasser. Es war noch kein Delfin in der Bucht. Ich wollte meine neue Entdeckung prüfen, dass ich die Delfine anlocken konnte. Dazu konzentrierte ich mich auf meinen Wunsch und projizierte ihn auf sie. Gleichzeitig sandte ich ihnen unter Wasser Laute zu und richtete die Energie meines Herzens auf sie, um sie anzuziehen. In nur fünfzehn Minuten gelang es mir, eine Herde von etwa dreißig Delfinen um mich herum zu versammeln. Eine junge Wissenschaftlerin schwamm eilig im rechten Winkel zu mir und den Delfinen herüber und drängte sich zwischen uns.

Weil sie so schnell und direkt auf die Tümmler zugeschwommen war, machten die Tiere kehrt und zogen mit ihrem stromlinienförmig gebauten Körper weit ins offene Meer ab. Erfahrene Delfinschwimmer wissen, dass man die Säuger mit solch einem Verhalten verschreckt. Hastig schrieb die Forscherin die besonderen Kennzeichen der flüchtenden Delfine auf ihre Unterwasser-Notiztafel. Offenbar verbuchte sie die Begegnung als Erfolg. Sie hatte es jedoch weder geschafft, mich und meine Verbindung mit den Delfinen wahrzunehmen, noch zu erkennen, dass sie die Tiere verjagte. Dieses Erlebnis führte mir vor Augen, dass wir die Meinungen aller – auch die der Wissenschaftler – anhören, uns aber niemals von dem eingeschränkten Blickwinkel einer speziellen Gruppe gefangen nehmen lassen sollten. Indem wir verkrustete Denkweisen aufbrechen, geben wir auch den Wissenschaftlern mehr Freiheit, andere Deutungsmöglichkeiten in Betracht zu ziehen, ohne dass sie sich vor dem Spott anderer fürchten müssen. Vielmehr gewinnen wir ein tieferes Verständnis der Dinge, wenn wir die Erkenntnisse aller einbeziehen.

Was unsere Wahrnehmung der sensiblen, bewussten und weisen Intelligenz der Meressäuger entscheidend blockiert, ist zudem das liebe, aber sehr reduzierte Delfin-Bild, das von Ozeanarien und Delfinarien vermittelt und aufrecht erhalten wird. Die meisten der dort gehaltenen Delfine werden in sehr jungem Alter gefangen und einzig für Shows aufgezogen und gehalten. Viele sehen sie daher als reine Zirkusartisten an. Auch die Aquaparks sind meist auf reines Entertainment hin ausgerichtet. Die Delfin-Trainer setzen deshalb in der Regel bei der Dressur mit den Tieren allein auf eine äußerlich attraktive Konditionierung. Anstatt die wahrnehmende und einfühlende Intelligenz der Tiere unter Beweis zu stellen, sehen die meisten Betreiber von Aquaparks sie als Schauspieler. Viel Zeit wird deshalb darauf verwendet, ihnen den nötigen Gehorsam und applausfördernde Kunststücke für ihre Vorstellungen beizubringen. Daraus resultiert ein Bild von ihnen, das sie zwar als schlau, aber von menschlicher Erziehung abhängig zeigt. Das Publikum behält die Delfine allein als Frisbee-Scheiben-Artisten in Erinnerung.

Es gibt wenige Versuche, die Intelligenz gefangener Delfine zu erforschen. Die durchgeführten Studien sind rar und belegen zweifellos, dass die Tiere nicht nur schnell lernen, beispielsweise Gegenstände mit einem bestimmten Ton oder einer Geste zu verbinden, sie besitzen daneben eine außerordentliche Kommunikationsfähigkeit und eine große Erkenntnis- und Vorstellungskraft. Auch können sie eindeutig problemlösend handeln, wenn es erforderlich ist, ohne erst durch Versuch und Irrtum die richtige Lösung zu finden.

Die U.S. Navy hat sich die Fähigkeiten der Delfine bereits zunutze gemacht. Sie vertraut ihren gefangen gehaltenen Delfinen den Transport von Militärmaterial, die Minensuche und wahrscheinlich noch vieles mehr an. Die Navy hat einen Großteil der Forschungen über Delfine, die Funktionsweise ihrer Echolokation und ihres magnetischem Sinnes, durchgeführt. Deren Ergebnisse stehen angeblich als Geheimsache unter Verschluss.

Von einer Episode, die der Geheimhaltung entging, erfuhr ich durch einen Zivilisten, der die Ausbildung der Navy-Delfine mitbetreut hatte. Offensichtlich hatte die Navy erkannt, dass das Biosonar der Delfine, mit dem sie Schallwellen aussenden und zurückkehrende auf ihren Informationsgehalt hin auswerten, eine hoch entwickelte Kommunikationstechnologie darstellt. Um also das eigene technische Unterwasser-Equipment zu verbessern, kam es zu einer Reihe von Experimenten, von denen man sich mehr Einsicht in die Funktionsweise des Delphinsonars erhoffte. Bei einem dieser Versuche sollten zwei Delfine ein Objekt identifizieren. Während die beiden an der Aufgabe arbeiteten, stellten die Forscher im Hintergrund ihr Echolot an und versuchten, die Peilung der Delfine zu stören. Die Tiere lösten dieses unerwartete Problem, indem sie sich schnell miteinander arrangierten. So übernahm der eine die Peilung der oberen, der andere die der unteren Hälfte des

Objektes. Dann setzten sie die gewonnenen Bilder zusammen und identifizierten das Objekt.

Als sich nun die Navy-Forscher daran machten, dasselbe Objekt mit ihrem Echolot zu identifizieren, drehten die Delfine den Spieß um. Gemeinsam setzten sie das Gerät der Navy außer Kraft, indem sie es mit ihren Sonarfrequenzen überstrahlten. Die Geschichte spricht für sich. Das Bewusstsein der Delfine ist nicht nur weit entwickelt – sie können ihre Intelligenz auch mit einer Portion Humor paaren.

Was wir aus der Forschung lernen

Auch wenn der größte Teil der Delfinerkenntnisse auf der Beobachtung gefangener Delfine beruht, die durch den Stress der Gefangennahme und des Eingesperrtseins und aufgrund vielfach fehlender Erziehung durch die gesamte Delfingemeinschaft benachteiligt sind, kommen die Forscher doch zu interessanten Ergebnissen. So wies beispielsweise der französische Wissenschaftler Javis Bastian nach, dass die beiden Delfine Doris und Buzz zu abstrakter Kommunikation fähig waren. Obwohl durch eine Wand getrennt, konnten sie gemeinsam eine komplizierte Aufgabe lösen.

Das von Lou Herman geleitete Delfin-Institut der Universität von Hawaii fand heraus, dass die Tiere über ein ausgezeichnetes Kurz- und Langzeitgedächtnis für Gesehenes wie für Gehörtes verfügen. Sie zeigen eifriges Interesse an den Zeichen- und Lautsprachen, die ihnen beigebracht werden, und können den Unterschied zwischen bestimmten Wörtern oder auch Satzkonstruktionen erlernen. Und dazu auch noch auf leichte Weise. Weiterhin stellte man fest, dass Delfine nicht nur auf Kommando Bewegungen ausgezeichnet imitieren können, sondern auch bewusst einen vergleichbaren Körperteil dazu auswählen. Hebt zum Beispiel ein Mensch sein linkes Bein, heben sie die Schwanzfluke. Große Tümmler, die im selben Becken mit Seerobben gehalten wurden, ahmten die seitliche Schwimmlage der Robben nach und die Art und Weise, wie sie ihr Fell kratzten. Wenn Delfine unter einem Objekt hindurchschwimmen sollen, das auf dem Bassinboden liegt, heben sie es zuerst hoch, um dann die Aufgabe zu erfüllen.

Die Studie *Project Delphis*, die im Sea Life Park auf Hawaii unter der Leitung von Ken Marten durchgeführt wurde, kam zu dem Ergebnis, dass Delfine Fernsehbilder richtig interpretieren, also als Abbilder der Realität begreifen, und dass sie ein Bewusstsein von sich selbst haben. Sie verstehen sogar, dass Spiegel nur Bilder von ihnen selbst wiedergeben – eine Einsicht, die sie nicht erlernen, sondern intuitiv erfassen. Außerdem konnten zwei Delfine, wenn man sie getrennt hielt, mit Hilfe von Funksprechgeräten und eines daran angeschlossenen Videotelefons miteinander kommunizieren.

Es hat lange gebraucht, bis die Wissenschaft Studien durchführte, die das Geistesvermögen der Delfine nachwiesen. Aber sie belegen nur, was viele Delfintrainer und Beobachter schon längst behauptet haben: Delfine gehören in die einzigartige Klasse der intelligenzbegabten Wesen, die wir bisher nur dem Menschen vorbehalten haben.

Was wir aus Beobachtungen gelernt haben

Die wichtigsten Resultate über die Intelligenz der Delfine stammen interessanterweise aus Beobachtungen außerhalb des eigentlichen Forschungsprogramms, wenn die Tiere frei und bewusst zeigen, was in ihnen steckt. Ein Beispiel hierfür ist der Delfin Tuffy. Er wurde in einem speziellen Projekt ausgebildet, Taucher in Not zu retten. Als Tuffy einmal eine Rettungsübung erfolgreich abgeschlossen hatte, gelang es dem Taucher nicht, den Beutel mit dem frischen Fisch zu öffnen. So konnte er Tuffy nicht belohnen und wollte sich schon anderen Dingen widmen. Tuffy hielt davon gar nichts und starrte den Mann einen Moment lang ungläubig an, hob die Flosse und schlug ihm sanft auf den Kopf. Als der Taucher später tatsächlich dringend Hilfe brauchte, schwamm er sofort zu ihm hin.

In einem anderen Fall weigerte sich ein Delfin, der auf das Töten von Haien abgerichtet wurde, sein Ziel anzugreifen. Stattdessen legte er seinen Unterkiefer friedlich auf die Schulter des vermeintlichen Opfers. Wahrscheinlich war ihm in diesem Moment bewusst geworden, dass die meisten Haie für einen frei lebenden Delfin keine Bedrohung darstellen. Ein anderer Delfin erhielt zur Belohnung für richtiges Verhalten Fisch aus einer Fütterungsmaschine. Der war allerdings eines Tages verdorben. Um das mitzuteilen, machte er alle Übungen so lange falsch, bis der Trainer stutzig wurde, der Ursache nachging und das Problem behob.

Ein Delfin, der gerade erst gefangen worden war, gab einmal deutlich zu erkennen, dass der Trainerin ein bedeutender Fehler unterlaufen war. Sie hatte vergessen, ihn nach einer gelungenen Aktion zu belohnen. Daraufhin jagte er wild im Becken hin und her, übersprang die Abtrennung des Trainingsareals, schwamm schließlich zur anderen Seite des Bassins und drehte der Trainerin den Rücken zu. Erst nach einer fischreichen Entschuldigung war er bereit, weiterzumachen. Nach Abschluss der Übungsstunde schwamm er zur Trainerin und strich mit der Flosse über ihren Arm. Offenbar wollte er ihr zeigen, dass alles wieder in Ordnung war.

Manche Delfine durchbrechen den Ablauf des streng reglementierten Trainings- oder Forschungsprogramms gern mit Spiel und Neckerei. Sie gehen mit ihren Eskapaden aber gerade nur so weit, wie der Trainer es zulässt. Je toleranter ein Ausbilder ist, desto weiter wagen sich die Delfine vor, um mehr von ihrer Persönlichkeit und von ihren Fähigkeiten zu zeigen. So durfte beispielsweise meine Delfinfreundin Nehoa in der Hotellagune mit Hüten spielen. Sie trug sie mit ihren Brustflossen und amüsierte damit sich selbst und die Hotelgäste. Schließlich nutzte auch Maka die Hüte für sein komödiantisches Repertoire. Doch er präsentierte sie nicht in stolzer Angeberpose wie Nehoa, sondern nutzte sie als Requisit, um Menschen nachzumachen. Der nachsichtige Trainer wurde später durch einen strengeren Kollegen ersetzt, der dann auch keine Hüte mehr duldete. Und ein wunderbar natürlicher Wesenszug der Delfine wurde eingedämmt.

Wenn sich ein Trainer seinen Delfinen emotional öffnet und an ihre Fähigkeiten glaubt, erwidern sie das mit einem Mehr an Kooperation, Verspieltheit und Ideenreichtum. Es sind gerade diese originären Eigenschaften, mit denen ein Trainer arbeiten sollte. Sie sollte er fördern und seinem Ausbildungsprogramm zu Grunde legen.

Interessant ist auch, dass Delfine sich ungern Experimenten fügen, bei denen eine Übung stur wiederholt wird. Jeder, der schon einmal mit ihnen gearbeitet hat, wird bestätigen, dass sie nur widerwillig etwas zweimal tun. Sie sind dann offenbar gelangweilt und fühlen sich zu sehr gesteuert, wenn man von ihnen immerzu die gleiche Reaktion abverlangt. Oft weigern sie sich dann, sich dem menschlichen Bedürfnis nach Wiederholung zu unterwerfen. Dabei nehmen sie auch in Kauf, nicht mit Leckerbissen belohnt zu werden.

Als dieser Charakterzug erstmals dokumentiert wurde, gestaltete Karen Pryor eine Untersuchungsreihe, bei der Delfine selbständig reagieren sollten, anstatt antrainiertes Verhalten zu wiederholen. Ihr erstes Tier, ein Delfinweibchen, fand ausnehmend Gefallen an den Aufgaben. Besonders als es erkannte, dass seine Originalität belohnt wurde, ließ es sich viele neue Aktionen einfallen. Doch leider galt der Test als nicht stichhaltig, weil das Ergebnis mit den nächsten Delfinen nicht eindeutig reproduzierbar war. Der eine brauchte länger, um zu begreifen, dass selbständiges Handeln gefordert war, ein anderer machte Fehler oder trumpfte mit noch gewitzteren Reaktionen auf.

Jahre später griff das hawaiianische Delfin-Institut die Studie auf und testete die zugrunde liegende Idee an den eigenen Delfinen. Anschließend konnte nur bestätigt werden, dass auch die dort lebenden Tiere durchweg auf kreative Anforderungen mit selbständigem Verhalten reagieren konnten. Außerdem brachte man ihnen zwei Zeichen bei. Eines bedeutete »Handle selbständig«, das andere »Handelt gemeinsam«. Immer wenn diese Zeichen gekoppelt wurden, überraschten zwei angesprochene Delfine mit einer neuen Aktion, die sie simultan ausführten. Bisher hat noch niemand herausgefunden, wie sie das schaffen. Menschen, die wie ich außerhalb der engen Forschungsvorgaben mit den Meeresbewohnern in Beziehung stehen, führen diese Fähigkeit auf die außerordentliche Intelligenz der Delfine zurück.

Die Intelligenz der Delfine weise nutzen

Wir sollten einfach davon ausgehen, dass Delfine intelligent sind, so lange bis uns jemand das Gegenteil beweist. So können wir uns öffnen und erkennen, wie empfindungsfähig und klug sie wirklich sind. Aus diesem Blickwinkel beobachten und deuten wir ihr Verhalten freier und entdecken dabei vielleicht, womit wir vorher nie gerechnet haben. Wir sollten mit Robert Bly (*Die dunklen Seiten des menschlichen Lebens*) und ähnlich denkenden Autoren verstehen lernen, dass Weisheit über Intelligenz hinausgeht und nur durch das Herz zu erlangen ist. Dann wird deutlich, dass die Weisheit der Delfine von jenen im Herzen wohnenden Eigenschaften des höheren Selbst inspiriert ist, die sie so beständig vorleben. Suchen wir also die Geistesgröße und die Weisheit der Delfine, anstatt sie anzuzweifeln. Dann wird uns überraschen, was wir alles finden.

Entdeckungen, die auf höhere Intelligenz und tiefere Weisheit schließen lassen

1991 begannen die im Sea Life Park gefangenen Delfine Luftblasen auszustoßen und sich dabei im Spiegel zu beobachten. Dann spielten sie mit ihnen oder schwammen durch sie hindurch. Etwa zur gleichen Zeit produzierte auch ein Wal in Boston Harbor Luftringe, durch die er – sehr zur Freude des Publikums – gerne seinen Kopf steckte. Auch bei Amazonas-Delfinen wurde beobachtet, wie sämtliche Tiere einer Herde gleichzeitig beim Ausatmen Blasenketten bildeten, die sie durchschwammen oder zerbissen. Überall auf der Welt konnte man damals miterleben, wie wild lebende und gefangene Delfine und Wale Luftblasen in allen Formen und Größen ausstießen. Ich selbst konnte das Phänomen an freien Delfinen und Walen im Ozean und auch an gefangenen Tieren beobachten.

Das gleichzeitige Auftreten dieses Verhaltens an so vielen Orten ging mit vielen Besuchen der Meeressäuger an unseren Küsten und vielen Begegnungen zwischen ihnen und den Menschen einher. Wir müssen uns daher fragen, warum solche Aktionen derart geballt auftreten können und wie sie gesteuert werden. Nach der Theorie von Larry Dossey (*Rituale der Heilung*) hängt dieses Phänomen damit zusammen, dass die Meeressäuger ein gemeinsames Bewusstsein besitzen.

Ken Marten vom Sea Life Park und seine Mitarbeiter hatten zufällig das Glück, einige dieser Blasen genauestens untersuchen zu können, weil die hawaiianischen Delfine sie direkt vor ihrem Beobachtungsfenster ausstießen. Seinen Beschreibungen nach würde das Phänomen einen Physiker in Erstaunen versetzen. Er hat seine bahnbrechenden Beobachtungen in *Scientific American*[2] veröffentlicht.

Die von Delfinen aus dem Schnabel oder dem oben am Kopf angeordneten Blasloch abgegebenen Luftblasen verhalten sich untypisch, denn sie zerplatzen nicht im Wasser, sondern erscheinen als gleichförmige und stabile Luftringe, als silbrige Kugeln oder als Bläschenstraßen, die sich durch das Wasser ziehen. Offenbar können Delfine mit ihrem Sonarsystem die Luftblasen stabilisieren und kontrollieren. Wenn sie einmal geformt sind, spielen die Delfine mit ihnen. Sie schwimmen durch sie hindurch, beißen hinein, saugen sie in ihre Mäuler, spielen mit ihnen Ball oder zerkleinern sie zu einer Unmenge silbriger Kügelchen. Oder sie schließen die Enden einer Kette aus Ringblasen zu einem großen Ring, dem Symbol für Unendlichkeit, oder sie verschmelzen die Kette mit einer anderen Blase, bauen sie in eine andere Ringstraße oder Spirale ein.

Eine Ringblase zu formen erfordert eine größere Geschicklichkeit, denn der Delfin muss zuerst einen sphärisch quirlenden Strudel erzeugen. Dazu dreht er die Schwanzfluke vertikal ins Wasser und schlägt so mit ihr, das das Wasser verdrängt wird und ein Wirbel entsteht. Dann setzt er Klicklaute aus, um ihn zu lokalisieren, und injiziert Blasen aus dem Mund oder dem Blasloch in ihn hinein. Dabei entsteht ein etwa dreißig bis sechzig Zentimeter langer wirbelartiger Ring.

Das Phänomen wurde erstmals im Sea Life Park bei zwei jungen Delfinen beobachtet, die, allein in einem Becken, ihre ersten Blasen zu formen versuchten. Das eine Baby war Tinkerbell, die Tochter des dominanten Weibchens Laka. Tinkerbell teilte später ihre Blasen besonders gern mit ihrem Trainer. Ihr gelang es auch, komplexere Spiralen zu bilden. Dazu erzeugte sie zunächst einige Blasen, die sie dann mit ihrer Rückenflosse zusammentrieb und zu einer ein bis eineinhalb Meter langen Spirale formte.

Interessanterweise haben mir wilde Delfine derartige Spiralmuster auch schon vorgeschwommen. Zunächst finden sich dabei drei bis sechs Tiere zusammen, manchmal sind es noch mehr. Auf ein unsichtbares Zeichen hin tauchen sie ab, drehen sich um sich selbst und verweben ihre Bahnen wie Fäden miteinander. Zu sehen ist dann ein spiralförmiges Gebilde, das der DNA-Helix unter dem Mikroskop gleicht. Dann schwimmen sie immer schneller zur Wasseroberfläche, ohne mit den Drehbewegungen nachzulassen, und stieben wie bei einer Explosion plötzlich in alle Richtungen auseinander. Ein ähnliches Bild gibt es im Tantra – die sich entrollende Schlange Kundalini. Das Heilsymbol westlicher Medizin, die sich windende Schlange am Äskulapstab, erinnert ebenfalls daran.

Wollen uns die Delfine, wenn sie Luftblasen ausstoßen oder drehend hin und her wirbeln, mit einer Art symbolischer Sprache und Metaphorik etwas Bedeutendes mitteilen? Wenn das so ist – was wollen sie uns sagen und warum? Zumindest haben sie uns gezeigt, dass schon ihre Jungtiere die Physik und die Dynamik von strudelnden und wirbelnden Flüssigkeiten verstehen und eine doppelte Helixstruktur beherrschen. Die Kenntnis davon übersteigt das Verständnis der meisten von uns.

Dies allein ist schon profund genug, wir können es nicht ignorieren. Was aber versuchen sie uns außerdem zu zeigen? Welche Botschaft möchten sie uns über den Einblick in ihre hohe Bewusstseinsstufe und Intelligenz hinaus übermitteln?

Zumindest mutmaßen wir einen magnetischen Sinn bei den Delfinen, auch ein holographisches Prinzip wird angenommen. Ist nun aber die Demonstration dieser magnetischen Eigenschaften zufällig oder absichtsvoll? Wenn sich dahinter ein Vorhaben verbirgt, wissen sie sicher mehr als wir und wollen ihre Weisheit mit uns teilen. Damit ihnen dies gelingt, müssen wir ihnen bereitwillig zuhören. Zuallererst aber müssen wir ihnen gestatten, zu uns zu sprechen, und uns bemühen, sie zu verstehen. Würden wir unser lang genug aufrecht erhaltenes Überlegenheitsgefühl ablegen, wären wir, so glaube ich, freudig über all das überrascht, was wir lernen könnten.

Den Weg zu beidseitiger Kommunikation öffnen

Leider überwiegen in der Meeressäugerforschung immer noch die Experimente und Untersuchungen, bei denen von den Delfinen nichts anderes verlangt wird, als auf Befehle zu reagieren, Kunststückchen vorzuführen oder simple Aufgaben zu absolvieren. Es wird aber nicht nach Wegen gesucht, auf denen wir etwas über ihre Form der Kommunikation begreifen könnten. Selbst das Delfin-Institut, das Zeichen- und Hörsprachen entwickelt hat, die die Meeressäuger sehr schnell lernen, ist bei diesem Anliegen nicht vorangekommen. Obwohl wir uns anfangs überhaupt nicht dafür interessierten, dass die Großtiere dieser Welt uns ihr Wissen mitteilen wollten, ist einigen Delfinen dennoch der Durchbruch zu uns gelungen.

So brachte beispielsweise der Forscher John Lilly dem Delfin Elvar bei, einige Wörter und Redewendungen zu imitieren, was Elvar gut hinbekam. Eines Tages besuchte der Kosmologie-Experte Carl Sagan den Delfinkenner an seinem Arbeitsplatz. Elvar schwamm direkt auf ihn zu und drehte sich auf den Rücken, um anzuzeigen, dass Sagan ihn am Bauch kratzen sollte. Nachdem Sagan der Bitte gefolgt war, schwamm Elvar fort, kehrte zurück und drehte sich wieder um, allerdings blieb er dieses Mal etwa dreißig Zentimeter mit dem Bauch unter Wasser. Sagan krempelte seine Hemdsärmel hoch und massierte Elvars Bauch unter

Wasser. Ganz aufgeregt schwamm Elvar wieder fort und wiederholte das Spiel noch einige Male, wobei er jedes Mal etwas tiefer im Wasser blieb. Schließlich ignorierte Sagan die Aufforderung, weil er nicht nass werden wollte. Elvar antwortete, indem er sich auf seiner Schwanzflosse direkt vor Sagan aufrichtete und deutlich mitteilte: »Mehr!« Elvar hatte dieses Wort bislang mit dem Vorführen seines Bauches in Verbindung gebracht, nun zeigte sich, dass er das gelernte Wort auch in einem anderen Kontext anzuwenden wusste.

Auch über die Sprache der Musik können wir lernen, den Meressäugern zuzuhören, und so die Tiefen ihres Verstehens weiter ergründen. Dies machen nicht zuletzt Jim Nollmans faszinierende Aufnahmen von einigen Jam Sessions seiner Live-Band deutlich, begleitet von Schwertwal-Gesängen – ein imponierender Beweis der Intelligenz dieser Tiere. Das Miteinander der beiden unterschiedlichen Spezies bei diesen Aufnahmen ist für jeden Zuhörer wunderbar anrührend und erstaunlich zugleich. Die wissenschaftliche Gemeinschaft jedoch nimmt die gemeinsame musikalische Übung nicht ernst, weil die Vorstellung der Wale nicht beliebig reproduzierbar ist. Ich selbst habe Aufnahmen von einer Walmutter und ihrem Kalb gehört, die sich beide für diese Aktion interessierten. Sie mischten an passender Stelle ihre eigenen Töne in die Musik von Nollmans Improvisationsband, die sie im Wasser über Hydrophone wahrgenommen hatten. Nach dem Tod seiner Mutter wurde das Kalb mit der Tonkunst der ungewöhnlichen Band getröstet. In der ersten Session, die es allein erleben musste, übernahm das Waisenkind sogar den Leitton. Vielleicht nutzte das Jungtier die Symbolsprache nicht nur, um mitzuteilen, dass es an der Musik interessiert war, sondern auch, um zu zeigen, dass es die musikalische Leitung übernehmen könnte. Ob wir umgekehrt auch die künstlerische Führung eines Walchores übernehmen könnten?

Neue Horizonte

Die Delfine haben gezeigt, so gut sie können, dass sie uns tatsächlich verstehen. So scheint es nur angemessen, wenn auch wir uns bemühen, sie zu begreifen. Viele Trainer und auch andere Menschen, die oft und lange mit Delfinen zusammen sind, sind von der telepathischen Fähigkeit der Tiere überzeugt. Wir sollten uns mit dieser näher auseinander setzen. Doch weil unsere Gesellschaft die Vorstellung und Möglichkeit einer telepathischen Kommunikation so lange von sich gewiesen hat, ist unser innerer Widerstand gegen diesen Schritt sehr stark. Vielleicht haben aber die Delfine ungeachtet dessen längst ihre Begabung zur Telepathie weiterentwickelt und eingesetzt. Der folgende Bericht über eine Untersuchung, die Scott Jones und Jan Northup im Mai 1984 mit einem Delfin namens Lucky in SeaArama im texanischen Galveston durchführten, mag bei dieser Überlegung ein wenig weiterhelfen.

Scott schrieb fünf Instruktionen auf fünf separate Papierblätter, die er jeweils in einen Briefumschlag verschloss. Jan, die über die Instruktionen in den Umschlägen nichts wusste, begab sich in den Bereich des Delfinbeckens, wo Lucky schon wartete. Zwei freiwillige Beobachter, die den Inhalt der Umschläge ebenso wenig kannten, wurden damit betraut, Luckys Verhalten genau aufzuzeichnen. Einer der beiden entschied durch Würfeln, welcher Umschlag Jan zuerst gegeben wurde. Jan öffnete ihn, las die Instruktion und übermittelte Lucky die Botschaft auf rein mentalem Weg, ohne irgendwelche Handzeichen oder sonstige Signale.

Es gelang Lucky, die ersten beiden Aufgaben ohne Schwierigkeiten zu erfüllen, bei der dritten jedoch gab es ein Problem. Scott hatte beim Verfassen der Aufgaben nicht gewusst, dass das Dach über diesem speziellen Bassin zu niedrig für einen Sprung war, so dass Lucky diese Bitte nicht erfüllen konnte. Anstatt also den geforderten Sprung zu wagen, teilte Lucky Jan mittels Gedankenübertragung mit, dass er etwas Ähnliches vorführen würde. Als Jan die Nachricht empfing, schaute sie nach oben, zum tiefliegenden Dach hinauf, erkannte das Problem und verstand, dass Lucky mit dem stürmischen Auf- und Untertauchen in der Mitte des Beckens den geforderten Sprung symbolisierte. Die vierte Aufgabe reicherte Lucky mit einem delfintypischen Überraschungselement an. Er führte sie durch, noch bevor Jan überhaupt den vierten Umschlag öffnen und die Aufgabe lesen konnte. Umso erstaunter stellte sie im Nachhinein fest, dass Lucky diese vierte Anweisung genauestens befolgt hatte. Die fünfte und letzte Aufgabe erfüllte Lucky dann erst wieder, nachdem Jan den Umschlag geöffnet und gelesen hatte.

Luckys verweigerter Sprung und seine vorzeitige Reaktion auf die vierte Aufgabe wurden als »nicht korrekt« ausgewertet. Ich denke, dass Lucky seine telepathischen Fähigkeiten erfolgreich unter Beweis gestellt hatte.

Ein interessanter Aspekt bei diesem Experiment war zudem, dass Lucky nicht von Jugend an, sondern erst im Erwachsenenalter, nach einer Rettung aus Treibnetzen, in Gefangenschaft geriet. Bis dahin lebte er frei mit seiner Familie zusammen, wurde von seiner Mutter und den älteren »Tanten« aufgezogen und konnte im Herdendasein seine außerordentlichen Sinnesfähigkeiten voll entwickeln. Die meisten der von Anfang an in Gefangenschaft lebenden Delfine haben dazu gar keine Chance.

Zusammenfassung

Wesentliche Forschungsergebnisse, meine Erfahrungen und die Beobachtungen anderer bestätigen, dass Delfine hochintelligente Wesen sind und über ein komplexes sprachliches Lautsystem und ein ebenso komplexes Sonarsystem zur Objekterkennung verfügen. Außerdem gibt es eindeutige Hinweise darauf, dass sie telepathische Fähigkeiten besitzen. Wahrscheinlich nutzen sie dieses Talent, um mit einem tieferen Prinzip, das jenseits unseres Bewusstseins von den universalen morphogenetischen Zusammenhängen liegt, zu harmonieren. Zudem sind sie Spezialisten im Bereich der physikalischen Eigenschaften des Wassers. Dennoch versperren wir uns weiterhin hartnäckig der Frage, wie intelligent Delfine nun wirklich sind und ob sie eine Sprache besitzen oder nicht.

All dies war mir längst bewusst geworden, als die Delfine mich eines Tages am Strand unserer Bucht mit einer ungewöhnlichen Form der Kommunikation verblüfften.

Entscheidend ist nicht, ob Delfine sprechen können oder nicht, sondern ob wir zuhören oder nicht. Wenn wir endlich einmal anfangen zuzuhören, wird sich eine wunderbare neue Welt vor uns entfalten.

DIE FÜNFTE GABE

Telepathie bringt Klarheit und Wahrheit

Klarheit lässt sich nur erreichen, wenn wir uns nicht verstellen, sondern offen zeigen, wer wir wirklich sind.

Die telepathische Gabe der Delfine wurde mir überraschend präsentiert. Dadurch entwickelte ich eine ganz neue Ehrlichkeit in allen meinen Beziehungen.

Mittlerweile schwamm ich regelmäßig mit meinen Delfinfreunden, und jede Begegnung offenbarte mir einen neuen Aspekt der bewussten Natur dieser intelligenten Geschöpfe. Ich hatte diese Freundschaft mit all ihren ausgelassenen Spielen ein Jahr lang genossen, als etwas geschah, das meine Ansicht über Delfine – und mein gesamtes Weltverständnis – grundlegend veränderte.

Ich saß in meiner Bucht und las in einem Buch. Unwillkürlich nahm ich mein Fernglas und sah eine Gruppe von Delfinen am Horizont entlangziehen. Die Meeressäuger schwammen eine Zeitlang Richtung Westen, dann tauchten sie gemeinsam ab, tauchten einige Meter weiter wieder auf, glitten weiter, gingen wieder in die Tiefe und so fort. Etwas träge beobachtete ich dieses rhythmische Auf- und Abtauchen, als mich plötzlich eine Ahnung befiel, dass die Delfine ihre Richtung demnächst radikal ändern würden und dass ich das Fernglas nach Osten richten musste, um sie nicht zu verlieren. Eigentlich war das unsinnig, aber der Gedanke war so stark, dass ich nachgab.

Ich schwenkte mein Fernglas nach Osten und war ziemlich verblüfft, als ein Delfin genau in mein Sichtfeld sprang. Die folgende Eingebung sagte mir, ich solle in die andere Richtung, etwa zwanzig Meter westwärts schauen. Auch diesem seltsamen Impuls folgte ich und sah prompt den nächsten Delfin hochspringen. Als ich dann einen dritten Impuls empfing, durchfuhr mich ein leichter Schauder. Wieder richtete ich mein Fernglas in die vorgegebene Richtung und wurde mit einem weiteren Sprung belohnt.

Etwa zwanzig Minuten lang verfolgte ich die Delfine auf diese Weise mit meinem Fernglas. Dabei irrte ich nur zweimal. Langsam wurde mir klar, dass die Delfine mir die Gedanken sandten und mich mit ihren

Sprüngen belohnten. Nachdem ich das einmal begriffen hatte, tauchten die Tiere ab und waren nicht mehr zu sehen. Das ist ein typisches Verhalten wild lebender Delfine. Sobald sie eine Aktion mit jemandem abgeschlossen haben, verschwinden sie.

Ich legte mein Fernglas zur Seite. Die Delfine hatten mir ihre Vorstellungen übermittelt wie ein asiatischer Kampfsportmeister, der seinen Gegner mit einem konzentriert energetischen Stoß aus der Balance wirft. Ähnlich fühlt es sich auch an, wenn die Delfine ihre Sonarenergie zur Peilung einsetzen. Ich selbst habe die Sonarpeilung schon öfter wie ein pulsierendes leichtes Antippen auf meiner Haut wahrgenommen. Aus diesen Erfahrungen weiß ich, dass sie ihre Energie durch das Wasser auch über große Entfernungen zu mir hin projizieren können, ganz gleich, wo ich mich aufhalte.

Doch diesmal war es anders. Sie peilten mich nicht nur mit dem Sonar an, sondern schickten mir zusätzlich ihre Ideen, die sich in mein Denken einprägten und mein Bewusstsein durchdrangen. Ihre Geistigkeit nahm wie durch eine fremde Stimme in meinem Kopf Form an. Langsam akzeptierte ich die Möglichkeit, dass mir die Delfine ihre Gedanken übertrugen. Doch schon wartete die nächste Überraschung auf mich.

Der Garten der Delfine

Mein Mann war gerade aus dem Wasser gekommen und schlug vor, noch mit dem Kajak hinauszufahren. Kaum hatten wir abgelegt und unseren Paddelrhythmus gefunden, sandte ein Leitdelfin weithin hörbare hohe Laute in unsere Richtung, die durch den Rumpf unseres Bootes gebrochen wurden. Zwar konnte ich ihn nicht sehen, aber ich antwortete mit einem Pfeifen, was er erwiderte, und so ging es eine ganze Weile weiter. Wir folgten den Lauten und paddelten in den tieferen Teil der Bucht. Dann tauchte er auf und blieb so nah bei unserem Boot, dass wir die Paddel einziehen mussten, um ihn nicht zu treffen.

Nun verharrte er äußerst ruhig neben mir und schaute mir in die Augen, bis ich die Botschaft erhielt, zu ihm ins Meer zu springen. Es war so, als hätte mich ein Zauberkönig zum Balltanz aufgefordert. Aufgeregt griff ich nach meinen Schwimmflossen und meiner Tauchermaske, während er geduldig auf mich wartete. Sobald ich im Wasser war, forderte er mich mental auf, mit ihm dicht unter der Wasseroberfläche zu tauchen. Nach einigen Minuten schwamm er dann langsam fort, bis ich ihn nicht mehr sehen, aber seine Laute noch hören konnte.

Danach erhielt ich die Botschaft, nach unten zu schauen. Ich traute meinen Augen kaum, als ich dort unter mir einen zauberhaften »Garten« voll von Delfinen erblickte. Sie waren kräftiger und größer als die, die ich aus den seichteren Gebieten der Bucht kannte. Ich fühlte mich wie Alice in einem Wunderland der Riesendelfine. Fast zehn Minuten lang tummelten sie sich lebhaft in meiner Nähe. Von einem Moment zum anderen war ich in ein paradiesisches Märchenland geraten und konnte noch gar nicht fassen, was eigentlich mit mir geschah.

Nun begannen einige von ihnen wie bei einer Promenade unter Wasser zu zweit, dritt oder viert neben mir herzuschwimmen. Etwa sechs dieser Paradiesdelfine versammelten sich direkt unter mir und vollführten ihren Spiraltanz. Mir wurde fast ängstlich zumute angesichts der geballten Kraft ihrer schnellen Drehungen. Doch zu meiner Erleichterung stoben sie gerade noch rechtzeitig auseinander, bevor sie mich in den Strudel hineinziehen konnten. Einige kreisten dann noch einmal um mich herum, suchten Blickkontakt und signalisierten mir deutlich, dass dieses Erlebnis ihr Geschenk an mich war. Es kamen noch weitere Delfine hinzu, unter ihnen auch »mein Prinz«. Mein Herz weitete sich, um das ungeahnte Glück dieses Augenblicks ganz zu fassen. Dann verschwanden sie endgültig von der Bildfläche.

Als ich zurück ins Kajak kletterte, war ich natürlich gespannt, ob mein Mann alles mitbekommen hatte. Zu meiner Erleichterung war ihm nichts entgangen, und er staunte nicht schlecht. Ich war froh, einen Zeugen für dieses fantastische Erlebnis zu haben. Während mein Mann uns zurück zum Strand paddelte, fiel ich in einen halb träumerischen Zustand. Zurück am Strand, verspürte ich den unwiderstehlichen Drang, mein Erlebnis festzuhalten. Ich setzte mich auf den Sand und schrieb hastig meine grandiose Erfahrung auf ein paar Zettel nieder. Damit begann die Arbeit an meinem Buch.

Am Abend dieses Tages stieg in mir ein völlig neues Bild von den Delfinen auf. Sie waren für mich nicht mehr nur die freundlichen, faszinierenden Tiere, sondern Geschöpfe mit einem höchst sensiblen Empfindungsvermögen. Als ich dann zu Hause ankam überfiel mich ein unglaubliches Schlafbedürfnis, so als hätte ich eine Narkosespritze injiziert bekommen. Kaum hatte ich mich hingelegt, durchliefen sanfte Vibrationen meinen Körper. Ich kam mir wie eine schnurrende Katze vor, und über diese behagliche Vorstellung schlief ich ein. Auch in der nächsten Woche blieb ich erfüllt von dieser glückseligen Stimmung.

Bei all meinen Aktivitäten in den folgenden Tagen und Wochen fiel es mir leicht, den Menschen, denen ich begegnete, mein Herz zu öffnen und liebenswürdig zu sein. Ich betrachtete jeden Menschen als ein wertvolles Wesen, das auf meinem Lebensweg seine eigene Bestimmung hat, und verspürte das Verlangen, ihm Liebe zu schenken. Allein mein besonderes Erlebnis mit den Delfinen im »Wunderland« hatte mein Herz neu bestimmt. Jeder Mensch erschien mir liebenswert und wichtig, so als gehöre er zu meiner eigenen Familie.

Doch obwohl diese Erfahrung mit den Delfinen eine derart kraftvolle Wirkung hatte, kam sie mir weiterhin ganz unwirklich vor. In den nächsten Jahren ließ ich nichts unversucht, ihr auf den Grund zu gehen. Ich wollte verstehen und beweisen, was ich erfahren hatte, und begann alles zu lesen, was ich über die Tatsache der Telepathie nur finden konnte. Außerdem wollte ich alles wissen, was die Menschen bereits über die Form der Kommunikation bei den Meeressäugern herausgefunden hatten.

Dabei entdeckte ich, dass die Sprache der Delfine sogar komplexer und effektiver ist als die unsrige sein soll. Offenbar funktioniert sie auf drei Ebenen: der physischen, der telepathischen und der symbolischen oder metaphorischen. Auf diesen Kommunikationsebenen senden, empfangen und verstehen die Delfine stringente Botschaften, die keine Doppeldeutigkeiten zulassen.Varianten der Täuschung, Verlogenheit, Verletzung und des Verrats sind in ihrer sprachlichen Übermittlung im Gegensatz zu unserer nicht möglich. Auf diesem direkten, offenen Austausch beruhen ihre Klarheit und ihr ehrliches Miteinander.

Die physische Kommunikationsebene

Delfine erzeugen die unterschiedlichsten Laute: Klick- und Klopftöne, Pfeif-, Zisch-, Trommel- und Quietschlaute und Schreie. Sie können einen Mehrklang produzieren, sogar in Stereo. Ein solcher Klang kann bis zu zehn Meter weit gesendet werden. Oft liegt er ober- oder unterhalb des Tonspektrums, das wir hören können. Ultraschall heißt der

Begriff, der für Töne hoher Frequenzen verwendet wird, die wir nicht wahrnehmen können. Dagegen wird ein Klang niedriger Frequenzen außerhalb unseres Hörbereichs unter dem Begriff Infraschall erfasst. Jeder Delfin hat seinen individuellen Signalpfiff, mit dem er sich zu erkennen gibt und erkannt wird. Delfine können den Pfiff anderer Artgenossen aber auch imitieren. Sie können unser Lachen, unsere Wörter und sogar unseren Akzent nachahmen. Dieses Talent nutzen sie gern mit spitzbübischem Hintersinn.

Wir wissen noch wenig darüber, wie Delfine kommunizieren. Bekannt ist, dass sie ihr Sonarsystem auf Objekte richten und ein Echo empfangen. Das Echo liefert ein akustisches »Bild«, das sie interpretieren können. Delfine »sehen« also mit den Ohren. Mit dieser Fähigkeit identifizieren sie auch aus über hundert Meter Entfernung kleine Objekte, die wir mit unseren Augen nicht mehr erkennen könnten. Sie nehmen sogar hinter physischen Barrieren versteckte Objekte wahr. Ein Unterwasserfelsen ist für sie kein Hindernis, um eine leckere Beute zu orten.

Ihre Entdeckerqualitäten können Delfine auch auf ganz andere Dinge ausweiten. So haben sie anscheinend ein besonderes Interesse an chirurgischen Schrauben. Menschen, die mit zusammengenieteten Gelenken schwimmen gehen, werden von Delfinen genau an diesen Stellen angestubst. Zudem ist es vorgekommen, dass sie noch unentdeckte Tumore aufspüren können. So stieß einmal ein in Gefangenschaft lebender Delfin einer Frau derart hart in die Brust, dass sie einen Arzt konsultieren musste. Der entdeckte, dass sie an einem Lungentumor litt.

Dass sie auch Dinge außerhalb unseres Wahrnehmungsbereichs »scannen« können, erklärt beispielsweise, warum Delfine sich so sehr für den Bauch schwangerer Frauen interessieren – selbst, wenn diese die Schwangerschaft noch nicht einmal bemerkt haben. Sobald die Tiere spüren, dass eine Frau ein Kind bekommt, ziehen sie enge Kreise um sie und senden Sonarsignale zu ihrem Unterleib aus. Sie können auf diese Weise in die Körper hineinsehen und mit dem Fötus kommunizieren. Wir hatten das Glück, eine dieser Begegnungen über Stunden hinweg beobachten zu können, als meine Schwiegertochter und mein Sohn gerade ihr erstes Kind (und mein erstes Enkelkind) erwarteten und uns besuchten. Die Delfine des Hotels verbrachten viel Zeit damit, den werdenden Eltern Sonarsignale zu übermitteln, und mit uns allen zu flirten. Immer wieder zeigten sie uns ihre kräftig rosa leuchtenden Bäuche und

Unterseiten der Schnäbel. Damit drückten sie die Liebe aus, die sie dem Kind entgegenbrachten. Es ist noch nicht geklärt, was da genau bei den Delfinen passiert. Verschiedentlich wird spekuliert, dass sie sich über die telepathische Kommunikation hinaus auch auf zellulärer Ebene mit dem Fötus befassen.

Forschungen belegen, dass Delfine mit Hilfe ihres Sonars Objekte auch gemeinsam identifizieren können. Sogar schwierige Anforderungen können sie im Dialog lösen, selbst durch schalldichte Wände hindurch. Der gegenseitige Austausch von Informationen wird jedenfalls dadurch nicht verhindert.

Offensichtlich kommunizieren sie über Bilder, die aus Klicktönen codiert sind. Sie benötigen also kein Wort und keinen Laut zur Bezeichnung eines identifizierten Objekts. Möchte ein Delfin beispielsweise die Information »Makrele« übermitteln, sendet er das Sonarbild – eine Art Piktogramm der Makrele – direkt an den anderen Delfin, der es mit Hilfe seines Sonars dechiffrieren kann. Ein Faxgerät funktioniert im Grunde ähnlich. Nach meiner Erfahrung und auch nach den Erfahrungen anderer, die Meeressäuger über lange Zeiträume studiert haben, können Delfine auf ähnliche Weise auch komplexe Gedanken senden und empfangen.

Die telepathische Kommunikationsebene

Nach meinem besonderen Erlebnis mit dem Fernglas und dem Tauchgang im »Delfingarten« achtete ich aufmerksamer darauf, was die Meeressäuger eventuell mitteilen wollten. Ebenso konzentrierte ich mich stärker auf ihre Beantwortung meiner Botschaften. Ich wollte unbedingt herausfinden, ob sie tatsächlich einen telepathischen Kontakt zwischen uns hergestellt hatten.

Die Delfine schienen sich in meine Suche einschalten zu wollen. Auf unterschiedlichste Weise verdeutlichten sie mir, dass sie mich verstehen konnten und dass ich sie richtig verstand. So bekräftigten sie die tatsächliche Existenz einer telepathischen Verbindung zwischen uns. Sie unterstützten mich bei meiner Recherche, doch das taten sie nicht auf meine, sondern auf ihre ganz besondere Art. All ihre Aktionen, mit denen sie mir Zustimmung, Bestätigung und Einverständnis zeigten, enthielten überraschende, ja schelmische Momente. Im Grunde spielten wir fortwährend ein fröhliches Scharadespiel.

Beispielsweise erinnere ich mich an diese Episode: An einem schönen Tag schwamm ich in der Bucht und kein Delfin war zu sehen. Die Schönheit des Meeres berührte mich, und unwillkürlich summte ich »He's got the whole world in his hands« in meinen Schnorchel. Innerhalb von wenigen Minuten tauchten ganz unerwartet etwa dreißig Delfine auf und zogen langsam unter mir her. Ich sang weiter und schaute mir durch das sonnendurchflutete Wasser die Delfine an. Zwei fielen mir besonders auf, weil sie Seite an Seite schwammen – und nicht wie üblich ein wenig versetzt, um den nachfolgenden Freund im Sog mitzuziehen. Ich schaute mir die beiden genauer an und entdeckte, dass sie sich an den Flossen eingehakt hielten. Während ich sie noch verwundert betrachtete, lösten sie sich ganz langsam voneinander und hakten sich dann wieder gekonnt ein. Spontan fragte ich mich, ob sie vielleicht »Händchen hielten«. Auf diese Eingabe antworteten sie mit einer Wiederholung ihrer Geste und schauten mich dabei ganz bewusst an. Es freute mich, dass sie auf meinen Song geantwortet hatten.

Meine Suche nach Beweisen

Die Möglichkeit einer telepathischen Verbindung oder Begegnung findet in unserer Kultur kaum Akzeptanz. Deshalb gibt es auch wenig Anstrengungen, das Phänomen näher zu untersuchen. Wer sich dennoch auf dieses Terrain wagt, wird meistens nicht ernst genommen. Diese kulturelle Konditionierung ist auch an mir nicht spurlos vorbeigegangen. Denn ganz gleichgültig, wie oft und deutlich die Delfine mich in meinem Bemühen, ihre telepathischen Botschaften zu verstehen, bestärkten – meine Unsicherheit blieb. Ich wusste nicht, ob ich tatsächlich mit einer anderen Spezies sprach oder ob ich einfach nur den fantastischen Vorstellungen der berühmten Geschichte von Dr. Dolittle erlegen war. Um eine befriedigende Antwort für mich zu finden, konzentrierte ich mich weiter auf meine Suche.

Dabei entdeckte ich, dass die meisten Besitzer von Delfinarien der Frage nach den telepathischen Fähigkeiten der Tiere ablehnend gegenüber stehen, während sehr erfahrene Delfintrainer zunehmend an diese Fähigkeit glauben. Der bekannteste dieser Trainer ist vermutlich Ric O'Barry, der die sechs Delfine der *Flipper*-Filme ausbildete. Er begann sich allmählich zu wundern, als die Delfine ein Kunststück häufig im

Voraus vorführten, bevor er sie dazu aufgefordert hatte. Es schien, als könnten sie seine Gedanken lesen.

Die Trainerin Christine Bowker arbeitete in einem der ersten Sea World Parks in Großbritannien. Sie begann das Phänomen der Telepathie ernst zu nehmen, als sie zwei Delfinen beibringen wollte, simultan zu beiden Seiten von ihr hochzuspringen. Kaum hatte sie sich überlegt, wie sie den Tieren die komplizierte Aufgabe erklären konnte, da führten die Delfine ihre Idee auch schon perfekt aus. Dann sausten sie durch das Becken und gaben die lustigen, glucksenden Laute von sich, mit denen Delfine oft ihre Selbstzufriedenheit bekunden.

Für Dean Bernal, seit Jahren mit dem geselligen Delfin Jojo befreundet, steht es außer Frage, dass Jojo und die anderen frei lebenden Delfine, mit denen er intensiveren Kontakt hatte, auf telepathischem Weg mit ihm kommunizieren.

Auch Frank Robson, einer der ersten Trainer in Marineland (und der Autor von *Pictures in the Dolphin Mind*), ist fest von der telepathischen Fähigkeit der Delphine überzeugt. Deshalb arbeitet er in seinem Trainingsprogramm nicht mit den üblichen Mitteln – wie Füttern als Belohnung oder Pfeifen als Bestätigung –, sondern er setzt ausschließlich mentale Bilder ein. Er ist davon überzeugt, dass die Delfine nur deshalb auf seine gedanklich formulierten Bitten antworten, weil sie ihm gern eine Freude bereiten. Robson freundete sich zudem mit einer Gruppe wilder Delfine an, mit denen er auch mental kommunizieren konnte. Horace, einer der ersten wild lebenden Delfine, die menschlichen Kontakt suchten, wusste sogar im Voraus, wohin Robson und sein Team mit ihrem Schiff fahren wollten. Oft wartete er an dem Zielort auf sie. Robson geht davon aus, dass sowohl die in Gefangenschaft als auch die frei lebenden Delfine eine hoch entwickelte telepathische Begabung ausgebildet haben. Kommunikationsprobleme zwischen ihnen und uns führt er allein darauf zurück, dass diese Fähigkeit bei den meisten Menschen unterentwickelt ist. Ich kann Robsons Beobachtungen in jeder Hinsicht bestätigen. Aus seinen und meinen Überlegungen habe ich folgenden Katalog zur Optimierung eines erfolgreichen telepathischen Gedankenaustausches entwickelt.

Ratschläge für eine erfolgreiche telepathische Kommunikation

Übermitteln Sie alle Vorstellungen und Bilder mit Achtung und Respekt, nicht befehlend, sondern höflich bittend.

Die Gedankenübertragung funktoniert nur, wenn sich der Delfin entspannt und glücklich fühlt, wenn er nicht abgelenkt ist und wenn er sich mit dem Kommunikationspartner harmonisch verbunden fühlt.

Wer einen telepathischen Austausch wünscht, muss sich selbst zuerst von allen negativen Gedanken und Vorurteilen befreien. Denn sie werden von den Delfinen schnell wahrgenommen und veranlassen sie, einen Ort dauerhaft zu meiden.

Es ist unmöglich, Delfine zu täuschen, denn sie empfangen immer die wirklichen, originären Gedanken und Gefühle, nicht die absichtlich vorgetäuschten.

Wer erfolgreich mit Delfinen kommunizieren möchte, braucht ein gutes Herz, friedliche Empfindungen, positive Energie und Sinn für Spaß und Spiel.

Doch auch das Befolgen dieser Ratschläge garantiert nicht, dass die Delfine allen Bitten nachkommen. Robson und einige seiner Kollegen, die ebenfalls erfolgreich mit den Meeressäugern kommunizierten, warnen vor dieser Erwartung. Denn Delfine sind höchst unabhängige Denker und lassen sich nicht gerne Vorschriften machen. Außerdem lieben sie es, zu spielen und andere an der Nase herumzuführen. Oft erfüllen sie unsere Bitten erst, wenn wir uns nicht länger wie die Überlegenen verhalten und glauben, sie kommandieren zu können. Wiederholungen sind ihnen zuwider. Deshalb langweilt sie die simple Art der Kommunikation, die die meisten Menschen ihnen gegenüber an den Tag legen. Manchmal sind die Delfine auch einfach nur zu sehr mit anderen Dingen beschäftigt.

Die Theorie von der Telepathie bestätigt sich immer mehr

Schon bei einigen meiner ersten Begegnungen mit Delfinen hatte ich das Gefühl, dass sie mich verstehen konnten. Lange bevor ich überhaupt an telepathische Botschaften dachte, ging ich einmal mit einer Freundin in meiner Bucht spazieren. Wir wateten am Strand entlang durchs Wasser und sprachen über ihren Traum, ein Heil- und Geburtszentrum aufzubauen, in dem Delfine mitwirken sollten. Ich schlug vor, das Zentrum zum Ozean hin offen zu lassen, so dass die Tiere freien Zugang hätten und aus eigenem Entschluss mithelfen könnten. Dadurch stünden sie nicht unter der Kontrolle der Menschen und würden auch nicht gefüttert. Urplötzlich tauchten wie aus dem Nichts fünf Delfine auf und sprangen nur wenige Meter von uns entfernt gleichzeitig in Formation hoch. Im ersten Moment waren wir dermaßen erschrocken, sie so groß und nah vor uns zu sehen, dass wir selbst einen ziemlich hohen Satz aus dem Wasser machten. Zu unserem Vergnügen fuhren sie mit einigen simultanen, ein bis zwei Meter weiten Sprüngen fort. Mehr sahen wir an diesem Tag nicht von den Delfinen, doch wir waren uns ziemlich sicher, dass ihnen die Idee vom Heil- und Geburtszentrum mit völlig freiem Zugang für Delfine gefiel.

Diese Art der simultanen Weitprünge habe ich bei Delfinen bisher nur drei weitere Male beobachtet. Nie habe ich sie beeindruckender erlebt und ihre Kraft intensiver gespürt als bei diesen Darbietungen. Einmal sah ich etwa fünfzig Delfine, die mindestens fünfzehn Weitsprünge nacheinander vorführten – eine beeindruckende Demonstration ihrer Stärke. Dies ging mir durch den Kopf, und ich glaube, dass ich schon damals verstand, bevor ich etwas über Telepathie und die Sprache der Zeichen und Symbole wusste, dass die Vorführung mir etwas mitteilen sollte. Nur konnte ich den Sinn nicht genau erfassen.

Mein Glauben an die telepathische Begabung der Delfine wurde durch weitere Beobachtungen bestärkt. So tauchen sie mit nahezu unheimlicher Zuverlässigkeit vor Kameras, besonders Videokameras, auf und verweilen eine ganze Zeitlang vor ihnen. Wahrscheinlich verstehen sie, dass sich mit diesem Medium Informationen übertragen lassen. Auffallend ist auch, dass Delfine sich eher in der Nähe von gutherzigen und von Menschen mit ausgeprägter Persönlichkeit zeigen. Sie kommen zu Kranken, die der Heilung bedürfen, und auch zu Menschen – zum Beispiel aus der Medienwelt –, die Geschichten von Delfinen in die Öffentlichkeit tragen. Wo immer schwangere Frauen, Babys oder Kinder auftauchen oder Menschen mit schweren Verletzungen oder seelischen Leiden, finden sich die Delfine schnell ein. Irgendwie scheinen sie immer auf Empfang zu sein, aber ich konnte mir nie erklären, wie ihnen das möglich ist. Erst der Gedanke an telepathische Kommunikationsfähigkeiten bot mir eine brauchbare Erklärung für meine Beobachtungen.

Die Ursprünge der Telepathie

Bei meiner Suche lernte ich, dass die Telepathie einen natürlichen Zustand zwischen zwei Lebewesen beschreibt, bei dem ein Gedankenaustausch ohne das lästige Einkleiden in Wörter möglich ist. Regelmäßig bedienen wir uns der Telepathie im Zusammenleben mit Kleinkindern, die unsere Sprache noch nicht beherrschen, aber ebenso im Umgang mit Tieren und mit der Natur. Sie funktioniert auch bei Menschen mit sehr enger Bindung, deren Kommunikation frei fließen kann, wie zum Beispiel bei eineiigen Zwillingen. Grundsätzlich lässt sich mit dem Phänomen der Telepathie erklären, warum wir manchmal im Voraus wissen, dass gleich das Telefon klingelt und ein bestimmter Verwandter anruft, oder wir denken an einen alten Freund und laufen ihm ein paar Stunden später zufällig über den Weg. Manche Menschen spüren intuitiv, wenn eine geliebte Person in Not gerät.

Doch obwohl die Telepathie die weitreichenderen Kommunikationsmöglichkeiten bietet, betrachten wir die sprachliche Ebene der Kommunikation als die bedeutendste. Lernen Kinder früh sprechen, halten wir das für ein Zeichen ihrer Intelligenz. Genau betrachtet lässt aber die verbale Kommunikation im Gegensatz zur telepathischen Raum für Missverständnisse, Beschönigungen und Verschleierungen, sie ist fragmentarischer und umständlicher.

Wie sehr dies zutrifft, wurde mir erst recht bewusst, als ich zusammen mit meinem Sohn und seiner Frau einen völlig gestressten Delfin beobachtete, der über dem Abfluss seines kleinen Beckens mit dem Kopf nach unten wie besessen um die eigene Achse wirbelte. Nachdem wir ihm eine Zeitlang konzentriert zugesehen hatten, sprachen wir darüber, wie sehr wir diesen armen Delfin bedauerten und doch keine Möglichkeit hatten, ihm zu helfen. Im selben Moment, in dem wir unser Mitgefühl zum Ausdruck gebracht hatten, hielt der Delfin inne und schoss auf uns zu wie ein Torpedo. Leicht erschreckt verstummten wir. Dann stoppte er zwei Zentimeter vor der Glasabtrennung, blickte uns einen Moment tief in die Augen, senkte seinen Kopf und verharrte in dieser Position still vor uns. Uns allen stiegen gleichzeitig die Tränen in die

Augen, und wir standen weinend vor ihm. Meine Schwiegertochter, die sehr sensibel ist, lief aufgelöst davon. Nachdem wir sie eingeholt hatten, sprachen wir über das Erlebnis. Jeder hatte die Intensität dieses Leids am eigenen Leib gespürt und nicht wie ein außenstehender, wenn auch mitfühlender Betrachter.

Dieser Delfin hatte seine unglaubliche Einsamkeit, seine unendliche Langeweile, die tiefe Traurigkeit und den quälenden Schmerz zu uns gesandt – ähnlich wie er die Frequenzen seines Sonars in seine Umwelt austrahlte. Das Gefühl der Gefangenschaft, das dieser Delfin in seinem erbärmlich kleinen Becken qualvoll erleiden musste, hätte uns niemals selbst so tief durchdrungen, wenn es uns auf unserer verbalen Kommunkationsebene übermittelt worden wäre. Langsam fingen wir an zu verstehen, auf welche Weise Delfine kommunizieren. Mit seinem Verhalten vermittelte das Tier einen vollständigen und persönlichen Bericht über das Gefühl, ohne jede Perspektive lebenslänglich gefangen zu sein. Ich kannte bereits Beschreibungen dieses qualvollen Zustands. Und sie schienen mir zutreffend in ihren Schilderungen zu sein. Doch erst in jenem Moment, in dem ich den ganzen Schmerz dieses Delfins in mir selbst spürte, verstand ich, was es wirklich bedeutet, seine Freiheit für immer zu verlieren – Tag für Tag, Monat für Monat, Jahr für Jahr. Es war unerträglich.

Die durchdringende Botschaft des Delfins hatte zwei wichtige Aspekte: Erstens war es unmöglich, sie misszuverstehen, und zweitens bewirkte sie ein tiefgreifendes Mitgefühl, ja Miterleben der Qual. Diese Art der Kommunikation könnte eine Gesellschaft dahin bringen, ehrlicher, offener, mitfühlender und wahrhaftiger miteinander umzugehen. Sie könnte unsere Empfindungsfähigkeit stärken und das Gefühl der Zusammengehörigkeit und der Fairness untereinander sensibilisieren.

Wie Telepathie funktioniert

Die Telepathie funktioniert im Grunde wie ein Fax- oder ein Funksprechgerät. Jedesmal, wenn sich zwei oder mehr Parteien Botschaften übermitteln möchten und gleichzeitig auf Empfang stellen, sich sozusagen »einschalten«, kann eine Kommunikation stattfinden.

Delfine sind manchmal auf Empfang geschaltet, wenn wir am wenigsten damit rechnen. So erzählte mir einmal ein Trainer bei meinem

Besuch in unserem hiesigen Aquapark von den seltsamen Krankheitssymptomen des Delfinweibchens Laukani. Während wir darüber sprachen, schwamm Laukani heran und platzierte sich direkt vor uns. Dort blieb sie während unseres ganzen Gesprächs und blickte mich fest an. Ich vermutete, dass sie an einer Pilz-Infektion litt, denn sie wirkte lustlos und träge, hatte bereits einen hartnäckigen Hautausschlag, ihr Genitalbereich war ganz wund, zudem bekam sie schon seit Jahren Antibiotika gegen Ausfluss. Meine Diagnose teilte ich dem Trainer mit. Um meinem Verdacht nachzugehen, fragte ich ihn, ob Laukani auch im Schnabel Anzeichen eines Pilzbefalls zeige. In dem Moment öffnete sie die Kiefer und hielt sie einige Minuten sperrangelweit auf, damit ich sie inspizieren konnte. Tatsächlich war ihr Zahnfleisch rot und geschwollen und der Zungenrand wies breite rote Ringe auf. Dieser Delfin wusste, dass ich nach dem Schnabel gefragt hatte und ihn sehen wollte. Es war keinerlei Neckerei im Spiel, denn die sonst ausgelassene Laukani erschien ernsthaft. Offenbar hoffte sie, endlich die richtigen Medikamente zu bekommen. Der Trainer informierte sein Team, und mittlerweile scheint es Laukani besser zu gehen. Immer, wenn ich sie besuche, begrüßt sie mich zuerst, stellt sich mir zu Ehren aufrecht vor mich hin und blickt mich unentwegt an.

Nachdem ich nun einmal gelernt hatte, telepathische Mitteilungen zu empfangen und ernst zu nehmen, spürte ich an manchen Tagen schon morgens beim Aufwachen, dass mich die Delfine zu einem Tag mit ihnen einluden. Jedesmal antwortete ich auf die mentalen Signale, und ganz gleich, wann ich in der Bucht ankam, die Tiere sprangen bereits im Wasser herum und begrüßten mich. Es fiel mir auf, dass alle Vorstellungen und Bilder, die ich mir zu dem bevorstehenden Tag ausgemalt hatte, oft Realität wurden.

Während meiner Arbeit an diesem Buch wollte ich zum ersten Mal meine Kamera mit an den Strand nehmen und einige Fotos zur Bebilderung des Werks machen. Bevor ich aufbrach, erhielt ich die Botschaft, dass die Delfine mir erst einige Sprünge zeigen würden, wenn ich die Kamera weggelegt hätte. Das erschien mir merkwürdig, und ich glaubte, etwas falsch verstanden zu haben. Ich jedenfalls wollte meine Kamera trotzdem mitnehmen. Doch dann erwartete mich ein höchst ungewöhnlicher Tag in der Bucht. Die Delfine übermittelten mir, dass ich sie beim Felsen treffen könne – wo ich dann einige meiner interessantesten

Erlebnisse mit ihnen hatte. Diesen Gedanken hätte ich früher, ohne meine telepathischen Erfahrungen, wahrscheinlich nicht akzeptiert, und ich wäre in der Bucht geblieben. Aber nun, da ich gelernt hatte, spontane Eingebungen dieser Art ernst zu nehmen und auf sie zu reagieren, machte ich mich auf den Weg Richtung Klippen.

Die Delfine warteten schon auf mich und schienen besonders ausgelassen. Sie machten Hoch- und Weitsprünge und Saltos, bevor ich überhaupt aus dem Auto ausgestiegen war. Schnell suchte ich mein Zeug zusammen, stellte meinen Stuhl und meine Kamera auf, um wenigstens noch einige ungewöhnliche Bilder einzufangen. Kaum war ich jedoch bereit, da hörten die Delfine mit ihren akrobatischen Sprüngen auf und blieben ganz still unter Wasser. Ich verharrte eine ganze Weile mit dem Finger auf dem Auslöser und wartete auf ein überraschendes »Ausspähen«. Aber es tat sich nichts. Das Wasseroberfläche blieb weiterhin ungewöhnlich ruhig. Nicht ein Delfin tauchte auch nur zum Luftholen auf. Sie schienen längst weitergezogen zu sein. Schließlich legte ich meine Kamera in den Schoß. Im selben Moment begannen sie wieder zu jumpen. Ich hielt die Kamera vor mein Auge, und sofort hörten sie wieder auf. Jetzt wurde mir klar, dass sie mich an der Nase herumführten. Ich musste über mich selber lachen. Etwa zwanzig Minuten lang setzten sie ihr Spiel fort, und ich erinnerte mich daran, dass mir dieses Erlebnis am Morgen prophezeit worden war.

Es amüsierte mich, wie erbarmungslos die Delfine ihr aufgeräumtes Spiel trieben. Laut lachend bettelte ich um ein einziges Foto. Doch ich brachte kein einziges Bild mit nach Hause, dafür aber hatte ich gute Laune. Ich war an diesem Tag zu einem Besuch bei den Delfinen aufgebrochen, weil ich mich niedergeschlagen gefühlt hatte und meinem vollen Terminkalender entfliehen wollte. Nun verließ ich die Bucht in bester Stimmung und mit der Botschaft der Delfine, dass das Hochgefühl mehr zählte als die Fotos. Nebenbei lehrten sie mich, mehr wie sie zu sein, mehr zu spielen und zu scherzen, anstatt der menschlichen Neigung zu sehr nachzugehen, jeden einmal aufgestellten Plan konsequent zu verfolgen.

An einem anderen Tag fühlte ich mich wieder zu den Felsen hingezogen. An der Klippe waren bereits zwanzig Delfine versammelt, die gelassen auf- und abtauchten. Kaum hatte ich es mir in meinem Stuhl bequem gemacht und meine Kamera aufnahmebereit eingestellt, fingen die Delfine an zu springen und zu toben, und ich fand es schwierig, auch nur einen Sprung mit der Kamera festzuhalten. Darauf bekam ich die Botschaft, den Apparat einfach auf das Wasser zu richten, dann würden sie schon vor die Linse springen – ganz ähnlich wie bei der Episode mit dem Fernglas. Ich war skeptisch und hielt diesen Vorschlag für eine Einbildung meinerseits, doch ich versuchte es dennoch. Willkürlich richtete ich meine Kamera auf irgendeinen Punkt im Wasser, und die Delfine sprangen fortan immer wieder vor mein Objektiv. So konnte ich fünfzehn Sprünge perfekt einfangen, obwohl ich weder eine professionelle Ausrüstung noch die nötige Erfahrung hatte und die Delfine zudem sehr klein waren.

Als Nächstes überlegte ich, wie ich einen schönen hohen Sprung für meinen Buchumschlag aufnehmen könnte. Und schon setzte ein Delfin zu einem über sechs Meter hohen Luftsprung genau vor mir an. Exakt dieses Bild hatte ich mir für das Buch vorgestellt. Bis dahin war es mir kaum gelungen, im offenen Meer derart hohe Sprünge zu sehen. Fassungslos musste ich diesen unglaublich gelungenen Gedankenaustausch zunächst begreifen. Leider geschah alles so schnell, dass ich nicht rechtzeitig reagieren und den Auslöser drücken konnte.

Einige Monate später bekam ich bei einer Schiffstour einen telepathischen Wink, mich an meine neu gewonnenen Fotografierkünste zu erinnern, und es gelang mir, einige gute Sprünge aufzunehmen. Am selben Tag winkte ein junger Delfin mit seiner Schwanzfluke immer wieder einem bestimmten Gast an Bord zu. Der Mann war ziemlich überrascht und skeptisch, als wir ihm erzählten, dass er wohl telepathischen Kontakt mit dem Delfin habe. Jedesmal, wenn wir wieder betonten, dass es sich nur um Telepathie handeln könne, schlug der Delfin erneut mit der Schwanzfluke. Schließlich mussten wir alle lachen, auch wenn unser Gast noch nicht ganz von seinem eigenen telepathischen Talent überzeugt war.

Isoliert betrachtet würde keine dieser Episoden zwingend ergeben, dass Delfine telepathisch begabt sind. Doch zusammengenommen lässt diese kleine Auswahl aus meiner großen Erlebnissammlung kaum einen anderen Schluss zu. Um Delfine zu verstehen, ist es unerlässlich, ihre telepathische Möglichkeit zu erkennen. Denn die exakte Verständigung untereinander, die die Telepathie ermöglicht, bildet das Fundament ihrer Ehrlichkeit und Klarheit.

Obwohl ich schon so viele Beweise für die Existenz der Telepathie gefunden hatte, suchte ich weiter. Auch ich hegte immer noch Zweifel, weil der Gedanke an Telepathie in unserer Gesellschaft als gänzlich irreal angesehen wird. Wie Alice im Wunderland brauchte ich noch weitere Versicherungen, dass die Welt vor meinem inneren Auge wirklich existierte.

Luftblasen

Obwohl ich also selbst regelmäßig telepathische Erlebnisse hatte, konnte ich noch nicht ganz an das Phänomen glauben. Dann belohnte mich eines Tages ein Delfin mit einer Luftblase dafür, dass ich seine mentale Botschaft verstanden hatte. So fand er in meinen Augen einen optimalen Weg, mir mit einem konkreten Zeichen zu sagen, dass ich seine telepathische Mitteilung richtig interpretierte. Nach diesem Ereignis bat ich ihn, mir zum Zeichen für eine geglückte telepathische Kommunikation noch mehr Blasen zu schicken. Und nach und nach verzauberte er mich mit einer Unmenge von diesen silbrigen Gebilden. Allmählich entwickelten sie sich in der Verständigung zwischen mir und den Delfinen zu meinem liebsten Mitteilungssymbol. Jedesmal, wenn sie mir eine Luftblase schickten, fühlte ich, dass sie mich wahrgenommen und sich mental mit mir verbunden hatten.

Eine Freundin hatte mich eingeladen, mit ihr eine Woche vor Big Island mit Delfinen zu schwimmen. Als Erstes bat ich bei meiner Ankunft die Delfine in Gedanken um Luftblasen. Außerdem bat ich sie, sich Tang, Algen oder Gegenstände zuzuspielen – ein Verhalten, das zuerst bei dort lebenden Delfinen beobachtet worden war. Dabei hatte ich diese Delfine zuvor noch nie gesehen. Umso erfreuter war ich, sie schon am ersten Morgen in den Bugwellen unseres Schiffes reiten zu sehen. Nach einer Weile verlangsamten sie ihre Geschwindigkeit und begannen, unser Schiff zu umkreisen, so dass der Kapitän die Geschwindigkeit drosseln musste. Sie schwammen immer näher heran, und unser Boot trieb nur noch dahin, um sie nicht zu verletzen. Schließlich stoppten sie und signalisierten uns, dass sie mit uns schwimmen wollten. Ein Delfin tauchte neben dem Schiff ganz nah vor mir mit einer Mülltüte auf seiner Schwanzflosse auf. Offenbar war das seine Antwort auf meine Bitte, mir das Zuspielen zu zeigen. Während ich meine Ausrüstung zusammensuchte, beobachtete er mich und platzierte die Tüte mit einem geschickten Wurf auf seiner Rückenfinne; von da warf er sie auf die Brustflosse und wieder zurück auf die Schwanzfluke.

Leider war ich einen Moment von seiner Aufforderung zum Spiel abgelenkt, als ich ins Wasser stieg. Denn unerwartet stieg ein Gefühl der Beklemmung in mir auf, weil ich den Meeresboden nicht sehen konnte. Ich entdeckte unter mir nur die dunkle Tiefe des offenen Ozeans. Sofort versammelten sich fünf Delfine etwa drei bis vier Meter unter mir und bildeten vorübergehend einen imaginären Meeresboden für mich, bis ich mich beruhigt hatte. Diese Geste ließ meine Angst schnell verfliegen, und seither habe ich mich in den Tiefen der offenen See nie wieder unbehaglich gefühlt.

Als die Delfine ihr Teppich-Arrangement auflösten, ließ einer eine riesige Luftblase direkt zu mir aufsteigen. Ich juchzte vor Freude und erhielt daraufhin noch eine weitere Luftblase. Wieder Juchzen und weitere Silberkugeln waren die natürliche Folge. Die Delfine hatten meine anfänglichen Bitten offensichtlich verstanden und antworteten vorbehaltlos und ohne trickreiche Ablenkungsmanöver. Kaum waren wir zurück an Bord, schwärmten die Führer unserer Tour, dass sie im offenen Meer noch nie Luftblasen ausstoßende Delfine gesehen hatten. Und noch nie waren ihnen derart große und viele Kugeln vor Augen gekommen.

Die symbolische Kommunikationsebene

Frei lebenden Delfinen bietet sich eine gute Chance, ihre telepathischen Fähigkeiten unter Beweis zu stellen, wenn wir sie bitten, Gegenstände aus dem Meer zu holen. Sie reagieren gern auf diese Aufforderung und schwenken ihr Fundstück auf ihren Schwanzflossen hin und her, hängen es auf ihre Finnen, hüpfen und tänzeln dabei um uns herum und blicken uns ausgelassen an. Ein Delfinweibchen soll auf diese Weise schon einmal eine soziale Botschaft übermittelt haben. Nachdem sie gefragt wurde, wie sie den »Tag der Erde« unterstützen wolle, schwamm sie davon und kam mit einer Mülltüte zurück.

Einmal schaute ich mir eine Videoaufzeichnung meiner Freundin Joan Ocean an, wie sie sich mit den Delfinen von Big Island Gegenstände zuspielte, und nahm mir vor, dieses Vergnügen auch den Delfinen von Oahu beizubringen. An einem Tag in unserer Bucht erinnerte ich mich dann an mein Vorhaben und suchte im Wasser nach einem passenden Gegenstand oder Blatt. In der Bucht gab es aber davon nur wenig zu finden, und so entdeckte ich einzig ein kleines, auf dem Wasser treibendes Blatt. Ich schaute es mir genauer an, befand es für nicht groß genug und warf es wieder ins Wasser.

Kurz darauf schwamm unter mir ein Delfin. Übertrieben nickte er mit dem Kopf. Ich fragte mich, was mit ihm los war. Bei näherem Hinschauen schien es mir, als hätte sich ein kleiner Haken in seinem Schnabel festgesetzt, und ich überlegte, wie ich ihm helfen konnte. Dann stieg er langsam aus der Tiefe zu mir auf und schwamm ganz nah unter mir her, dabei drehte er seinen Kopf zu mir hin und zeigte mir, dass er etwas in seinem Schnabel hielt. Aufgeregt erkannte ich, dass es ein kleines Blatt war, vielleicht genau das, das ich gerade zurück ins Wasser geworfen hatte. Offensichtlich hatte dieser Delfin meine Spiel-Gedanken sensuell erfaßt und demonstrierte mir nun, dass er das Miniatur-Blatt im Schnabel halten konnte. Leider schaute ich seiner Vorführung so gebannt zu, dass ich vergaß, ihn zu bitten, das Blatt zu mir zu schieben, um das Spiel überhaupt erst richtig beginnen zu lassen.

Bei einer anderen Begegnung »scannten« die Delfine sehr lang und ausführlich den Bauch meiner schwangeren Schwiegertochter, die schließlich laut zu der gesamten Gruppe sagte: »Ich habe euch nun Ewigkeiten meinen Bauch gezeigt. Wie steht's denn mit euch? Wollt ihr mir nicht auch eure Bäuche zeigen?« Sogleich richtete sich ein Delfinbulle direkt vor ihr und meinem Sohn auf, begann die Schwanzflosse unter Wasser zu drehen und schraubte sich dann hoch in einen Drehsprung. Er zeigte ihr dabei nicht nur seinen Bauch.

Eine lebendige Welt der Dialoge

Es brauchte eine Zeit lang, bis ich an die telepathische Fähigkeit der Delfine glaubte. Doch schließlich erkannte ich die Möglichkeit dieses Phänomens an, und es öffnete sich mir eine neue Welt sensuellen Sprechens. Mit dieser Einstellung dauerte es nicht lang, bis ich auch die Kommunikation der Fische im Meer wahrnahm. Sie reagierten ebenso wie die Schildkröten und Rochen auf die Energie, die ich zu ihnen sandte. Wann immer ich bewusst Liebeswellen aus meinem Herzen in den Ozean strömen ließ, um Delfine anzulocken, schwammen andere Meeresbewohner oft unwillkürlich zu mir hin.

Schmetterlinge, Vögel und andere Landbewohner antworteten ebenso auf die Energieströme der Liebe, wenn sie bewusst auf sie gerichtet werden. Die telepathische Kommunikation funktioniert auch mit Haustieren. Das belegt eine amüsante Episode, die ich mit Freunden bei einer Dinnerparty erlebte. Ich hatte mich sofort in den schwarzen Labrador der Gastgeber verguckt, der unter dem Tisch zwischen mir und seiner angebeteten Herrin lag. Bis weit in die Nacht hinein erzählten wir uns Geschichten aus dem Leben. Schließlich schaute der Hund mich intensiv an und schien zu fragen, wann wir denn endlich mit dem Reden aufhören würden. Ich projizierte einige Gedanken auf ihn, um ihn ein wenig zu unterhalten und in unser Gespräch einzubeziehen. Weil ich wusste, dass er gern seine Ruhe gehabt hätte, dachte ich in meinem assoziativen Fluss unter anderem: »Hast du eigentlich schon einmal im Bett deiner Herrin geschlafen?« Am nächsten Morgen berichtete die Freundin verblüfft und ein wenig verärgert, dass der Hund in der Nacht auf ihr Bett gesprungen war, was er zuvor noch nie getan hatte. Ich erzählte ihr von unserem Gedankenaustausch, und da sie von seiner telepathischen Begabung überzeugt ist, wusste sie nun, warum er sich so seltsam verhalten hatte.

Das Phänomen der Telepathie erklärt auch Berichte von Hunden, Schweinen und anderen Haustieren, die ihre Besitzer aus Notlagen retteten, ihnen beispielsweise ein Telefon brachten, um Hilfe holen zu können. Aber auch in der Welt der Botanik findet telepathische Kommunikation statt. Wer kennt nicht das Phänomen, dass Pflanzen besonders üppig gedeihen, wenn man sich mit ihnen in einem gedanklichen Austausch befindet!

Wenn sich Vögel, Hunde, Schweine und Pflanzen in den kollektiven Dialog einschalten können, dann sind die Delfine und Wale mit ihren großen Gehirnen wohl ebenso fähig zu intuitiver Kommunikation. Tatsächlich findet mitten unter uns ein Dialog statt, von dem wir nichts mitbekommen, weil wir nur uns selbst die Begabung zur Verständigung zusprechen. Welch eine faszinierende Vorstellung, wenn wir annehmen, dass sich die anderen Spezies nicht nur innerhalb ihrer eigenen Art, sondern auch zwischen den Arten unterhalten und uns obendrein belauschen können!

Beschämt müssen wir feststellen, dass wir wahrscheinlich die einzige Spezies sind, die bisher von diesem kollektiven Dialog ausgeschlossen war, dass alle anderen das große spirituelle Geheimnis kennen. Wir selbst haben uns den Weg zu dieser reichen, wunderbaren Verbindung aller Lebewesen unserer Erde durch die eigene Arroganz versperrt. Das ist nicht ohne Ironie zu sehen. Und der Nachteil ist auf unserer Seite. Werden wir uns über unseren Stolz hinwegsetzen und uns, wenn auch spät, in den Dialog einschalten? Oder werden wir diese wundervolle, warmherzige Kommunikation weiterhin hartnäckig ignorieren und verspotten? Wenn wir uns öffnen, werden wir mitten auf der Erde eine himmlische Welt entdecken. Denn sobald wir uns eingeschaltet haben, werden wir unsere Verbindung mit anderen bewusster wahrnehmen, wir werden intensiver mit anderen mitfühlen, und unsere Fürsorge und Liebe werden geweckt und verstärkt.

Was uns verloren geht, wenn wir die Telepathie ignorieren

Interessanterweise haben unsere Babys und Kleinkinder von Geburt an zunächst die Begabung zur Telepathie, verlieren sie aber, weil unsere Kultur es ablehnt, diese hoch entwickelte Fähigkeit für uns zu nutzen. Als ich zum ersten Mal bewusst wahrnahm, dass Tiere meine Botschaften empfingen, entdeckte ich ähnliche Reaktionen bei Babys. Sie blickten in meine Richtung und lächelten, wann immer ich ihnen eine Botschaft oder meine Liebessignale sandte.

Viele Mütter wissen um diese telepathische Verbindung mit ihren Kindern und antworten auf deren stille Rufe. Diese Form der Verständigung wird als besonders innig erlebt, nicht vergleichbar mit einer verbalen Übermittlung. In Notfällen funktioniert die telepathische Verbindung mit größter Wahrscheinlichkeit. Die Signale der Kinder sind eindeutig, können nicht falsch interpretiert werden. Später haben diese Formen der Gedankenübertragung zwischen Eltern und Kind keine große Bedeutung mehr. Sie werden verlernt oder sie werden auch nicht mehr ernst genommnen. Warum sollte man dann noch auf sie reagieren? Kaum noch Menschen besitzen die Eigenschaft, in sich hineinhören zu können. Bei Problemen verlässt man sich immer mehr auf einen äußeren Rat, vielfach professioneller Art. Es wird die wunderbare Chance vertan, einander zu verstehen und die tiefsten inneren Wahrheiten zu offenbaren, weil die sensuellen Begabungen in uns weitgehend ungenutzt verkümmern.

Unsere Kultur ignoriert die Telepathie nicht nur, sie verleugnet sie sogar und fürchtet ihr okkultistisches Wesen. Aus diesem Grunde sind wir der sensualistischen Kommunikation nicht mehr bewusst und nutzen sie nicht mehr.

Zuweilen wird auch die Ansicht vertreten, dass diese einst wichtigste Verständigungsform in dem Maße verloren ging, wie wir danach trachteten, die weniger ehrenwerten Motive unseres Handelns in einer miteinander konkurrierenden Welt zu verbergen. Die ausschließlich verbale Kommunikation verhindert nicht nur den Weg zu einem intensiveren Austausch miteinander. Sie hat auch den Bruch herbeigeführt, der unsere Herzen von der Natur und von den anderen Bewohnern unseres Planeten trennt.

Telepathie dient der Wahrheit und Klarheit

Als ich mich der telepathischen Kommunikation öffnete, erkannte ich, wie leicht sie Hintergedanken aufdeckt. Sie stellt Täuschungen und Lügen bloß, die wir mit Hilfe unserer verbalen Kommunikation möglichst zu kaschieren versuchen. Mir war klar, dass die Wiederbelebung dieser Fähigkeit uns Menschen unweigerlich dazu bringen würde, offener, ehrlicher und verständnisvoller miteinander umzugehen. Wir würden uns dann geborgener und vertrauter fühlen und uns näher stehen. So könnten wir uns über unser liebloses und eigennütziges Verhalten hinwegsetzen und eine freundlichere, fürsorglichere und harmonischere Gesellschaft schaffen.

Dies erkannte ich einmal mehr, als ich eines Tages mehrere Stunden mit den Delfinen schwamm. Mir wurde allmählich kalt, und ich begann mich zu langweilen. Aber ich wollte nicht eher zurückschwimmen, bis auch die Delfine davonzogen. In dem Moment, als mir dieser Gedanke durch den Kopf ging, verstummte das fröhliche Schnattern der Delfine auf einen Schlag – als hätte der Dirigent eines Orchesters am Ende einer Partitur das Schlusszeichen gegeben. Die Delfine verschwanden und ließen sich für den Rest des Tages nicht mehr blicken. Sofort wusste ich, dass sie meine Gedanken gelesen hatten. Und bekam ein schlechtes Gewissen, weil ich ihnen meine Langeweile verraten hatte. Bei ihrem Verschwinden sandten sie mir die Botschaft, dass es Menschen schwer fällt, sich ausgiebig ihrer Freude zu widmen. Viel lieber konzentrierten sie sich auf ihre Pflichten und ihre eher kurzweiligen Unterhaltungen. Sanft mahnten mich die Delfine, dass die Menschen weise daran täten, der intensiven Freude mehr Platz in ihrem Leben zu geben. Langeweile, das gaben sie mir auch zu verstehen, ist ein Problem, das nur wir Menschen haben.

Die Delfine verließen mich auch meistens sofort, wenn meine Gedanken in irgendeiner Form eine Wertung beinhalteten. So hatte ich einmal eine lange Reise auf mich genommen, um in der Tin Can Bay in Australien eine kleine Delfinfamilie zu beobachten. Als sich die Leitmutter und ihr Kalb bei unserer Ankunft sofort zeigten, fühlte ich mich besonders geehrt. Doch als das Kalb auftauchte, mich anschaute und sofort nah an mich heranschwamm, dachte ich bei mir, wie merkwürdig es aussah. Es gehörte zu einer Delfinart, die ich noch nicht gesehen hatte. In dem Moment, als mir der unschickliche Gedanke durch den Kopf schoss, tauchte das junge Kalb seinen Kopf unter, als ob es sich schämen würde, und schwamm schnell davon. Es tat mir schrecklich leid. Ich hätte alles gegeben, um dieses unbedachte Urteil zurücknehmen zu können.

Eine ähnliche Erfahrung hatte ich ebenfalls in Australien in der Harvey Bay mit einem Delfin, der auf unserer Bugwelle ritt. Er tauchte auf, nachdem uns ein Walpaar zu einem wahren Freudentaumel hingerissen hatte: mit einem überraschenden Tandemsprung knapp neben unserem Boot und stundenlangem Springen und Wellenschlagen in lustiger »Spionlage«, bei der sie untergetaucht blieben, aber mit den Augen knapp aus dem Wasser herausspähten. Nach dieser großartigen Vorführung erschien der Delfin in unserer Bugwelle, gerade als unser Boot in Richtung Hafen abdrehte. Der Kontrast zwischen dem kleinen Körper des Tümmlers und dem gigantischen Ausmaß der Wale löste in mir den Gedanken aus, wie unbedeutend der Delfin verglichen mit den riesigen und wundervollen Walen schien. Als der Delfin aus der Bugwelle auftauchte, übermittelte er mir sofort seine tiefe Traurigkeit und Enttäuschung und dass er nie mehr zurückkehren würde. Die Kränkung der beiden australischen Delfine trug ich lange in meinem Herzen. Sie sollten mich stets erinnern, welchen Schmerz meine Urteile anderen Wesen zufügen können.

Die Vorfälle verdeutlichten mir auch, dass selbst Urteile, die wir nur in uns allein fällen, ihre Wirkung nach außen haben und andere berühren. Die Parapsychologie kennt und beschreibt diese Energie schon seit

Jahren. Kürzlich aufgenommene Fotos von Bioenergiefeldern sowohl lebender wie unbelebter Materie machen diese bis dahin noch unentdeckte Wirklichkeitsebene für alle sichtbar. James Redfield beschrieb übrigens die Wirkung dieser Energie in seinem bekannten Buch *Die Visionen von Celestine.*

Die Episoden mit den Delfinen machten mir bewusst, dass meine Gedanken von ihnen verstanden werden und dass sie auf der Ebene der telepathischen Kommunikation sogar für jeden von uns völlig offenliegen. Ich begriff, dass ich für all meine Gedanken Verantwortung trug, dass sie negative Energie in mir, aber auch in den anderen um mich herum erzeugen konnten. Ich musste sie also prüfen und klären und in dem Bewusstsein leben, dass jeder, nicht nur die Delfine, Zugang zur telepathischen Wahrnehmung hat. Diese Erkenntnis hat mich in all meinen Beziehungen weitergebracht. Sie hat mich gelehrt, in absoluter Wahrhaftigkeit zu leben, sie hat entscheidend zu meiner persönlichen Weiterentwicklung in den letzten Jahren beigetragen und mich freier gemacht.

Wahrheit ist der einzige Weg zur Klarheit

Ich erlebte also an mir selbst, dass die Ehrlichkeit die wichtigste Grundlage einer telepathischen Gesellschaft ist. Dabei fiel mir erst auf, wie tief unsere Kultur von einem Mangel an Wahrhaftigkeit geprägt ist, und dass dieser Mangel den Kern unserer Probleme bildet. Wenn wir zurückfänden zu dem ehrlichen Umgang, den die Telepathie erfordert, könnten wir unsere Gesellschaft und die Welt erneuern.

Im Gegensatz zu uns leben die Delfine in einer offenen Gesellschaft ohne Geheimnisse, in der alle Motive und Absichten der Gruppe offenbart werden. Wenn ein Delfin mit seinem Verhalten der Gemeinschaft schadet oder das Miteinander stört, durchschauen die anderen seine Motive und schließen sich zusammen, um ihn zur Disziplin zu rufen. Deshalb können sie sich untereinander nicht indirekt manipulieren, Macht aufeinander ausüben, insgeheim gegen das Wohl der Gruppe arbeiten und so Verhaltensmuster entwickeln, die das Zusammenleben dauerhaft stören. Auf diese Weise ermöglicht die telepathische Begabung den Delfinen, negative Entwicklungen sofort zu stoppen und kontraproduktives Verhalten in der Herde erst gar nicht aufkommen zu lassen.

Mit der Erkenntnis, dass es Kommunikationsformen innerhalb sämtlicher Spezies und ebenso zwischen ihnen gibt, nehmen wir erst wahr, wie lebendig unser Universum ist. Neue Entdeckungen der Quantenphysik legen den Schluss nahe, dass wir alle Teil einer gemeinsamen geistigen Substanz sind, dem Sitz unserer Gedanken und unseres Bewusstseins. Unsere Unterredungen, Erwägungen und Zwiegespräche haben also einen viel weiteren Radius, als wir denken, und können leicht von anderen, gleichgültig ob von nah oder fern, wahrgenommen werden.

Dies erklärt, warum Menschen immer wieder berichten, dass sie, nachdem sie mit Delfinen geschwommen sind, von anderen Delfinen in anderen Gegenden der Erde erkannt wurden. Offenbar nutzen die Delfine eine Art telepathisches Netzwerk für die Verständigung über Entfernungen hinweg. Auch die Wale scheinen mit diesem Netzwerk verbunden zu sein. Ich jedenfalls machte die Erfahrung, dass mich die Delfine und Wale überall, wohin ich kam, wie eine Bekannte begrüßten.

Außerdem schenkten sie mir immer wieder ihre Luftblasen, als ob sie mir ein freudiges Erkennungszeichen geben wollten. Die Blasen schienen inmitten dieser unwirklichen Erfahrung einen konkreten Austausch zu bedeuten, eine Art Rettungsanker für mich zu sein, etwas Fassbares und Reales.

Denn die Antworten der Delfine selber waren eher unvorhersehbar und damit nicht leicht für mich zu fassen. Sie genossen es, mit unerwarteten Aktionen zu überraschen, um mir auf diese Weise Freude zu bereiten, anstatt meinem Wunsch nach Verhaltensmustern nachzukommen, die ich sofort hätte einordnen können. Überall auf der Erde schenkten mir die Delfine diese fantastischen Blasen in allen Größen und Formen, aber sie taten es immer in neuen Varianten. Und dennoch blieben meine Zweifel bestehen, ob ich sie als Bestätigung für eine gelungene Kommunikation zwischen uns verstehen durfte.

Dann zog es mich eines Tages zu unserem hiesigen Delfinarium hin. Ich wollte die Delfine besuchen, die von der Hotellagune dorthin umgesiedelt worden waren. Als ich an das zentrale Bassin des Parks trat, schwamm ein Delfinweibchen namens Laka zu mir und begrüßte mich. Ich fragte die Trainerin, wo ich die Hoteldelfine finden könnte, während Laka mich die ganze Zeit über intensiv anschaute. Die Trainerin erzählte mir, wie sie erst kürzlich entdeckt hatte, dass Laka die Führungsrolle übernommen hatte; denn immer, wenn die anderen Delfine die Mitarbeit verweigerten, lag es meistens daran, dass Laka sie dazu animiert hatte. Meine anfängliche Frage hatte ich erst einmal vergessen.

Ich schaute Laka an und sah, dass sie ihre Körperhaltung ein wenig verlagerte und ein freches Funkeln in ihrem Auge aufblitzte. Im gleichen Moment ergoss sich auch schon ein riesiger Wasserschwall über mich. Ziemlich geschockt stand ich völlig durchnässt da. Ich blickte schnell zu Laka. Ihr Gesicht strahlte, und sie warf mir einen ungemein übermütigen Blick zu. Unweigerlich brach ich in Lachen aus, und Laka ahmte mein Lachen nach. Auch Laukani im Nachbarbecken imitierte mich und fiel in unser Lachen ein, und uns drei überfiel ein regelrechter Lachanfall.

Nachdem ich mich von diesem Schabernack erholt hatte, nahm die Trainerin mich mit nach unten zur Unterwasser-Beobachtungsstation. Wir traten vor das gewölbte Observationsfenster, und prompt sahen wir Laka schon auf uns warten. Ich legte meine Hand an das Glas. Laka schmiegte ihre Wange von der anderen Seite des Fensters an meine Handfläche. Sie verharrte dort und blickte mich unverwandt an, und ich erwiderte ihren Blick, während ich mich mit der Trainerin über das Forschungsprogramm unterhielt.

Unter anderem fragte ich sie, ob die gefangenen Delfine in ihren Becken so wie die freien Delfine im offenen Meer auch Luftblasen erzeugten. Ich hatte die Frage noch nicht ganz formuliert, da stieß Laka auch schon eine riesige Luftblase aus. Sogar die Trainerin zeigte sich einen Moment lang ziemlich verblüfft, fasste sich aber schnell und fuhr mit der Beschreibung ihres Programms fort. Ich war fasziniert von Lakas spontaner Demonstration unserer geglückten Verbundenheit und wünschte mir, dass die Trainerin der Sache mehr Aufmerksamkeit schenkte. Also schaute ich Laka an und sagte laut: »Du hast meine Frage nach den Luftblasen verstanden, stimmt das?« Fortlaufend blickte sie mich an und antwortete mit einem Blitzen in ihrem Auge. Mir fiel auf, dass das Geschehen im Beobachtungsbereich aufgezeichnet wurde. So bat ich laut um mehr Luftblasen. Zunächst zögerte Laka, doch dann stieß sie mit einem amüsierten Blick einen ganzen Schwall winzigster Luftbläschen aus. Mich wunderte es, wie dieser lebhafte Delfin es schaffte, unter diesen eingeschränkten Daseinsbedingungen seine eigene, nicht kleinzukriegende Persönlichkeit zu entfalten, und einen Weg fand, mit mir zu Kontakt aufzunehmen.

Als ich später Abschied von Laka nahm, um endlich meine Hoteldelfine zu suchen, bat ich sie noch leise um eine einzige weitere Luftblase, die sie mir nun gar nicht neckisch, sondern mit einem tieftraurigen Blick schenkte. Beim endgültigen Abschied liefen mir die Tränen über die Wangen. Mein Herz floss über. Ich hatte nicht nur einen wunderbaren Moment mit Laka erlebt, sondern ich war endgültig davon überzeugt, dass die Delfine mich verstanden und mit mir kommunizierten.

Was mich noch mehr bewegte, war die Tatsache, dass sich dieser stolze, dominante Delfin meinen Wünschen in Gegenwart einer weiteren Person unterworfen hatte. Obwohl die Trainerin eine telepathische Verständigung grundsätzlich ausschloß und entsprechend auch nicht unter dieser Prämisse beobachtete, fiel ihr unser ungewöhnliches Miteinander doch auf. Ich jedenfalls war davon überzeugt, dass es mir und den Meressäugern trefflich gelang, ein Gespräch zu führen. Mein ganzer Blick auf die Welt erneuerte sich mit dieser Einsicht. Ich erkannte, dass wir Menschen an die sensuellen Fähigkeiten in uns und bei anderen Spezies glauben und sie entwickeln mussten. Dann würden wir unsere Lebenswelt auf dem Kontinent mit ebensoviel Ehrlichkeit, Offenheit und Klarheit gestalten wie die Delfine im Meer.

Der verstorbene Psychotherapeut David Viscott lehrte, dass unsere mentale Krankheit und Gesundheit von den Grundkonstanten Ehrlichkeit und Verstellung abhängen. Je größer der Wahrheitsgehalt im Menschen ist, umso größer ist die Wahrscheinlichkeit einer präzisen Empfindung, je ausgeprägter der Wunsch nach Täuschung ist, umso möglicher ist krankhaftes Verhalten. Ein offenes und ehrliches Miteinander ist uns in unserer Gesellschaft abhanden gekommen und als Folge unsere mentale Gesundheit. Jetzt haben wir die Möglichkeit, die Wirklichkeit und mit ihr unser mentales Wohlgefühl zurückzuerobern. Dazu müssen wir uns nur darauf einlassen, was die Delfine uns vormachen. Besinnen wir uns auf unsere Intuition und unseren Sinn für das Gerechte, und schalten wir uns ein in den Dialog mit den Delfinen!

Wir haben vergessen, in unsere eigenen Herzen und die Herzen anderer hineinzuhorchen, und so haben wir weder den glückseligen Gesang noch das Weinen der Welt um uns herum gehört. Wir sind so gefühllos geworden, dass wir weder die Leiden noch die Freuden der

Welt wahrnehmen. Folglich fällt es uns schwer, den Wert des menschlichen und animalischen Lebens, ebenso das Kostbare der Blumen und Bäume zu erkennen. Obwohl all das mitten unter uns weilt. Wir setzen uns über jeden gnadenlos hinweg, der uns bei unserem Streben nach einem vergnügten und bequemen Leben im Wege zu stehen scheint. Der Verlust aller Bindungen, der Mangel an Ehrlichkeit und Respekt im Umgang miteinander sind das Resultat einer verloren gegangenen telepathischen Begabung. In dem Maße, wie unsere Bindungen aufbrechen, schleichen sich Betrug und Täuschung unerbittlich in alle Bereiche unseres gesellschaftlichen Zusammenlebens ein – auf Kosten einer mentalen Klarheit. Nähern wir uns wieder einer telepathischen Sensibilität und lernen wir, einfühlsam und intensiv zuzuhören! Nur diese Fähigkeiten können uns heilen. Als Erstes müssen wir unseren Stolz ablegen und still in uns einkehren. Überrascht werden wir die vielschichtige Kommunikation wahrnehmen, die um uns herum ist. Und wir werden erstaunt feststellen, wie viel Liebe wir für andere empfinden, wenn wir uns selbst in diesen Dialog einschalten.

Als ich Laka verließ, versprach ich ihr leise, dass ich mich nicht mehr schämen würde, über Telepathie und meinen Austausch mit Delfinen zu sprechen. Ich würde mich nicht nur zu meinen intuitiven Fähigkeiten bekennen, sondern den Menschen von den Delfinen berichten, von ihrem empfindsamen Wesen, von ihrer Intelligenz, ihrem Humor und ihrer Weisheit. Ich würde offen ihre Botschaften weitergeben, von einem Leben in Liebe, Harmonie und Freude erzählen, das nur über den Weg der Klarheit und Wahrheit zu finden ist.

Klarheit wird nur durch eine wirkliche und aufrichtige Kommunikation erreicht. Sie weist uns den Weg aus dem Schatten zum Licht.

DIE SECHSTE GABE

Meisterschaft und Würde prägen alle Aspekte des Lebens

Drehe dich in den wunderbaren Wirbel
von Meisterschaft und Würde.

Nachdem ich gelernt hatte, intensiver mit den Delfinen zu kommunizieren, empfand ich nicht mehr die Form des telepathischen Austausches, sondern den Inhalt der Botschaften als das eigentliche Wunder.

Die Delfine zeigten mir, wie sie die Eigenschaften des höheren Selbst verinnerlicht hatten, und führten mich zugleich auf den Weg zu einem anderen Bewusstsein. Sie gaben mir ein verständliches, einfaches Rezept zur Gestaltung eines Lebens voller Freude, in dem ich meine Träume Wirklichkeit werden lassen konnte.

Aber sie offenbarten mir auch tiefere Wahrheiten, die sie anhand schwieriger Darbietungen symbolisch veranschaulichten. Das begann zum Beispiel mit den komplexen Luftblasengebilden, mit denen sie Wirbel und Spiralen bauten. Und endet noch lange nicht bei den Spiraldrehungen ihrer eigenen Körper, um sich mit ihnen aus der Tiefe des Meeres über die Wasseroberfläche zu schrauben.

Als ich nach der tieferen Bedeutung dieser symbolischen Vorführungen fragte, entwickelte ich ein wahres Ideengefüge. Sicherlich hätten mir Wissenschaftler Deutungsmuster vorgelegt, mit denen sich die Botschaften der Delfine allgemein erklären ließen. Ich aber wollte speziell meine ganz eigenen Fragen beantwortet bekommen. Und ich war der Meinung, dass wir alle über diese nicht alltäglichen Fragen nachdenken sollten. Wollten die Delfine mit ihren Spiralgebilden und -sprüngen die Struktur der DNA-Stränge, also der Grundbausteine der Schöpfung, symbolisch nachbilden? Demonstrierten sie vielleicht, dass diese Spiralkraft des Lebens von der Dynamik der Liebe und der Freude angetrieben wird und dass sie nachlässt oder ganz verschwindet, wenn Mitgefühl und Fürsorge nicht in ihren Energiestrom einfließen? Warum wollen sie uns überhaupt all das vor Augen führen? Mahnen sie uns, ernsthafter an unserer Entwicklung zu einer mitfühlenden, liebenden und fröhlichen Spezies zu arbeiten?

Wollen uns die Delfine mitteilen – was mittlerweile auch von einigen Wissenschaftlern angenommen wird –, dass wir in der Lage sind, sowohl die Qualität der DNA-Stränge zu erhöhen, indem wir nach ihrem Beispiel lernen, als auch unser höheres Selbst zu leben?[3]

Wollen sie uns zeigen, dass wir die nächste Stufe unserer evolutionären Entwicklung nur erreichen, wenn wir Anteilnahme und Herzlichkeit als die sanften und ruhigen, aber unglaublich wirkungsvollen Mächte begreifen lernen, die die spiralförmige Energie aller Lebensformen vom winzigsten Photon, jener punktförmigen Kleinkraftquelle, bis zur größten Galaxie antreiben?

Rufen sie uns mit ihren verspielten Luftblasen und fröhlichen Tänzen in Erinnerung, dass unsere ganze Existenz auf dieser doppelt gedrehten Kraft beruht, deren Basis die Liebe ist, die durch unsere Herzen strömt und uns allein befähigt, unser höheres Selbst zu leben?

Ist es diese Liebesenergie in Spiralform, die es den Walen ermöglicht, ihre gewaltige Körpermasse im Wasser herumzuwirbeln, um sich dann zu einem Sprung in die Luft abzustoßen? Vielleicht wollen sie ihren Weibchen damit ihre Zuneigung und nicht, wie weithin angenommen wird, ihre Körperkraft unter Beweis stellen.

Ist es dieselbe Liebeskraft, die es den Delfinen ermöglicht, mit ihrem Sonarsystem heilende Energiewellen zu erzeugen oder mehrmals hintereinander durch die Luft zu wirbeln und dabei sichtbar Liebe und Freude in die Welt zu schleudern, ohne eine Gegenleistung einzufordern? Liegt es nahe, sich bei diesen Spiraltänzen an die wirbelndene Derwische zu erinnern, die sich zu Ehren Gottes in rasender Geschwindigkeit drehen?

Alle diese Fragen gingen mir durch den Kopf, als ich über die Delfine und ihren Hang zu Spiralstrukturen nachsann. Neben diesen vielen Verschraubungen erzeugen die Delfine auch eine Art »Schall-Lumineszenz«. Dabei werden die Luftblasen mit Hilfe des Sonars derart stark aufgeladen, dass sie zu glühen beginnen – eine eindrucksvollere Energiequelle läßt sich kaum noch vorstellen.[4]

Meisterlich lehren und lehren, ein Meister zu sein

Offenbar wählten die Delfine mich als Buchautorin aus, um ein breites Publikum anzusprechen und so den Menschen zu erklären, wie auch sie die Meisterschaft und Würde der Delfine entwickeln können. Ich erkannte bald, dass sie auf einzigartige Weise befähigt waren, uns Dinge über das höhere Selbst zu lehren und ihr Wissen über die Verwirklichung von Träumen mit uns zu teilen. Sie hatten nicht nur beständig ihr höheres Selbst gelebt, sondern auch in ihrem ozeanischen Zuhause eine von Weisheit, Liebe, Harmonie und Freude erfüllte Welt geschaffen.

Der sechste und wichtigste Charakterzug der Delfine manifestiert sich in ihrer meisterlichen Überlegenheit – eine Fähigkeit, die nur jene erlangen, die tagtäglich in Liebe leben und deswegen immer und überall den Himmel mit sich führen.

Indem sie uns ihre Gaben des höheren Selbst vorführen und uns ihr Wissen um die Realisierung von Wundern mitteilen, bieten sie uns Menschen ein Mittel, mit dem wir unsere Herzen heilen und die Welt unserer Träume gestalten können. Es liegt an uns, ihre Lehren anzunehmen und zu nutzen, wenn wir die Harmonie erreichen möchten, die sie uns vorleben. Wir sollten die sechs Charaktergaben der Delfine ebenso wie ihre sechs Erkenntnisse zur Verwirklichung von Lebenszielen und -träumen, um die es in den folgenden Kapiteln geht, tief verinnerlichen.

Wenn uns dies gelingt, verankern wir Liebe, Klarheit und Freude in unseren Herzen und lernen, alle unsere Handlungen als Geschenk an uns selbst und unsere gemeinsame Welt zu begreifen. So könnten wir das Paradies auf Erden schaffen, das wir alle uns wünschen.

Tanze deinen Weg
in den Himmel auf Erden.

SCHAFFE DIE WELT DEINER TRÄUME

Sechs Erkenntnisse zur Verwirklichung von Zielen

DIE ERSTE ERKENNTNIS

Definiere deine Träume und sehne dich nach ihnen

Sende Gedanken voller Träume aus,
um deiner Zukunft den Weg zu bahnen.

Nachdem die telepathische Verbindung zwischen uns hergestellt war, konzentrierte ich mich auf den Inhalt der Botschaften, die mir die Delfine zukommen ließen. Sie lehrten mich, den Zauber und die Freude ihres Lebens auch für mein Leben zu entdecken. Ihre sechs wichtigsten Erkenntnisse über das Sein können uns Menschen helfen, unsere Träume, unsere persönlichen und gemeinschaftlichen Ziele zu verwirklichen. Diese sechs Aspekte kristallisierten sich für mich erst während der Arbeit an diesem Buch heraus. Ich erkannte, dass es nicht nur um mich, um mein höheres Selbst und meine persönlichen Träume ging, sondern auch um die Weiterentwicklung unserer menschlichen Spezies und Gesellschaft.

Erste Hinweise auf die magische Kraft der Delfine

An dem Tag, an dem mein Leitdelfin zum ersten Mal mit mir durch den »Zaubergarten« tanzte, wusste ich mit Gewißheit, das die Delfine meine Lehrmeister sind. Wie Alice im Wunderland erlebte ich etwas, das mir zunehmend seltsamer erschien und mich zugleich immer neugieriger machte und magisch anzog. An jenem Tag bekam ich eine erste Ahnung von dem weisen Wissen der Delfine, wie Träume wahr werden und Ziele erreicht werden können. Ich spürte, dass irgendetwas Großartiges geschehen war und noch weiter geschehen würde, doch ich wußte nicht, was genau mich erwartete.

In den darauffolgenden Jahren erteilten mir die Delfine auf eine wunderbare Weise sechs einfache Lehren, die sie immer wieder demonstrierten und bestätigten. Sie zeigten mir aus einer ganz neuen Perspektive, wie wir die Welt unserer Träume verwirklichen können. Ihre Lehren besaßen lebensverändernde Kraft.

Es überraschte mich, wie ähnlich, aber zugleich verschieden die Lebensregeln der Delfine im Vergleich zu all den klugen Existenzrezepten sind, die ich schon kannte. Doch auch das Bekannte erschien mir jetzt viel verständlicher und ließ sich leichter befolgen als vorher. Als ich die Lehren der Delfine später ausprobierte, gelang es mir zum ersten Mal, ganz bewusst einen lang gehegten Wunsch zu verwirklichen.

Die ersten Lehrstunden

Einige Lehrstunden erteilten mir die Delfine bereits bei unseren ersten Zusammentreffen. Schon ganz früh erinnerten sie mich, meine Wünsche deutlicher zu formulieren und konsequenter zu verfolgen. Außerdem gaben sie mir zu verstehen, dass ich ihnen aber nicht nachjagen solle. Sie würden durch die Hast nur verloren gehen. Erst mit einem ruhigen, aber gezielten Warten käme es zu einer energetischen Anziehung, die das sehnsüchtige Ansinnen Wirklichkeit werden lässt.

Die sechs wichtigsten Lebensweisheiten der Delfine sind untrennbar miteinander verwoben und wirken nur, wenn sie in der Praxis vernetzt werden. Zum besseren Verständnis stelle ich sie jedoch im Folgenden einzeln vor.

Definiere deine Träume und sehne dich nach ihnen

Von den Delfinen habe ich gelernt, wie wichtig es ist, Träume eindeutig zu formulieren, sich nach ihnen zu sehnen und sie dabei mit offenem Herzen für das Mögliche gleichsam an sich zu ziehen. Das lernte ich auf folgende Weise:

Als ich anfangs davon träumte, mit Delfinen zu schwimmen, wurde mir bewusst, dass die Stärke eines Wunsches und die Größe der Sehnsucht nach etwas die Dinge erst in Bewegung setzen. Diese Kraft ist entscheidender für die Umsetzung eines lang gehegten Traumes, als ich zunächst annahm. In der Anfangsphase stand mir mein Delfintraum noch ganz diffus vor Augen. Mir fehlten das tiefe Begehren und der konsequente Wille, mein Anliegen wahr zu machen. Eigentlich war es nur ein Punkt auf der langen Liste meiner Wunschvorstellungen, die ich mir für die Zukunft vorgenommen hatte. So dauerte es noch Jahre bis zur Verwirklichung meines Traumes.

Auch als mein Interesse an den Delfinen intensiver wurde und der Traum sich gleichsam auf mich zubewegte, war mein Wunsch noch nicht so mächtig, dass ich zielgerichtet an ihm zu arbeiten begann. Die Delfine machten mich eines Tages darauf aufmerksam. Ich suchte gerade mit Freunden eine schöne Bucht aus, wo wir unsere freie Zeit verbringen wollten. Als ich am darauffolgenden Tag am Strand stand, tauchten unerwartet Delfine auf. Doch ich konnte mich nicht entscheiden, zu den Tieren ins Wasser zu gehen. Ich war an diesem Tag nicht darauf vorbereitet, hatte es nicht eingeplant. In meinem Kopf war nur ein einziger Gedanke: Meine Freunde wollten an einem Tennisturnier in unserem Hotel teilnehmen und ich müsste jetzt ins Hotel zurückkehren, wenn ich mitspielen wollte. Anstatt zu den Delfinen ins Wasser zu springen, entschied ich mich für das Tennisspiel. Außerdem glaubte ich, die Delfine würden am nächsten Tag ohnehin wieder da sein, und wir könnten dann das Erlebnis zusammen mit den Freunden genießen.

Tags darauf fanden wir uns früh und vergnügt in der Bucht ein. Zwar hörten wir das Schnattern der Delfine, aber kein einziger ließ sich blicken. Irgendwann begriff ich, dass ich die Meeressäuger nun nicht zu Gesicht bekommen würde, weil ich am Tag zuvor ihre Einladung ausgeschlagen hatte. Dabei war mir im Grunde meines Herzens das Tennismatch gar nicht so wichtig gewesen, war deshalb auch nicht besonders begeistert bei der Sache gewesen und spielte eher schlecht. Jetzt in der Bucht, während ich mich auf dem Wasser treiben ließ und auf die Delfine wartete, sah ich ein, dass sowohl das Tennisspiel als auch die Begegnung mit den Delfinen fehlgeschlagen war. Ich zog daraus die Lehre, dass ich meine Wünsche präziser formulieren und beharrlicher verfolgen musste. Halbherzige Unternehmungen, das hatte ich nun verstanden, führen nicht zum Erfolg.

Nach diesem Wochenende beschloss ich, mich ausdrücklicher zu meinem Wunsch zu bekennen, und ich schwor mir, dass es mir gelingen würde, mit den Delfinen zu schwimmen. Der feste Entschluss trug dazu bei, dass ich mich immer stärker danach sehnte, mich mit ihnen zu verbinden, und es dauerte nicht mehr lang, bis mein Traum wahr wurde.

Die Biochemikerin Candace Pert erklärt in ihren Publikationen, wie dieser Vorgang auf molekularer Ebene funktioniert. Sie entdeckte, dass ein Wunsch oder ein Verlangen eine biochemische Reaktion in unserem Körper auslösen kann: Rezeptormoleküle beginnen mit gebundenen und rhythmisch vibrierenden Substanzen, den Liganden, in einem Wechselspiel von Anziehung und Reaktion zusammenzuwirken. Unter dem Elektronenmikroskop betrachtet zeigt dieser »Balztanz« unserer Moleküle, dass wir auf biochemischer Ebene jene Dinge, nach denen wir uns sehnen, anziehen. Unsere Rezeptoren verändern ihre Gestalt, um entsprechende Teilchen anzulocken und an sich anzudocken. Deshalb ist es wichtig, dass sie von uns klare Informationen darüber erhalten, was wir wollen, beziehungsweise was wir uns erträumen. Auf vage Vorstellungen können sie nicht reagieren.

Wenn wir also unser Herz mit Liebesenergie und Liebessehnen füllen, reagieren auf biochemischer Ebene unsere Liebesrezeptoren derart, dass sie eine bestimmte Gestalt annehmen, mit der sie wiederum Liebe anziehen und an sich binden. Entsprechend reagieren die Rezeptoren, wenn wir Wut und Hass für andere empfinden. Sie verändern sich in einer Weise, dass sie für Wut- und Hassempfindungen reizvoll werden. Folglich sollten wir also im Herzen immer nach Liebe streben, wenn wir selbst Liebe empfangen möchten. Und wenn wir uns nichts mehr wünschen, als mit Delfinen zu schwimmen, sollten wir uns von ganzem Herzen danach sehnen.

Auch die Experimente des *Princeton Engineering Anomalies Research (PEAR)*, bei denen untersucht wurde, ob unsere Wünsche und Absichten Wirkungen auf unsere Umwelt haben, belegen, welche Kraft unser Wille auf andere ausübt. So wurde unter anderem demonstriert, wie eine Person allein durch Konzentration ihres Willens eine willkürlich programmierte Maschine derart beeinflusste, dass sie nicht mehr dem Programm, sondern der Person gehorchte.[5] Die Ergebnisse der Studie legen nahe, dass unsere Wünsche und die von ihnen verursachten Veränderungen an den Rezeptoren über unsere Körper hinaus wirken können und die Dinge, auf die wir unser Wollen zentrieren, anziehen. Diese Resultate werden auch von Forschungen gestützt, über die Larry Dossey in seinem Buch *Rituale der Heilung* berichtet.

Unsere positiven und negativen Energiewellen haben also ihre Wirkung in der Welt und strahlen zugleich auf uns zurück. Als sich mein Verlangen endgültig in mir manifestierte, mit den Delfinen zu schwimmen, strömte meine positive »Wunschenergie« in die Welt hinaus. Meine Rezeptoren schalteten auf Empfang und hielten sich bereit für die Andockung der dazu passenden Energie. Es dauerte dann auch nicht mehr lange, bis die Verbindung zwischen mir und den Delfinen zustande kam.

Heftiges Begehren kann manchmal beim ersehnten Objekt oder Menschen ein vergleichbares Gefühl auslösen, so dass sich beide Seiten magnetisch angezogen fühlen. In meinem Fall kamen die Delfine nicht nur auf mich zu, weil ich es mir so sehr wünschte, sondern später riefen auch sie mich zu sich. Es war ihre Vorstellungskraft, die mich dazu brachte, mein Fernglas aufzunehmen, um ihre Sprünge anzuschauen, und es war ihr unglaubliches Energiefeld, in das sie mich zogen, bis hin in den »Delfingarten«.

Hin und wieder fragte ich mich, warum die Delfine gerade mich ausgewählt hatten. Vielleicht, weil ich das richtige Maß an Entschlossenheit und Intuition besitze, weil ich als Autorin ihre Botschaften für andere aufschreibe und weil ich regelmäßig und ausdauernd mit ihnen schwimme, um von ihnen zu lernen. Nachdem der gegenseitige Austausch zwischen uns hergestellt war, fühlte ich mich oft von den Delfinen in die Bucht gerufen. Wann immer ich dieser Aufforderung folgte, waren sie mit Sicherheit schon dort und warteten auf mich. Wenn ich nicht zu ihnen ging, fühlte ich mich den ganzen Tag über nicht gut aufgelegt, und andere Schwimmer erzählten mir dann später, dass ich einen ganz besonderen Tag mit den Tieren verpasst hatte.

Die Erfahrungen mit den Delfinen machten mir bewusst, dass ich mich auf ähnliche Weise durch die Anziehungskraft positiver Wünsche mit Menschen verbinden und Ereignisse an mich ziehen konnte. Sie zeigten mir auch, dass dies kein passiver, sondern ein aktiver Vorgang ist, an dessen Beginn die genaue Definition der eigenen Vorstellungen steht.

Der Prozess der wechselseitigen Anziehung ist ein wichtiges Element in unserer Welt, und er hat entscheidenden Anteil an der Magie der Schöpfung. Sein Gelingen ist allerdings davon abhängig, dass unsere Wünsche wahrhaftig sind und dass wir uns in unserem Denken und Fühlen nur auf jene Dinge konzentrieren, die mit unserem höheren Selbst in Einklang stehen.

Eine klare Entscheidung treffen

Wenn wir also ein Geschehen durch intensive Konzentration zu uns holen können, sollten wir sorgfältig darauf achten und immer wieder überprüfen, worauf wir unsere meditative Kraft richten. Die meisten

Menschen lenken nämlich ihre Energie und ihre ganze Aufmerksamkeit genau auf das, was sie im Grunde genommen nicht wirklich wollen. Häufig wandern ihre Gedanken zurück in die Vergangenheit, und sie grübeln quälend über falsche Entscheidungen und traurige Vorfälle nach. Oder sie denken sorgenvoll an die Zukunft und malen sich aus, was ihnen alles zustoßen kann. Auch wenn sie über die Gegenwart nachsinnen, werden sie von Zweifeln und Ängsten geplagt, ob sie es auch schaffen, ihre Lebensträume zu verwirklichen. Viele sind von negativen Energien, von Aggression gegen sich selbst und andere erfüllt, oder sie wünschen sich, dass ihre Freunde nicht zu viel Erfolg haben und ihre Feinde scheitern.

Doch so, wie wir mit unserem Sehnen nach einem Traum den Traum anlocken, so ziehen wir negative Energien an, wenn wir uns auf unsere negativen Gefühle konzentrieren. Das Prinzip des Karma und das Gesetz von Ursache und Wirkung funktionieren ähnlich. Deshalb müssen wir auch kein unergründbares Geheimnis dahinter vermuten, wenn verantwortungsbewußten und redlichen Menschen etwas Ungehöriges zustößt. Sie haben sich dann vielleicht zu sehr auf ihre Zweifel und Ängste konzentriert oder halten ihre Machtlosigkeit oder ihre Armut für schicksalsbedingt, anstatt fest an ihre eigenen Fähigkeiten und an ihr Recht auf Freude im Leben zu glauben. Wenn wir dagegen zutiefst danach streben, Vorurteilslosigkeit, Verständnis und Nächstenliebe in unseren Herzen zu bewahren und in unsere Träume einzuweben, ziehen wir die positiven Energien an, die uns das Vermögen geben, unser Leben nach unseren Träumen zu gestalten.

Ganz gleich, welche Wünsche wir in unseren Herzen hegen, ob gute oder schlechte für uns selbst oder für andere, sie fallen am Ende immer auf uns selbst zurück. Die Delfine haben die Möglichkeiten dieses Prinzips verinnerlicht. Deshalb entscheiden sie sich für die Macht der Liebe, halten sie in ihrem Herzen wach und senden sie jederzeit und überall aus. Mit ihrem Gebaren bringen sie eine Freude in die Welt, die zeigt, wie viel Kraft im Sehnen und Streben liegt.

Strebe allein nach dem Guten für dich selbst und für andere.

DIE ZWEITE ERKENNTNIS

Stelle dich deinen Träumen

Finde den Weg zu deinen Träumen
und begegne ihnen dort.

Die zweite Lehre der Delfine heißt: *Sei präsent und stelle dich deinen Träumen, wenn sie auf dich zukommen, damit du sie nicht verpasst.* Diese Lebensregel führten die Delfine mir schon bei unseren ersten Begegnungen vor Augen, und sie wurde mir bei vielen späteren Erlebnissen immer wieder neu ins Bewusstsein gerufen.

Diese Einsicht half mir, einen entscheidenden Faktor, der mein bisheriges Leben geprägt hatte, zu erkennen: Ich hatte es versäumt, mich meinen Träumen zu stellen. Die Delfine rüttelten mich wach, und erst jetzt sah ich all die Gründe, die Menschen wie mich davon abhielten, bereit zu sein, wenn Träume sich verwirklichen können.

Stelle dich den Herausforderungen

An einem der Tage, an dem ich mich unweigerlich zur Bucht hingezogen fühlte, folgte ich dem Ruf der Delfine, um da zu sein, ganz gleich, was geschehen würde. Kaum war ich angekommen und ins Wasser gestiegen, nahm einer der jungen Delfine Kontakt mit mir auf. Die ganze Zeit über, die ich im Wasser verweilte, gaben wir uns Lautzeichen. Doch sowohl er wie auch die anderen Meeressäuger kamen kein einziges Mal so nah heran, dass ich sie sehen oder mit ihnen spielen konnte. Schließlich wurde mir kalt, ich gab auf und schwamm zum Ufer zurück. Ich war gerade dort angekommen, als die Delfine in lautes Geschnatter ausbrachen und mir damit sagten, dass ich mich wohl ein wenig mehr anstrengen müsse. Ich nahm die Herausforderung wie eine Übung an, obwohl meine Lippen schon blau angelaufen waren, und ging wieder ins Wasser zurück. Doch sie führten mich weiter an der Nase herum und ließen mich ziemlich weit schwimmen.

Nachdem ich länger als sonst im Wasser ausgehalten hatte, wurde ich von den Delfinen mit einem ganz besonderen Schwimmerlebnis belohnt: Eine Dreiviertelstunde lang kreisten sie immer wieder um mich herum. Ich war über mein Durchhaltevermögen überglücklich. Nur zu gut erinnerte ich mich an die vielen Gelegenheiten, bei denen ich mir selbst nicht genug Schwung und Motivation gegeben hatte, um zu weiterführenden Begegnungen zu kommen. Am Ende übermittelten sie mir, dass ich am nächsten Tag eine Kamera und noch mehr Geduld mitbringen sollte. Ich nahm diese Botschaft ernst, wurde am nächsten Tag mit gestochen scharfen Fotos von Delfinen belohnt. Mit Sicherheit verdankte ich das intensivere Wahrnehmen meiner neuen Einstellung: Ich gab mir mehr Mühe, mich den Delfinen zu stellen.

Ängste überwinden

An einem anderen Tag begann das Treffen mit den Delfinen damit, dass einige mich zu beiden Seiten flankierten und mit mir hinausschwammen. Es war aufregend, weil sie in dieser Formation höchst selten neben mir herglitten. So eskortierten sie mich eine Weile direkt ins offene Meer hinaus, bis ich schließlich Angst bekam, weil wir uns so weit vom Ufer entfernt hatten. Ich löste mich aus der Gruppe und blieb zurück. Schließlich beobachtete ich, dass sie sich auf eine andere Delfingruppe zubewegten, bei der ein noch ganz unsicheres Baby versuchsweise einen Sprung wagte. Ich hatte also ein wunderbares Erlebnis verpasst. Wieder einmal wurde mir schmerzlich bewusst, wie wichtig es ist, sich der Fülle des Lebens hinzugeben, auch wenn sie nicht sofort greifbar ist, anstatt sich von Ängsten und Zweifeln beherrschen oder blockieren zu lassen. Als ich zum Ufer schaute, merkte ich, dass wir gar nicht so weit hinausgeschwommen waren, wie es mir vorkam. Oft verzerren Ängste oder eine pessimistische Grundeinstellung die Wahrnehmung und hindern uns daran, ganz in das Leben einzusteigen.

Bequemlichkeit statt aktives Miteinander

Bei einer anderen Gelegenheit wollte ich mit dem Delfin, der mir das kleine Blatt in seinem Schnabel gezeigt hatte, noch einmal das Zuspielen ausprobieren. Ich fuhr also zur Bucht, nahm ein Teil einer Weinrebe mit, deren dünne Äste und Blätter zu einem offenen Kranz verschlungen waren, und ging damit ins Wasser. Weil aber kein Delfin in Sicht war, legte ich den Kranz auf das Wasser und überbrachte den Delfinen mental den Gedanken, dass sie ihn finden und zu mir bringen sollten. Bald darauf tauchten einige Delfine in der Bucht auf, schwammen aber nicht näher zu mir heran. Enttäuscht und vor Kälte zitternd verließ ich das Wasser. Kaum hatte ich am Strand meine Schwimmflossen und meinen Tauchanzug zur Hälfte ausgezogen, da schenkten mir die Delfine einen der ungewöhnlichsten Augenblicke.

Ich stand noch im seichten Uferwasser und die Wellen schwappten gegen meine Schienbeine. Plötzlich tauchten etwa dreißig Tiere auf und hüpften hintereinander, wie im Gänsemarsch, direkt auf mich zu. Jeder einzelne Delfin kam bis auf wenige Meter an mich heran, drehte vor mir eine Schraube, machte eine Neunzig-Grad-Wende und schwamm parallel zum Ufer an mir vorbei. Ein starker Impuls erreichte mich und ich verstand, dass sie den Kranz gefunden hatten, ihn mir aber nur zeigen würden, wenn ich noch einmal ins Wasser käme. Dieser wunderbare Reihen-Tanz erschien wie eine perfekte Choreographie zu Beethovens »Ode an die Freude«. Es war klar, die Delfine wollten mich damit verführen und bezaubern und mir signalisieren, zu ihnen zu kommen. Ich stand wie gelähmt im Wasser, hin und her gerissen zwischen meinem Wunsch, den Kranz zu sehen, und meiner Sehnsucht nach Wärme und Behaglichkeit. Außerdem brauchte ich wie immer eine Bestätigung. Ich war nicht eher bereit, noch einmal ins kalte Wasser zu steigen, bevor ich den Kranz gesehen hatte. Also blieb ich im Uferwasser stehen und versuchte, irgendein winziges Blatt oder einen zarten Ast bei ihnen zu entdecken, anstatt meinem inneren Drang zu folgen, ins Wasser zu tauchen und mich zu ihnen zu gesellen.

Als ich in meinem halb ausgezogenen Taucheranzug wie angewurzelt dort stand, wurde mir bewusst, dass ich hier ein besonderes Erlebnis versäumte, weil ich unfähig war, mich darauf einzulassen. Die Delfine tanzten weiter vor mir herum, als wollten sie sich geradezu lustig über mich machen. Doch ich reagierte noch immer nicht, und als der Tanz vorüber war, empfand ich ein starkes Verlustgefühl. Oft erinnere ich mich an diese Episode und frage mich, ob sie die Weinrebe wohl gefunden hatten. Ich hatte mir damals etwas sehr Wertvolles entgehen lassen, weil ich mich nicht auf ein Spiel einzulassen vermochte, dessen von mir erwarteter Ausgang nicht im Voraus bestätigt wurde. Jetzt erkannte ich, dass ich mich schon oft so verhalten hatte, und ich versprach, dass mir dies nie wieder passieren würde. Daran habe ich mich seither meistens gehalten. Nur höchst selten gebe ich noch meinen widerstrebenden Gefühlen nach. Immer wenn ich zögere, horche ich in mich hinein, hinterfrage mein Zaudern und versuche dann doch ein eindeutiges Wollen zu erkennen. Mit diesem Vorgehen kann ich auch mein Verhalten korrigieren. Die Folge ist, dass ich heute begierig in alle Lebenserfahrungen eintauche, die mir wertvoll erscheinen und die ich genießen möchte.

Als ich an jenem Tag begriff, dass ich die Chance, mit den Delfinen zu schwimmen, vertan hatte, sandte ich ihnen mental eine Botschaft. Ich bat sie, das Spiel ein anderes Mal mit mir fortzusetzen. In der darauffolgenden Woche kam ich wieder in die Bucht und sah die Delfine schon in Ufernähe herumspringen. Deutlich taten sie kund, dass sie zum Spielen aufgelegt waren. Ich stieg ins Wasser und sah kurz darauf einen Delfin heranschwimmen, um dessen Rückenflosse etwas Bräunliches hing. Erschreckt nahm ich an, er habe sich vielleicht in einem Netz verfangen, und signalisierte ihm, dass ich es mit seiner Erlaubnis entfernen könne. Daraufhin befreite er seine Flosse selbst von dem Gegenstand. Er vollzog das ganz demonstrativ vor meinen Augen. So konnte ich erkennen, dass es sich um ein Stück Stoff handelte. Ein anderer Delfin zog mit einer Plastiktüte über seiner rechten Brustfinne an mir vorbei. Dann setzte er sie auf die linke Finne, drehte um und glitt wieder an mir vorbei. Sie war einfach nicht zu übersehen. Danach nahm er die Tüte mit seiner Schwanzfluke auf und wedelte damit vor mir hin und her. Ich war sprachlos und verblüfft. Offenbar hatten die Delfine meine Bitte verstanden und boten mir nun Ersatzgegenstände zum Spielen an. Leider war ich – wie so oft in Gegenwart der Delfine – derart hypnotisiert, dass ich vergass, ein Foto zu machen. Erst, als sie schon fortschwammen, richtete ich meine Kamera hektisch auf den Delfin mit der Mülltüte und schoss ein ziemlich miserables Bild von diesem einzigartigen Moment.

Diese wichtige Lehre, sich dem Leben zu stellen, wurde mir später auf noch beeindruckendere Weise demonstriert. Eine sehr liebe Freundin von mir erkrankte schwer. Sie besuchte uns mit ihrem Ehemann, weil sie auf die heilende Energie der Delfine hoffte. Voller Elan besuchten wir die Bucht zwei Tage hintereinander, bekamen aber keinen einzigen Meeressäuger zu Gesicht. Ich war überrascht, denn ich glaubte, die Delfine würden meine Freundin genauso lieben wie ich und ihr gerne helfen. Als ich am dritten Morgen erwachte, vernahm ich einen starken Impuls. Es war, als sagten mir die Delfine, dass sie heute ein Erlebnis für uns bereithielten, dass meine Freundin aber lernen müsse, Geduld und Ausdauer zu haben. Wegen dieser mangelnden Eigenschaften hätten sie sich auch bislang noch nicht gezeigt. Manchmal hatte auch ich schon Sorge, dass meine Freundin zu schnell aufgeben könnte, anstatt den Kampf mit der Krankheit aufzunehmen und ihn möglicherweise zu gewinnen. Als wir in die Bucht kamen, hatten sich die Delfine bereits eine Zeit lang mit einer Gruppe Badender vergnügt. Schnell stiegen wir ins Wasser. Doch kaum waren wir dort, verschwanden die Tiere.

Nachdem ich aus Solidarität zu meiner Freundin so lange im Wasser geblieben war, wie ich es eben aushalten konnte, schwamm ich nur ungern zum Ufer zurück. Meine Freundin entschied sich, im Wasser zu bleiben, obwohl auch sie schon ziemlich fror. Es dauerte nicht lang, bis einige Delfine auftauchten, sie umkreisten und wieder verschwanden. Meine Freundin wartete geduldig weiter, und die Tiere kamen zurück, um sie diesmal länger zu umkreisen. Dann waren sie nicht mehr aufzufinden, kehrten aber bald zurück. Ich hatte meine Freundin noch nie mit einer so großen Standfestigkeit erlebt. Unwillkürlich dachte ich an die Botschaft, die ich morgens erhalten hatte. Für sie war es wichtig im Leben, ihre Ziele mit mehr Beharrlichkeit zu verfolgen. So hielt sie einige Stunden hartnäckig durch und wurde am Ende damit belohnt, dass über zwanzig Delfine eine Stunde lang mit ihr schwammen. Es war die wunderbarste Begegnung, die sie jemals mit Delfinen erlebt hatte. Meine Freundin erfuhr dabei, sich einer Herausforderung mit Zähigkeit zu stellen. Vielleicht hat diese Erfahrung ihr Leben letztlich gerettet.

Gemeinsamer Spaß entspannt vor der Arbeit

Ich fühlte mich unter Zeitdruck, weil der Abgabetermin für mein Buch immer näher rückte. Also konzentrierte ich mich auf die Arbeit und vernachlässigte die Aktivitäten, die mich regelmäßig mit neuer Energie auffüllten. An einem Morgen riefen die Delfine mich zum Spiel in die Bucht. Obwohl ich gerne auf sie gehört hätte, fühlte ich mich gezwungen, mich weiter mit meiner Arbeit zu beschäftigen. Nicht ohne kleine Tricksereien. So zog ich zunächst meinen Badeanzug an, setzte mich dann wieder an den Computer, um mich danach mit Sonnenmilch einzucremen. Schuldbewusst ging ich aber erneut an den Computer zurück. Später packte ich meine Schwimmausrüstung zusammen, ging zur Haustür, machte kehrt ins Arbeitszimmer und schrieb weiter. Um die Mittagszeit verspürte ich nur einen Gedanken: Ich hatte, so begriff ich schlagartig, die Geburt eines Delfinbabys verpasst. Einst äußerte ich gegenüber den Delfinen den Wunsch, mich ein einziges Mal dieses Ereignis miterleben zu lassen. Zutiefst bereute ich nun, diese Gelegenheit nicht wahrgenommen zu haben. Ich wusste, dass die Delfine mir diesen Säugling bei meinem nächsten Besuch zeigen würden.

Etwa einen Monat später kam ich wieder in die Bucht. Die Delfine waren bereits dort. Allerdings gab es nur eine nähere Begegnung. Wie ich es vorausgesehen hatte, zeigten mir eine Mutter und eine »Tante« ein etwa ein Monat altes Baby. Fasziniert erkannte ich, was mir die Delfine hier zur Schau stellten: Selbst die Arbeit an einem Buch über diese warmblütigen Säuger, das die Menschen eventuell sogar dazu bringen wird, sich mehr für den Schutz der Tiere einzusetzen, darf dem Spiel des Lebens nicht im Weg stehen. Zunächst erstaunte es mich, dass sie offensichtlich die Heiterkeit am Dasein über den Schutz ihres Lebens stellten. Doch später verstand ich den tiefen Sinn dieser Haltung immer besser.

An jenem Tag lernte ich, Pflichten und Freuden in meinem Leben besser auszubalancieren. Ich bestärkte mich darin, mich niemals von einer Arbeit, ganz gleich, wie wichtig sie mir erschien, gänzlich vereinnahmen zu lassen. Denn welchen Sinn hat das Leben ohne entsprechende Zeit für die Träume? Den Delfinen war es gelungen, mir die Augen zu öffnen. Um erfolgreich und glücklich zu leben, das verstand ich nun, ist es entscheidend, sich seinen Wünschen zu stellen.

Das Leben ist wie ein reich gedecktes Festtagsbuffet,
aber jeder muss selber zugreifen, um es zu genießen.

DIE DRITTE ERKENNTNIS

Konzentriere dich allein auf deine Träume

Konzentriere dich in jedem Moment auf das, was du willst, und lass dich nicht davon ablenken.

Als ich den Motivations-Trainer Wayne Dyer auf einer Kassette erklären hörte, man müsse die Wolken vom Himmel holen, fand ich das ein wenig schwülstig. Zwar leuchtete mir ein, was alles die Kraft des Willens im Verbund mit der physikalischen Energie bewerkstelligen kann, aber ich hielt so durchschnittliche Menschen wie mich selbst – oder auch Wayne Dyer – für unfähig, solche Ideen umzusetzen.

Aber warum eigentlich schloss ich diese Möglichkeit für mich aus? Warum wollte ich mich für das Gute einsetzen, um eine bessere Welt zu schaffen, verblieb aber zugleich auf dem Standpunkt, ohnehin völlig macht- und hilflos zu sein? Also kam ich eines Tages darin überein, so wie es Wayne Dyer empfohlen hatte, tatsächlich Wolken vom Himmel zu holen. Und überrascht über mich selbst, gelang es mir mehr als einmal, weiße Wölkchen aus dem klaren blauen Himmel zu mir zu ziehen.

Konzentriere dich allein auf deine Wünsche

So lernte ich, die Kraft meines Willens einzusetzen, um etwas, das ich mir wirklich wünschte, aus den Weiten unseres gemeinsamen Universums zu mir zu holen. Zuerst setzte ich mein neues Talent heimlich ein, um meinen Mann beim Backgammon-Spiel zu schlagen. Ich konzentrierte mich darauf, immer wieder einen Pasch zu würfeln, und immer wenn ich fest an meine Fähigkeit glaubte und mich von nichts ablenken ließ, gelang mir das erstaunlich oft. In diesen Momenten der absoluten Konzentration auf die eine Sache hatte ich zum Leidwesen meines Mannes richtiges Gewinnerglück.

Als ich dann an einem Tag in der Bucht schwamm, nahm ich mir vor, die Delfine auf die gleiche Weise aus ihrem tiefblauen Meer zu mir zu zaubern, wie ich den Würfeln einen Pasch entlockt hatte. Bei diesem ersten Versuch war ich ganz zentriert auf meinen Wunsch und erfüllt von einem ehrlichen Vertrauen auf den Erfolg. Innerhalb der nächsten zehn Minuten tauchten die Delfine tatsächlich auf. Obwohl ich im Grunde wusste, worin das Geheimnis bestand, verblüffte es mich doch, sie auf einmal vor mir zu sehen. Und ich betrachtete meine neue Realität mit einer Mischung aus Euphorie und Unglauben.

Eine Woche darauf bot sich mir die Gelegenheit, zu prüfen, ob ich die Delfine noch einmal anlocken konnte. Zu meiner Überraschung tauchten sie auch jetzt wieder auf, wenn auch nach etwas längerer Wartezeit als beim ersten Mal – vielleicht, weil ich befangener war und mich leise Zweifel beschlichen hatten, ob mir solch ein Kunststück noch einmal gelingen würde. Doch auch der zweite Erfolg machte mich noch nicht vollends sicher. Bei meinem dritten Versuch ließ ich mich morgens im Wasser der Bucht treiben und hielt Ausschau. Dabei stieg eine immer stärkere Angst in mir auf, dass ich das Experiment doch nicht zu wiederholen vermochte. Und natürlich gelang es mir nicht, auch nur einen einzigen Delfin zu mir zu locken. Also begann ich, an meinen ersten beiden Erfolgen zu zweifeln, und hielt das Auftauchen der Delfine für reinen Zufall. Nachdem dieses Gefühl der Unsicherheit einmal Besitz von mir ergriffen hatte, überkamen mich auch wieder die alten Zweifel an mir selbst, die lange mein Leben bestimmt und mir eine Reihe entmutigender Erfahrungen beschert hatten.

Urplötzlich erhielt ich einen besonders starken Gedankenimpuls, der mein Hineinfallenlassen in den Pessimismus auffing. Die Botschaft rief mir ins Gedächtnis, wie wichtig es sei, meine ganze Konzentration allein auf das zu richten, was ich mir zutiefst wünschte. Ich dürfte dem Zaudern keine Chance geben und mich nicht von Zerrissenheiten ablenken lassen.

Dieser klaren Mitteilung folgte eine ausführlichere Erklärung. Mir wurde gezeigt, wie oft wir zu Ungeduld und Bedenken neigen, auch wenn die Erfüllung unserer Erwartungen und Wünsche kurz bevorsteht. Doch immer, wenn die Unschlüssigkeit von unserem Bewusstsein Besitz ergreift, sind wir abgelenkt und zerstreut und zentrieren uns nicht mehr auf unser Ziel. Ein Traum kommt dann gleichsam vom Kurs ab, weil wir ihn nicht mehr magnetisch anziehen, und vielleicht erreicht er uns dann überhaupt nicht mehr. Wir selbst vertreiben ihn also gerade dadurch, dass wir ängstlich um seine Verwirklichung ringen. Wir dürfen uns nicht entmutigen lassen und niemals all unsere Träume aufgeben. Wir müssen lernen, ihnen die Zeit zu geben, die sie brauchen, um Wirklichkeit zu werden.

Die Menschen lassen sich mittels ihrer inneren Konflikte und labilen Empfindungen, ihrer negativen Gefühle und Vorurteile von der Realisierung ihrer Ziele abbringen. Mir erschien diese Botschaft sehr einsichtig. Ihre Wahrheit hatte sich auch in meinem Leben ausgewirkt. Als Kind und noch als junge Frau war es mir leicht gefallen, mich auf meine Träume einzulassen, und die meisten von ihnen hatte ich ohne große Überlegungen umgesetzt. Später jedoch durchlebte ich eine Reihe traumatischer Erfahrungen, die mir den Glauben nahmen, dass die guten Dinge des Lebens für mich bestimmt waren. Mir fiel es immer schwerer, an meinen Plänen festzuhalten und mich ernsthaft für sie einzusetzen. Immer mehr ließ ich mich von negativen Gedanken ablenken, bis ich schließlich fast ganz entmutigt war und mich nur noch auf meine Zwiespältigkeiten und Ängste einstellte.

Wenn ich meine Träume mit anderen Menschen teilte, kam deren Zögern zu meinem eigenen hinzu, so dass ich noch verzagter wurde. Ich grübelte zu sehr nach, warum sich ein Vorhaben nicht verwirklichen ließ und welche meiner Schwächen dafür verantwortlich waren. So realisierte ich immer das Gegenteil von dem, was ich mir wünschte: Meine eigentlichen Träume erfüllten sich nicht.

Die Macht des Zweifelns

Als ich die Botschaft der Delfine vernahm, erkannte ich, wie zerstörerisch das Zaudern sein kann. Es hat die Macht, jeden Entschluss zur Tat außer Kraft zu setzen und jede Bewegung auf unser Ziel hin zu lähmen – selbst dann, wenn ein Traum bereits auf dem Weg zur Erfüllung ist. Erst jetzt kam ich zu der Einsicht, wie sehr der Zweifel für das Scheitern verantwortlich ist.

Die positive Wirkung ausdauernder Konzentration

Nachdem ich die Botschaft der Delfine verinnerlicht hatte, versuchte ich sie umzusetzen. Ich stellte mir vor meinem inneren Auge genauestens vor, wie die Delfine aus den Tiefen des Ozeans auftauchten und ausgelassen mit mir spielten. Dieses Mal setzte ich mich über alle aufkommenden Widerstände hinweg und konzentrierte mich nur auf das Bild, das ich mir vorstellte. Nach wenigen Minuten hörte ich ein noch weit entferntes Delfinpfeifen. Zufrieden stellte ich fest, dass die Delfine offenbar auf dem Weg zu mir waren.

Ähnlich können unsere Träume schon auf dem Weg zu uns sein. Deshalb ist es so wichtig, Geduld zu haben und Träume nicht zu schnell aufzugeben. Dieser Gedanke bestärkte mich, so dass ich mich weitere zehn Minuten intensiv auf die Delfine konzentrierte. Als sie dann aber trotz meiner Zuversicht immer noch nicht bei mir waren, verließ mich mein Vertrauen ein wenig, und ich begann wieder zu zweifeln.

Meinen skeptischen Gefühlen stellte sich spontan ein weiterer starker Gedankenimpuls entgegen. Ich erhielt die Botschaft, dass das sehnlichst Erwünschte oft schon unterwegs, aber noch nicht in Sicht sei. Zwar gebe es Anzeichen einer baldigen Erfüllung – so wie in diesem Fall das ferne Delfinpfeifen –, aber niemals die Garantie der schnellen Verwirklichung. Ich aber solle mich weiter auf meinen Wunsch konzentrieren und mir nicht den Misserfolg vor Augen führen.

Zusammen mit dieser Botschaft erschien mir in meiner Wahrnehmung ein Bild: In diesem schwammen Delfine etwa ein bis zwei Kilometer entfernt von mir fröhlich in meine Richtung, der ausgesandten Energie meines Herzens entgegen. Das Bild zeigte mir dann auch, was geschehen würde, wenn ich aus Ungeduld die positive Kraft meines Wunsches durch die negative Kraft von Enttäuschung und Zweifel ersetzte. In einem solchen Fall würden die Delfine sich nicht länger von mir oder meiner Energie angezogen fühlen, ihren Kurs ändern und an irgendeinen anderen Ort schwimmen. Meine wichtigste Leistung bestünde darin, weiterhin fest an ihr Auftauchen zu glauben. Andernfalls würde unsere energetische Verbindung unterbrochen, und damit ginge meine Anziehungskraft verloren.

Ich fragte mich, wie oft ich im Leben die Wünsche, die bereits auf Kurs waren, durch die Energie des Zauderns abgestoßen hatte, und sie deshalb nicht in Erfüllung gegangen waren. Ich hatte in meinem Leben oft signalisiert bekommen, dass etwas Gutes auf mich zukam. Aber ich hatte die Zeichen nicht ernst genommen oder nicht begriffen, dass sie mir Mut zum Durchhalten machen sollten.

Dieses Mal wollte ich die Delfine nicht, wie andere Träume in meinem Leben, verlieren. Ich konzentrierte mich erneut mit aller Macht auf meinen Wunsch und sah vor meinem geistigen Auge, wie sie geradewegs auf mich zuschwammen. Dieses Bild hielt ich fest und richtete all mein Sehnen darauf, bis ich schließlich die Konturen der Delfinkörper aus dem tiefen Blau des Meeres auftauchen und sie fröhlich auf mich zukommen sah. Wir feierten unser Zusammensein regelrecht. Ausgelassen tollten wir herum, zwischendurch schnalzten, pfiffen und klickten sie immer wieder. Nach diesem Erlebnis stieg ich taumelnd aus dem Wasser und setzte mich mit einem Gefühl der Ehrfurcht vor dieser bewusstseinserweiternden Erfahrung an den Strand. Die Delfine hatten mir eindringlich vorgeführt, was ihre dritte Lebenserkenntnis besagt: Konzentriere dich allein auf deine Träume.

Mut beweisen

Bevor ich die oben beschriebene Erfahrung machte, hatte ich einmal einige Leute am Strand behaupten hören, dass sie die Delfine zu sich rufen könnten. Ich hatte mit intellektueller Verachtung reagiert und mich insgeheim über sie lustig gemacht. Obwohl ich mich dreißig Jahre lang mit den Ideen der Metaphysik beschäftigt hatte und an die unsichtbare Kraft des Willens glaubte, respektierte ich nicht, was diese Menschen erfahren hatten.

Dann erschien eines Tages eine sehr kluge, übersinnlich begabte Frau in der Bucht. Sie verkündete, dass sie die Delfine rufen werde. Dann ging sie hinunter ins Wasser, um wohlklingende Laute übers Meer zu schicken. Zwar hielten wir alle die Frau für ein wenig sonderbar, aber die Delfine erschienen innerhalb der nächsten Viertelstunde und sprangen ausgelassen um sie herum. Die Frau besuchte die Bucht den ganzen Sommer über, und die Delfine folgten fast immer ihrem Ruf. Obwohl ich ihren Erfolg vor Augen hatte, wagte ich es nicht, es selbst ausprobieren.

Selbst nachdem ich gelernt hatte, die Delfine zu rufen, hatte ich nicht die Courage, anderen davon zu erzählen. Doch an einem Tag, an dem die Tiere nicht in Sicht waren, fasste ich mir ein Herz. Ich schwamm zusammen mit einer Freundin in der Bucht und sagte ihr, dass ich die Delfine zu mir locken würde. Als sie dann wirklich auf meinen Ruf erschienen, waren wir beide ziemlich überrascht. Meine Freundin kommt noch heute auf diese Episode zu sprechen, so als wollte sie sich selbst noch einmal vergewissern, dass unser Erlebnis real war. Mir geht es ganz ähnlich. Das zeigt, wie sehr wir darauf programmiert sind, nicht an die Realität solcher Kräfte zu glauben.

Die spirituelle Meisterin Marianne Williamson weist immer wieder darauf hin, dass die Mehrheit der Menschen an diese übersinnlichen Phänomene glaubt, aber aus Angst vor Sticheleien nicht öffentlich dazu steht. Bei ihren Vortragsreisen hat sie oft bemerkt, dass das Publikum schweigt, wenn sich nur ein Zuhörer über das Thema lustig macht. Wenn sich aber mehrere Menschen zu ihrer Überzeugung bekennen, folgen andere und unterstützen sie. Auch viele religiöse Menschen halten die Gewissheit dieser Erscheinungen für unvereinbar mit ihren Glaubensgrundsätzen.

Es ist jedoch ungemein wichtig, dass wir an unsere Träume und die unsichtbaren Pfade glauben, auf denen sie sich verwirklichen. Denn nur dann setzen wir uns mit aller Kraft für sie ein und tragen so zu einer menschlicheren und heiteren Welt bei. Sind wir aber nicht von der verborgenen Macht des Lebens überzeugt, Träume wahr werden zu lassen, und geben mutlos auf, bleibt nur noch Verzweiflung. Dann kompensieren wir unsere Lebensenttäuschungen, indem wir beispielsweise neidisch auf die Stars der Film- und Fernsehwelt blicken, die in unseren irregeleiteten Augen ihre Träume verwirklicht haben. Schlimmstenfalls fallen wir in Depressionen, betäuben uns mit Drogen und Alkohol oder beginnen, andere zu hassen, und werden gewalttätig. Wer sich für seine Träume einsetzt, entdeckt erst sein persönliches Potenzial und wie viele Möglichkeiten er hat, Freude zu erfahren und seine Wünsche zu leben.

Stärke zeigen

Allmählich begriff ich, wie sehr mein Leben unter einer gewissen Inkonsequenz gelitten hatte. Wenn wir unsere Ziele im Leben nicht klar definieren, wird das Leben uns auch nicht zu ihnen bringen. Gestaltlose, passive und diffuse Sehnsüchte lassen sich nicht realisieren. Also ging ich mit vereinten Kräften gegen mein Unvermögen an, Ziele deutlich zu definieren, an und verwandelte meine Schwäche in Stärke. Dazu hielt ich mich an die von mir entwickelten Strategien und Übungen. Jedesmal, wenn ich sie vernachlässige, verschwimmen mir meine Ziele vor Augen, und meine Pläne erfüllen sich nicht zuverlässig. Wenn ich aber daran festhalte, geschehen bemerkenswerte Dinge.

Das Übungsprogramm kann nur wenige Minuten, aber auch mehrere Stunden in Anspruch nehmen. Ich befolge die einzelnen Schritte täglich nach einem festen Ablauf. Wenn ich einen vollen Terminkalender habe, widme ich dem Programm höchstens eine Stunde, meistens in einem Bereich meines Hauses, den ich zur Meditation vorgesehen habe. Allerdings ist es mir lieber, mehr Zeit zu haben und an einem meditativ inspirierenderen Ort zu sein, wo ich auch einen Spaziergang machen kann. Weil mir diese Übungen so viel Lebensfülle bescheren und eine energiesteigernde Wirkung zeigen, sind sie zu einem Bestandteil meines Tagesplans geworden, der keine besondere Disziplin erfordert. Im Folgenden erkläre ich die einzelnen Schritte. Die Reihenfolge habe ich nach meinen Erfahrungen festgelegt. Jeder sollte die Übungen allerdings nach seinen individuellen Bedürfnissen gestalten.

Definieren Sie Ihre Träume. Um Ihre Träume wach und voller Energie zu halten, sollten Sie jeden Tag damit beginnen, eine Liste zu erstellen, in die Sie eintragen, was geschehen soll, wann genau es passieren soll und wie es dann realisiert werden kann. Schreiben Sie außerdem täglich, wöchentlich oder mindestens einmal monatlich auf, welche Ziele Sie in diesem Monat, Jahr oder sogar in den nächsten Jahren verfolgen wollen. Indem Sie sich bei diesen täglichen Schreibübungen auf Ihre Ziele konzentrieren, geben Sie sich einen Energieschub, und Sie freuen sich mit Spannung und Optimismus darauf, die Wünsche zu verwirklichen. Sie mobilisieren Ihren Geist und schauen glücklicher und hoffnungsfroher in die Zukunft, wenn Sie regelmäßig Ihre Träume benennen und sich für die Möglichkeit öffnen, dass sie wahr werden können.

Wann immer Sie unsicher und ängstlich werden und Ihre Ziele sich verlieren, sollten Sie einen Moment innehalten. Halten Sie bewusst Ihren mentalen und emotionalen Zustand fest, erfassen Sie Ihre vorhandene Energie und horchen Sie in sich hinein, um Ihre Ängste und Vorbehalte zu lokalisieren. Dies ist ein wichtiger Schritt, denn die Angst vor möglichen Enttäuschungen hindert uns oft daran, Pläne und Träume zu definieren. Es ist auch sehr hilfreich, sich ganz konkret vorzustellen, einen Zauberstab zu besitzen, eine gute Schutzfee oder einen wohlwollenden Gönner zur Seite zu haben, der uns alle Mittel zur Verwirklichung unserer kühnsten Träume zur Verfügung stellt. Bedienen Sie sich ruhig dieser Hilfe, um sich von der Angst vor dem Scheitern zu befreien. Dann werden Ihre Träume schärfere Konturen bekommen und greifbarer für Sie werden.

Das Aufschreiben hilft Ihnen, Ihre Gedanken und Gefühle konkret zu definieren. So tritt Ihr Traum aus Ihnen heraus und nimmt auf dem Papier Gestalt an.

Protokollieren Sie alle Einzelheiten. Nachdem Sie Ihre Ziele klar definiert haben, beschreiben Sie auch die Details in Ihrem Tagebuch. Legen Sie dabei die einzelnen Schritte zur Realisierung Ihres Vorhabens fest und schreiben Sie diese nieder. Als Nächstes stellen Sie sich vor, wie es sein wird, wenn Sie Ihren Traum verwirklicht haben. Nehmen Sie sich Zeit, dieses Gefühl ausgiebig zu genießen. Das Protokollieren oder Aufschreiben Ihrer Ziele kann in ganz verschiedenen Formen geschehen: als Tagebucheintrag, als Projektliste, als Zeitplan erwünschter Ereignisse, als Traumprotokoll oder als Brief an einen spirituellen Führer oder Gott. Sie können auch Bilder von Ihren Träumen malen oder eine Pinnwand Ihrer Träume mit ausgeschnittenen Fotos erstellen. Richten Sie Ihre Kraft, während Sie Ihre Träume malen, aufschreiben oder ausschneiden, ganz auf die Sehnsucht in Ihrem Herzen und lenken Sie diese positive Energie auf die zellulären Prozesse in Ihrem Körper.

Erstellen Sie eine Pinnwand Ihrer Träume. Pinnwände zur Visualisierung von Träumen sind ein sehr wirkungsvolles Mittel. Sie können sie mit Bildern, Wörtern und anderen Symbolen füllen, die Ihre Träume auf irgendeine Art wiedergeben. Immer wenn Sie diese Wand dann betrachten, geraten Sie innerlich in Bewegung, und Ihre Träume dringen in Ihr machtvolles Unterbewusstsein ein, das unermüdlich Tag und Nacht daran arbeitet, sie zu realisieren. Die Kraft dieser Visualisierung und die durch sie stimulierte Konzentration des Bewusstseins sowie des Unterbewusstseins auf unsere Lebenspläne wurden mir einmal auf beeindruckende Weise demonstriert. Ich hatte ziemlich wahllos eine Traumwand zusammengestellt und hinter meinem Computer angebracht. Ein halbes Jahr später kehrte ich von einer Reise zurück, zu der ich eigentlich gar nicht hatte aufbrechen wollen. Ich warf einen kurzen Blick auf meine Traumwand und bemerkte verblüfft, dass ein Foto meines eben bereisten Ortes an ihr steckte und genau darüber das Bild eines Flugzeugs. Ich schaute mir die Wand aufmerksamer an und erkannte, dass sich in meinem Dasein zwischenzeitlich Erlebnisse verwirklicht hatten, auf die sich die Hälfte der Bilder auf der Wand bezog. Daraufhin entfernte ich diese und alle anderen Abbilder, die zwar für etwaige Wünsche standen, die ich aber im Grunde meines Herzen nicht wirklich realisiert haben wollte, und ersetzte sie durch Bildnisse meiner wahren Träume. Im nächsten halben Jahr gelang es mir, fast alle der fünfzehn auf meiner Tafel visualisierten Wünsche zu erfüllen. Seither sorge ich gewissenhaft dafür, meine Traumwand mit den Bildern und Symbolen meiner echten Wünsche ständig auf dem neuesten Stand zu halten.

Sehnen Sie sich aktiv nach jedem einzelnen Traum. Nehmen Sie sich bei diesem Schritt die Zeit, sich jeden einzelnen definierten Traum lebendig vor Augen zu führen. Stellen Sie sich das ersehnte Ereignis oder die ersehnte Person bildhaft vor und versuchen Sie, das Sehnsuchtsgefühl bewusst in Ihrem Herzen zu spüren. Stellen Sie sich dann vor, wie der Traum sich auf Sie zubewegt, während Ihr Verlangen immer intensiver wird. In dieser Phase des aktiven Wünschens, in der Sie den Traum mental zu sich ziehen, fühlen Sie immer mehr Erregung in Ihrem Herzen, denn Sie und Ihr Traum rücken näher zusammen.

Geben Sie in dieser Übung Ihrem Wünschen nach. Lassen Sie es immer intensiver werden, so wie das Gefühl heftig entbrannter Liebe zu einer geliebten Person oder wie das Drängen eines Kindes nach der Puppe im Schaufenster des Spielzeugladens. In dieser Energie des Begehrens steckt die Kraft, die Ihre Gefühle in die Welt hinaus und auf das erwünschte Ereignis oder die begehrte Person projiziert. Damit ziehen Sie das Ereignis oder die Person zu sich in Ihren Geist und Ihr Herz und beeinflussen sie, auch auf Sie positiv zu reagieren.

Durch bewusstes Konzentrieren verstärken Sie die magnetische Kraft Ihres Sehnens. Und wenn sich das Gefühl der Anspannung in Ihnen aufbaut, können Sie Ihren Traum für einen Moment aus der Zukunft in Ihre Gegenwart holen. Genießen Sie diesen Moment ausgiebig, bevor Sie die Visualisierung beenden.

Diese Übung können Sie beispielsweise vor einer Meditation oder während eines Spaziergangs durchführen.

Nehmen Sie sich Zeit zum Meditieren. Nachdem Sie einen Traum klar umrissen haben und Ihr Herz von Sehnsuchtsenergie erfüllt ist, nehmen Sie sich die Zeit zur Meditation. Werden Sie ganz ruhig und formulieren Sie Ihre Wünsche auch spirituell. Schicken Sie Ihre Gedanken auf einem Lichtstrahl zu Gott oder Ihren spirituellen Schutzgeistern. Stellen Sie sich bildlich vor, dass Ihnen Schutzgeister zur Seite stehen, die Ihnen Kraft, Mut und Hoffnung zukommen lassen. Danken Sie ihnen für die Liebe und für alle Träume, die Sie bisher verwirklichen konnten.

Beziehen Sie Ihre Familie und Freunde, alle Menschen und Spezies, die Erde, ihre spirituellen Führer und das ganze Universum in Ihre Meditationen ein. Das wirkt nicht nur positiv auf jene, an die Sie denken, sondern weitet insgesamt Ihr Herz und steigert die Kraft, mit der Sie an Ihren Vorhaben arbeiten. Die Meditation kann zwanzig Minuten oder auch länger dauern. Wenn möglich, meditieren Sie in einer Gruppe unter Anleitung von Menschen, die viel Liebe und Vertrauen genießen. Das gemeinsame Schwimmen und Atmen verleiht auch den Delfinen mehr Stärke im Leben.

Atmen Sie bewusster. Obwohl das bewusste Atmen bei allen Methoden zur Ermutigung und Entwicklung der Persönlichkeit eine wesentliche Rolle spielt, habe ich es, wie viele Menschen unserer westlichen Kultur, nie besonders beachtet. Doch als ich über die Delfine lernte, dass sie sich zusammenfinden, um sich durch synchrones Atmen in einen meditativen Zustand zu versetzen, änderte ich meine Einstellung. Sie haben mir gezeigt, wie leicht es sein kann, bewusst zu atmen.

Am Anfang stelle ich mir vor, dass ich mit meinem Atemzug einen süßen, aromatischen Duft aus der Luft in meinen Körper einsauge. Blumen, Räucherstäbchen oder Heilöle, die bei der Aromatherapie eingesetzt werden, sind ein gutes Hilfsmittel bei der Visualisierung dieser Vorstellung. Dann versuche ich diese Essenz zu riechen, ziehe sie durch die Nase ein und simultan in mein Herz. Langsam dehnt sich der duftige Atem bis auf den Grund meines Herzens aus und weckt die dort schlummernden Sehnsuchtsgefühle. Zuweilen gilt mein Sehnen dann allein der Einheit mit Gott, doch meistens schließt es auch meine konkreten Träume ein. Hat der Atemhauch mein Herz zärtlich gestreichelt, erlaube ich ihm, umzukehren. Sanft, fast liebkosend, entschwindet er durch mein Herz und meine Nase.

Nach diesem Atemzug spüre ich den nächsten Himmelsduft auf, sauge ihn in mich hinein und nehme wiederum seinen Wohlgeruch und sein zärtliches Streicheln wahr. So versuche ich fortwährend, möglichst bewusst ein- und auszuatmen, und im Laufe eines Tages konzentriere ich mich immer wieder darauf, meinen Atemzug sanft in mein Herz strömen zu lassen, um mein Sehnen regelmäßig zu aktivieren.

So schaffe ich es, ohne störende Instruktionen, wie »tief atmen«, »die Lunge füllen« oder »den Bauch heben«, automatisch bewusster zu atmen, da ich mehr von diesen himmlischen Essenzen in mich hineinsaugen möchte. Nachdem ich auf diese Weise zu atmen gelernt hatte, erschloss sich mir der Sinn jener Worte über Gott, »der dir so nah ist wie dein eigener Atem«. Ich frage mich, welche Rolle das meditative Atmen in der Evolution der Delfine spielen mag.

Verbinden Sie das bewusste Atmen mit der Sehnsucht. Oft konzentriere ich mich, während ich meine neue Atemtechnik anwende, konkret auf meine Sehnsüchte. Mein Herz wiegt sich in dieser sanften Liebkosung, und dadurch erreiche ich an diesen Tagen viel höhere Ebenen des Glücks und der Freude. Damit hängt wohl auch das Geheimnis der Delfine zusammen, wie sie es schaffen, in so steter Fröhlichkeit zu leben. Diese Übung ist für mich selbst der größte Energiespender. Je öfter ich sie durchführe, desto mehr Freude erfahre ich.

Schließen Sie Musik, Gesang und Tanz ein. Denn alle diese Lebensäußerungen erfüllen unsere Herzen mit Energie, mit Aufregung, Bewegung und Freude. Die Intensität unserer Sehnsucht und unsere Anziehungskraft nehmen ebenfalls zu. Deshalb sollten Sie sich bei Ihren Übungen von Musik begleiten lassen. Vielleicht möchten Sie auch lieber selber singen. Klassische und spirituelle Musik bergen sehr viel Kraft in sich, aber auch Poplieder, Folklore- oder Countrysongs helfen Ihnen, Ihren Traum zu sich hin zu fantasieren. Und wenn Sie zu den Klängen und Rhythmen tanzen, erhöhen Sie nochmals Ihre Attraktivität.

Gehen Sie spazieren oder treiben Sie Sport. Nachdem ich mein Tagebuch geführt und meditiert habe, mache ich meinen täglichen Spaziergang. So habe ich Bewegung an der frischen Luft und tanke Sauerstoff. Das fördert den Austausch von Energien und hilft uns, negative Gefühle loszulassen und positive aufzubauen. Während meines Spaziergangs horche ich in mein Herz hinein und versinnbildliche meine Träume. Wenn nötig, lasse ich negative Gefühle abfließen. Anstelle von Spaziergängen eignen sich ebenso gut andere Aktivitäten an der frischen Luft oder Sport.

Identifizieren Sie negative Energien und lassen Sie diese abfließen. Negative Gefühle wie Wut, Angst und Schmerz lenken uns von unseren Träumen ab. Sie ziehen oft alle Energie auf sich. Deshalb müssen wir uns von ihnen und der abstoßenden Kraft, die sie in uns aufbauen, befreien. Dazu setze ich meinen »Gefühlsscanner« ein. Mit ihm prüfe ich mein Energiesystem, um hinunterziehende Gefühle wie Beklommenheit, Nervosität, Aggressivität, Verletztheit, Kummer und alle weiteren emotionalen Blockaden, die sich der Realisierung meiner Träume in den Weg stellen, zu identifizieren und zu lokalisieren. Ich lasse sie aus meinem Energiesystem abfließen. Wie ich das mache, beschreibe ich im nächsten Kapitel im Zusammenhang mit der »Energie-Therapie«.

Befreit von diesen störenden Energien, entledige ich mich der emotionalen Blockaden, die mich an der Erfüllung meiner Pläne hinderten. Meine Energie fließt frei, ich fasse wieder Mut und kann mich so aktiv auf meine Wünsche konzentrieren. Die Wirkung wird durch meine kraftspendenden Spaziergänge und das beständige »Abzapfen« widerstrebender Energien intensiviert. Endorphine durchströmen meinen Körper, und ich fühle Stärke und Zuversicht für die Träume, die bereits unterwegs sind, und Dankbarkeit für die Träume, die sich bereits verwirklicht haben.

Seien Sie versöhnlich, anstatt in Zorn und Wut zu verharren. Halten Sie nicht krampfhaft an Ihrer Wut und Ihren Rachegedanken fest. Das wäre vergleichbar mit einem Verhalten, bei dem Sie Rattengift trinken und dann darauf warten, dass die Ratte stirbt. Wutgefühle zerstören mehr Sie selbst als das Objekt Ihres Unmutes. Außerdem verlieren Sie so stetig an Anziehungskraft, Sie zehren an Ihrer Gesundheit, untergraben Ihr Lebensglück und töten sich selbst innerlich ab. Obwohl ich das längst begriffen hatte, gab es immer wieder Situationen und Phasen, in denen ich Wut und Groll nicht einzudämmen vermochte. Manchmal konnte ich mich auch nicht darüber hinwegsetzen, weil ich ein Verhalten nicht akzeptieren wollte oder eine Person meine Grenzen zu sehr verletzte. Manchmal wurde ich meine Wut einfach aus lauter Wut nicht mehr los.

Doch jedesmal, wenn ich meiner Wut nachgab und erst nach langer Zeit mich von ihr löste, habe ich teuer dafür bezahlt. Ganz gleich, wie berechtigt ein Zorn sein mag, ich habe gelernt, diese Gefühle wie Giftmüll zu behandeln. Man muss sie so schnell wie möglich los werden, aber mit der richtigen Strategie.

Entscheiden Sie sich für das Glück. Mit der Zeit erkannte ich, dass sich die Delfine in meinen negativen Phasen, wenn sich Aggressivität, Vorurteilsdenken und Unversöhnlichkeit in mir breit machten, niemals näherten. Dagegen zog ich sie an, wenn ich mich frei und glücklich fühlte. Deshalb versuchte ich anfangs, meine negativen und unsicheren Gefühle zu verbergen. Doch bald stellte ich fest, dass ich aufrichtig sein musste, weil die Delfine mich aufgrund ihrer telepathischen Fähigkeiten durchschauten. Also konzentrierte ich mich einzig auf meine positiven Wünsche. So verbannte ich alle Gedanken an Dinge, die in meinem Leben keinen Raum bekommen sollten, schon gar nicht die damit verbundenen negativen Empfindungen. Als ich einmal gelernt hatte, mich jederzeit allein auf das zu konzentrieren, was ich wollte, fand ich es erstaunlich einfach, glücklich zu sein. Die Delfine hatten mir beigebracht, meine Anziehungskraft auf sie und auf meine Träume zu bewahren, indem ich mich schlichtweg dem Glücklichsein verpflichtete.

Seien Sie bereit. Um Träume zu realisieren, braucht es manchmal einen Schicksalswink. Seien Sie bereit, für Ihre Träume festgefahrene Grundsätze, Überzeugungen und Verhaltensmuster über Bord zu werfen. Vielleicht müssen Sie auch Ihre Lebensumstände verändern, um einem großen Traum in Ihrem Leben Platz zu schaffen. Wenn Sie sich beispielsweise nach einem neuen Job sehnen, mehr Geld verdienen möchten, viel fröhlicher leben wollen, hat das eventuell naheliegende Gründe: Ihr Job bietet Ihnen keine Zukunftsperspektiven, Sie haben über Ihre Verhältnisse gelebt oder Sie sind mitten in einer Beziehungskrise, stehen vor der Trennung und müssen umziehen. Das Schicksal scheint gegen Sie zu sein. Aber vielleicht gibt es Ihnen auch nur die Chance, die emotionale Enge und das überholte Verhaltensrepertoire in Ihrem Leben aufzubrechen, um Ihren Träumen mehr Raum zu bieten.

Schützen Sie Ihre Privatsphäre. Teilen Sie Ihre Träume mit lebensklugen, verständigen und aufrichtigen Familienmitgliedern, die fähig sind, Sie bei der Verwirklichung Ihrer Wünsche zu unterstützen. Das gibt Ihnen zusätzliche Kraft. Die Delfine ziehen großen Nutzen aus der Geschlossenheit ihrer Gemeinschaft und schaffen es aufgrund dieser Gruppensynergie leichter, Vorstellungen zu realisieren. Doch solange die Menschen nicht mehr Nächstenliebe füreinander entwickelt und gelernt haben, zu kooperieren anstatt zu konkurrieren, und bis Sie nicht einige wahrheitsliebende Menschen kennen, die Ihnen aufrichtig das Beste wünschen, sollten Sie Ihre Träume lieber für sich behalten. So müssen Sie sich nicht mit Zweifeln und Zwistigkeiten, Missgunst und Verachtung auseinander setzen, wenn Menschen Ihre Lebenspläne und Ideen und Ihre Fähigkeiten, sie umzusetzen, in Frage stellen.

Halten Sie durch. Wichtig ist, dass Sie Ihr »Traum-Konzentrations-Programm« täglich absolvieren. Denken Sie an die Delfine, die schon auf dem Weg zu mir, aber noch nicht angekommen waren. Genauso wird die Erfüllung Ihrer Träume vielleicht später als erhofft eintreten. Bewahren Sie Geduld, bleiben Sie zuversichtlich und arbeiten Sie an der Erweiterung Ihres Bewusstseins und an Ihrem höheren Selbst.

Seit ich diese Übungen fest in mein Leben integriert habe, ist meine Konzentrationsfähigkeit gestiegen. Dadurch wiederum empfinde ich in mir ein größeres Kraftpotenzial. Meine Wünsche und Träume erfüllen sich schneller – allerdings nicht immer in der Reihenfolge, die ich mir vorstelle, sondern abhängig von meiner Persönlichkeitsentwicklung und meinen Lebensumständen.

Zuversicht statt Zweifel

Manchmal dauert es lange, bis wir ein Ziel verwirklichen können, obwohl wir mit Hilfe der Konzentrationsübungen konsequent daran gearbeitet haben. Oft sind wir dann ganz verzweifelt. Wir verlieren den Glauben an unseren Traum und an unser Glück und fühlen uns vom Schicksal oder von Gott verlassen. Das ist jedoch die falsche Reaktion. Wenn wir uns der

Verzweiflung überlassen, verlieren wir auch den Glauben an uns selbst und das Vertrauen auf ein freundliches Universum, einen liebenden Gott oder eine positive Schicksalsmacht, die sich um uns ganz persönlich bemüht. Hoffnungslosigkeit führt zu Depressionen, und unsere Träume entgleiten uns. Es liegt nicht an der Gleichgültigkeit einer irgendwie gearteten Schicksalsmacht, wenn wir unsere Träume verlieren, sondern an uns selbst.

Immer, wenn es zu lange dauert, bis ein Wunsch in Erfüllung geht, sollten wir daran denken, dass wir noch mitten in einem Lernprozess stecken. Wir müssen erst in unserer realen Sphäre des Universums eine gute und göttliche Welt verwirklichen. Wir sollten also nicht unserem Schicksal die Verantwortung dafür übertragen, unsere Träume zu Realität werden zu lassen. Wir sollten uns auch nicht einreden, dass wir ohnehin machtlos sind, etwas zu verändern. In all diesen Phasen der Herausforderung sind Courage und Zuversicht statt Verzagtheit gefordert.

In den entmutigenden Phasen dürfen wir nicht unsicher werden und zweifeln, sondern wir müssen gerade an unserem Glauben an das vermeintlich Unmögliche festhalten. Dabei ist es nicht unbedingt erforderlich, aber oft hilfreich, an Gott oder die Göttlichkeit des Lebens zu glauben. Ich selbst stelle mir das wie folgt vor: Während wir in unserer Sphäre des Universums leben, haben wir die Möglichkeiten und die Entscheidungsfreiheit, mit Hilfe unserer Fähigkeiten ein Leben zu leben und eine Welt zu schaffen, wie wir es uns wünschen. Wann immer wir Gott um Hilfe bitten, wird er uns Kraft geben, unsere Fähigkeiten und Ideen weiter zu entwickeln. Ich selbst habe diese zusätzliche Kraft Gottes als Kind entdeckt, als ich mit meinen Vater auf einem Felsen fischte.

Ich wuchs in einem Elternhaus auf, das keine Religiosität oder Spiritualität kannte. Als kleines Mädchen las ich das Buch von *Heidi* und beneidete sie um ihre enge Beziehung zu Gott. Weil ich mich danach sehnte, so fest an Ihn zu glauben, wie Heidi es vermochte, wollte ich mit Ihm einen Handel eingehen. Die Gelegenheit kam, als ich einmal mit meinem Vater zum Angeln ging. In der Nähe unseres Zuhauses gab es Felsen, die sich zum Fischefangen gut eigneten, wenn man kein Anfänger war. Mein Vater zeigte mir, wie man die Angelschnur von dort gekonnt in die aufgewühlte See zu werfen hatte. Und als ich an der Reihe war, raunte ich Gott leise zu: »Wenn es Dich gibt, werde ich mit diesem Wurf einen Fisch fangen.« Der Handel war gewagt. Aber ich war mir sicher –

ich hatte ja *Heidi* gelesen –, dass Gott sich auch mir auf Anhieb würde offenbaren können. Mit einem tiefen Verlangen nach Gott in meinem Herzen warf ich die Schnur in den Ozean. Ich hielt meinen Atem an. Als ich die Schnur langsam einrollte, zog plötzlich etwas an ihr. Mein Vater dachte, dass ich mit meinem Wurf gerade einmal die Felsen erreicht und die Schnur sich dort verhakt hätte. Doch was war er verblüfft! Tatsächlich hatte sich ein kleiner Barrakuda an meinem Köder festgebissen. Ich schaute zu, wie mein Vater den Fisch vom Haken löste und in die See zurückwarf. Mein Herz klopfte. Gott hatte sich mir offenbart. Voller Ehrfurcht vor dem Wunder stand ich auf den Felsen und sah dem Barrakuda nach, der nun wieder in Freiheit war. Nach diesem Tag blieb Gott viele Jahre lang sicher in meinem Herzen, bis im Erwachsenenalter schmerzliche Erlebnisse mein Denken und Empfinden prägten, meinen Glauben erschütterten und ihn schließlich verdrängten.

Von dieser Felsen-Begegnung an bis hin zu der Zeit der traumatischen Erfahrungen trug ich Gott stets in mir und glaubte fest an das Gute im Leben. So schien sich alles zu verwirklichen, was ich mir wünschte. Träume wurden wahr und bereicherten mein Leben. Später ging mir Gott verloren und damit auch der Glaube an den göttlichen Wert des Lebens.

Ich war froh, als ich dann Gott wieder in mir zulassen konnte. Doch mein wiedergewonnener Glaube hatte nicht mehr die Unverbrüchlichkeit von damals. Zweifel verdunkelten mein Gottvertrauen. Unentwegt forderte ich Beweise, so wie ich es als Kind nicht anders getan hatte. Doch war ich nicht mehr so leicht zu überzeugen und verlangte, unzufrieden wie ich war, nach immer weiteren Bezeugungen. Die Delfine spielten bei meiner Suche nach diesen eine entscheidende Rolle. Für mich war es kein Zufall, dass sie in jener See schwammen, aus der ich so viele Jahre zuvor den alles beweisenden Barrakuda gezogen hatte.

In mir begann sich der Wunsch zu regen, ein Buch über Delfine zu schreiben. Ich entwarf ein Konzept für meine Agentin, das sie verschiedenen Verlagen anbot. Dann wollte ich zu einer Reise nach Tonga aufbrechen, um dort mit Freunden zu segeln und zu schnorcheln. Gleich dem Kind von damals wollte ich vor Reisebeginn Gott einen Handel anbieten. Nur versprach ich, es sollte der letzte sein. Danach würde ich niemals wieder nach einem Beweis trachten. Mein Angebot bestand darin, dass ich mein Buch über Delfine zu Ende schreiben würde, wenn ich mit Sicherheit von meiner Kommunikationsfähigkeit mit diesen großen Meeressäugern ausgehen könnte. Doch wollte ich zunächst eben dieses letzte Zeichen der Bestätigung. Als Beweis forderte ich eine Begegnung mit einem Wal auf Tonga. Mit Angst und zugleich Zuversicht in meinem Herzen begann ich von Tonga aus die zehntägige Segeltour. Die Walzeit war fast zu Ende; für meine Freunde war das unwichtig, da sie sich für diese Tiere kaum interessierten.

Nach wenigen Tagen kamen uns Berichte über ein zutrauliches Walkalb zu Ohren, das im Meer der bekannten Walkolonie von Tonga herumgesprungen war. Ihnen zufolge waren das Waljunge, seine Mutter und ihre Begleiterinnen noch die letzten in der Region verbliebenen Wale. Es war ja Saisonende. Ich meditierte und rief das Kalb mit der ganzen Energie meines Herzens zu mir. Überrascht verspürte ich auch eine Reaktion seinerseits. Es hatte ebenfalls den Wunsch, mit mir Kontakt aufzunehmen, mich zu sehen. Unsere Verbindungssehnsüchte beruhten auf Gegenseitigkeit. Zum ersten Mal konnte ich wirklich fühlen, wie das, wonach es mich zog, sich auch zu mir hingezogen fühlte – noch vor unserer Begegnung von Angesicht zu Angesicht. Ich war glücklich. Dieser tiefe Moment des gegenseitigen Begehrens gab mir die Gewissheit, dass wir uns treffen würden. Bei meiner Meditation begleitete mich das Bild des Kalbes, wie es am Bug unseres Schiffes aus den Wellen herausspringen würde.

Einige Tage später wurde erzählt, dass das Waljunge Ausflügler eines anderen Schiffes besucht hatte. Das machte mich ziemlich eifersüchtig. Zweifel überkamen mich, ob das Walkalb wirklich auf meine Meditation geantwortet hatte. Mit Hilfe weiterer Konzentrationsübungen verflüchtigten sich diese Ängste, und an ihre Stelle trat wieder meine alte Zuversicht. Das Kalb, davon war ich mehr denn je überzeugt, würde mich noch vor meiner Abreise besuchen.

Als Nächstes berichtete man uns bei einem Abendessen im Hunga-Bay-Restaurant, dass ein Junge tagsüber beim Schnorcheln in der Bucht ein lautes Pfeifen im Wasser gehört hatte. Als er dann in die Richtung des Lautes schaute, soll er das Kalb gesehen haben, wie es ihn direkt anblickte, so lange, bis die Walmutter erschien, um ihren geselligen Naseweis zurückzupfeifen.

Der Erzählung nach war das Kalb außerhalb der Hunga Bay gesichtet worden, und wir baten unseren Kapitän, morgen, am letzten Tag unserer Reise, diese Richtung einzuschlagen. Freundlich erklärte er uns, sie würde uns völlig vom Kurs abbringen und sei deshalb nicht möglich. Ich war sehr enttäuscht, aber noch nicht entmutigt. Ich hielt an meinem Traum fest und konzentrierte mich mit aller Kraft auf mein Ziel, so wie ich es von den Delfinen gelernt hatte. Als ich mich abends ins Bett legte und über das Walkalb meditierte, spürte ich wieder seine Gegenwart in meinem Herzen. Das bestärkte meine Zuversicht trotz der geringen Erfolgsaussichten. Beim Einschlafen konnte ich noch fühlen, wie seine Sehnsucht sanft durch mein Herz strich.

Am folgenden Morgen verließ unser Schiff die Bucht wie geplant. Wehmütig schaute ich nach rechts. Sofort erblickte ich eine kleine weiße Fontäne, die ich als Atemwolke eines Babywales ausmachte, etwa hundert Meter von uns entfernt. Mein Herz klopfte wie wild. Unser freundlicher Kapitän zeigte sich bereit, den Kurs zu ändern. Langsam und vorsichtig glitt das Schiff zu jener Stelle im Wasser, wo wir das Kalb vermuteten. Die Hälfte der Strecke hatten wir hinter uns, als es plötzlich sechs Meter vor unserem Bug mit dem ganzen Körper durch die Wellen brach. Ich saß am Bug und bekam einen solchen Schrecken, dass ich aufschrie. Kurz darauf erschien es mit seiner Mutter; gemeinsam schwammen sie unter unser Schiff und tauchten an der anderen Seite wieder auf. Dort schlossen sie sich ihrer Gruppe an, die dann gemächlich an der Wasseroberfläche vor uns entlangglitt. Wir folgten ihnen in einiger Entfernung.

Es faszinierte mich, mit welchem Erfolg ich die Ratschläge der Delfine umsetzen konnte. Aber für mich stand auch fest, dass Gott mir wieder ein Zeichen geschickt hatte – nur dieses Mal keinen Barrakuda, sondern einen Wal, und mit ihm war mein Glaube wieder hergestellt. Ich hatte erkannt, dass jedwede Überzeugung und jedwedes Vertrauen nicht ohne eine gewisse Standhaftigkeit auskommt, ganz gleich, ob es nur wenige oder erst gar keine Zeichen gibt. Darin liegt der Schlüssel zur Verwirklichung unserer Träume.

Ich hielt mein Versprechen, beendete das Buch, bewahrte meinen Glauben und brauchte nie wieder Zeichen und Beweise.

Du kannst deine Träume manifestieren,
wenn du sie im Feuer deines Herzens hältst,
das du mit deiner Zuversicht anfachst.

DIE VIERTE ERKENNTNIS

Wirke anziehend auf deine Träume

Verführe deinen Traum wie deine Liebe.

Um unsere Ziele und Wünsche auf den Weg zu uns zu bringen, müssen wir uns bemühen, Anziehungskraft auf sie auszuüben – und zwar mit dem gleichen Einsatz, den wir an den Tag legen, wenn wir die Aufmerksamkeit eines geliebten Menschen auf uns ziehen wollen. Diese Erkenntnis kam mir erstmalig zu Bewusstsein, als die Delfine unsere erste Begegnung hinauszögerten, und ich lernen musste, reizvoller auf sie zu wirken. In den folgenden Jahren gaben sie mir immer wieder zu verstehen, wie wichtig es ist, eine gewinnende Ausstrahlung zu entwickeln. Dies war ihre vierte Lehre zur Verwirklichung unserer Träume.

Wirke attraktiv auf deine Welt

An diese Einsicht wurde ich besonders deutlich gemahnt, als ich mit ansehen musste, wie die Begegnungen mit den Delfinen kommerzialisiert wurden. Regelrechte Wut machte sich in mir breit. Ein Bus nach dem anderen lud Besucherscharen in unserer Bucht ab. Viele dieser »Flipper-Touristen« jagten völlig gedanken- und rücksichtslos hinter den Tieren her. Oft überholten sich die Menschen auf dreiste Weise, um schneller und näher an die Tiere heranzukommen.

Als ich mich an einem dieser Tage ganz besonders über die Leute ärgerte, schwamm mein Leitdelfin auf mich zu und umkreiste mich mehrmals mit geschlossenen Augen. Dabei bekam ich einen Impuls, der gleichbedeutend mit einer Botschaft war: Die Delfine, so wurde mir versichert, bekämen das Problem mit den Besuchern allein in den Griff und benötigten meine Hilfe nicht. Auch wenn viele Menschen in die Bucht kämen – selbst wenn sie sich unerhört benähmen –, böte sich den Delfinen die Chance, auch diese Menschen zu sensibilisieren und deren Bewusstsein zu erweitern. Nur so könnten sie Einfluss auf unsere Spezies nehmen und sie dazu bewegen, fürsorglicher und bedachtsamer mit der Erde und ihren Bewohnern umzugehen. Die Delfine wollten also nicht beschützt werden, sondern suchten die Auseinandersetzung mit den Menschen. Sie wollten auch nicht, dass Menschen wie ich sich um ihretwillen ärgerten, denn die Wut würde nur dazu beitragen, die negative Energie in der Welt zu vermehren.

So deutlich haben mich die Delfine bislang nie wieder zurechtgewiesen. Später erfuhr ich, dass die größte Besuchergruppe an jenem Tag aus Japan kam, von einer Organisation, die sich in ihrem Land – in dem es immer noch üblich ist, Wale zu töten und zu essen – für den Schutz von Delfinen und Walen einsetzte.

An einem anderen Tag versammelten sich die Tiere leise und mit einer gewissen Ernsthaftigkeit um mich herum. Ich erhielt wieder die Botschaft, dass mein innerer Drang, die Delfine zu schützen, für mich und unseren Planeten von großem Wert sei. Doch damit, dass ich mich über andere verdrieße, sie verurteile, mich selbst überlegen fühle und von den anderen absetze, würde ich weder mir noch den Delfinen nützen. Ich würde dadurch nicht nur mein Herz mit Wut blockieren, sondern zudem negative Energien in ihre Bucht und ihre Welt senden. Diese unattraktiven Energien würden die Ziele der Delfine sogar stärker behindern als das grobe Verhalten der naiven, hinter ihnen herhechtenden Schwimmer.

In einer weiteren Botschaft wurde mir geraten, die Delfine genauestens zu beobachten. Dann würden sie mir Wege zeigen, schwierige Situationen mit mehr Gelassenheit und größerer Klugheit zu meistern. So konnte ich beispielsweise feststellen, dass sie aufdringliche Besucher oft derart lange an der Nase herumführten, bis sie vor Erschöpfung kaum noch nach Luft schnappen konnten. Andere Schwimmer wiederum wurden völlig ignoriert. Die Delfine besaßen die Fähigkeit, mit jedem Menschen individuell zu verfahren, je nachdem, was die jeweilige Person an Lernpensum nachzuholen hatte. Dabei zeigten sie sich niemals verstimmt oder aufgebracht.

Ich erinnerte mich, wie oft sich die Delfine telepathisch in die Streitereien zwischen mir und meinem Mann und in unsere negativen Gedanken eingeschaltet hatten. Meistens reagierten sie mit sofortigem Schweigen, manchmal übermittelten sie mir deutlich, dass mein Verhalten sie verletzte. Wenn ihnen meine Wertungen und Urteile zu grob waren, tauchten sie ab. Ihr Beispiel lehrte mich, immer liebenswürdig und freundlich zu bleiben, aber zu verschwinden, sobald negative Energien einen Raum beherrschen.

Außerdem zeigten sie mir die ständige Möglichkeit eines zweiten Versuchs. Die Delfine handeln nicht anders – sie geben den Menschen fast immer eine zweite Chance. Wenn sie anfänglich nicht bereit sind, noch einmal auf einen Menschen zuzugehen, halten sie freundlich Distanz. Auf diese Weise bekommt ein Mensch, der ihre Grenze verletzt hat, die Möglichkeit und auch die Zeit, sich selbst seines Irrtums oder Fehlverhaltens bewusst zu werden. Dabei, so suggerierten mir die Delfine, kann es nicht meine Aufgabe sein, als »persönliche Polizei« der Meeressäuger aufzutreten. Meine einzige Aufgabe sei es, jederzeit Liebe aus meinem Herzen strömen zu lassen, ungeachtet dessen, wie andere Menschen sich verhalten. Nur das gebe mir die Freiheit, mit beständiger Herzenswärme positive Wünsche in die Welt zu tragen.

Die Offenbarung dieser Lehre geschah kurz darauf vor meinen Augen. Ein Delfin führte einen militanten Schwimmer spielend an der Nase herum, indem er sich seinen Zudringlichkeiten kurz vor der tatsächlichen Berührung immer wieder entzog, doch stets zu ihm zurückkehrte. Ich spürte, diese ausgelassene Spielgeste war nicht an den aufdringlichen Schwimmer, sondern an mich gerichtet. Sie sollte mir zu verstehen geben, dass Wut die falsche Reaktion auf nervende Menschen war. Die Geste tat mir gut, weil die Delfine mich den ganzen Tag über hartnäckig ignoriert hatten. Ich wußte auch, warum – ich war über das mich störende Verhalten der Schwimmer gereizt. In dem Moment, als ich die Botschaft des Delfins verstand, schwamm er nun munter unter mir her, schaute mir direkt in die Augen und sandte mir aus der Tiefe eine große Luftblase. Als sie in einem genau bemessenen Winkel zu mir heraufschwebte, streckte ich mich nach ihr aus, um sie vorsichtig mit meinen Händen zu umfassen. Ich wollte ihm diese verformbare und zugleich stabile Blase langsam zurückschieben, wie ich es einst in einem Video gesehen hatten, in dem junge Delfine mit einer solchen Luftblase Ball spielten.

Doch als ich sie fast erreicht hatte, kam mir ein rücksichtsloser Schwimmer zuvor, stach seinen Finger hinein und brachte sie zum Platzen. Es war das erste Mal, dass ein frei lebender Delfin vor mir und für mich eine Luftblase geformt hatte. Anschließend hatte ich große Mühe, an meiner neuen Herzenseinsicht, für die ich gerade mit der Luftblase belohnt worden war, festzuhalten. Der innere Kampf war nicht gering, doch obsiegte der Gedanke, Liebe und nicht Ärger in den Ozean auszustrahlen, um wenigstens den Delfinen einen Gefallen zu tun. Wer will schon in einer Bucht schwimmen, die mit meinem Ärger verseucht ist! Mein mühsam abgerungenes Denken wurde mit einem Versprechen ihrerseits belohnt: Ich sollte noch ganz viele Luftringe bekommen. Es war also klüger, diese eine zerstörte Luftblase getrost zu vergessen, anstatt durch sie eine negative Stimmung aufzubauen und an Anziehungskraft für die Delfine zu verlieren.

An diesem Tag begriff ich, wie viel negative Energie durch Wutausbrüche und empörtes Verhalten in die Welt entladen wird, auch wenn die Gründe für den Ärger noch so berechtigt sein mögen. Die düstere Energie stößt nicht nur alles Positive ab, sie durchdringt und verletzt auf ihrem Weg alles und jeden – mich eingeschlossen. Deshalb haben alle Religionsstifter vom Anbeginn der Zeiten gelehrt, dass allein die Liebe uns weiter bringt. Diese alte Lehre wurde mir nun neu und lebendig vorgeführt. Ich versuchte mir eine Welt vorzustellen, in der der Weg des Herzens praktiziert würde. Es fiel mir nicht leicht, mir auszumalen, auch meinem Feind die Wange zum Kusse hinzuhalten, geschweige ihn selbst zu küssen.

Wenn es mir gelänge, mich so wie die Delfine zu verhalten und in allen Situationen Wohlwollen und Entgegenkommen zu bewahren, würde ich meine Träume anziehen und meiner wahren Aufgabe gerecht werden, allzeit Liebe auszusenden. Könnten wir die Idee kollektiv umsetzen – der Himmel auf Erden wäre zum Greifen nah. Niemals sollten wir aber davon ausgehen, dass wir dazu unfähig seien. Die Delfine erreichen dieses Ziel ein paar Meilen vor unseren Küsten – anscheinend mit Leichtigkeit und Spaß.

Barrieren durchbrechen und die Anziehungskraft stärken

Mein Ziel stand mir nun deutlich vor Augen. Doch wie sollte ich all die Hindernisse und inneren Blockaden überwinden, die meine Anziehungskraft schwächten? Es war mir nach den traumatischen Erfahrungen, die ich als junge Frau durchlebte, sehr schwer gefallen, wieder einen Reiz auf meine Träume auszuüben. Ich musste einen Weg finden, die schmerzlichen Folgen dieser Erlebnisse zu heilen. Ich musste lernen, die in mir entstandene grundsätzliche Angst zu überwinden, unfähig zu sein, die guten Dinge des Lebens zu verwirklichen. Ich musste die Wut, die sich in mein Herz geschlichen hatte, loslassen. Es war mir klar, dass ich einen regelrechten Kampf auszufechten hatte. Denn in dreißig Jahren Therapiearbeit hatte ich gelernt, dass alle Ängste, Probleme und starren Grenzen, die Menschen im Laufe ihres Lebens entwickeln, auf die nicht verheilten Wunden verdrängter traumatischer Erfahrungen zurückzuführen sind.

Eine Antwort auf die Frage, wie ich und andere diese alten Wunden vielleicht heilen könnten, fand ich, als ich die »Energie-Therapie« kennen lernte.

Die »Energie-Therapie«

Die Methode, die der kraftgebenden »Energie-Therapie« zu Grunde liegt, wird auch häufig mit dem Wort »Abzapfen« umschrieben. Sogar die Psychologie hat diese Form der Aufarbeitung in jüngster Zeit entdeckt. Sie funktioniert ähnlich wie das Heilverfahren der Delfine. Die Therapie bewirkt, dass die aus alten traumatischen Erlebnissen angestaute Energie zusammen mit dem daraus entstandenen emotionalen Ballast, den Ängsten, seelischen Verletzungen und Leiden schlagartig freigesetzt wird. Immer, wenn diese aufgestaute Energie durch ein Erlebnis, das an ein altes Trauma erinnert, neu stimuliert wird, droht eine emotionale Überreaktion. Meistens verhalten wir uns dann wie damals, als wir jünger waren und uns der furchtbaren Erfahrung hilflos ausgesetzt fühlten. Wütend und gereizt ziehen wir uns in eine defensive Abwehrhaltung zurück.

Die aufgestaute, lähmende Energie blockiert die Vorwärtsbewegung in unserem Leben. Deswegen müssen wir sie freisetzen, um das Lebensgefühl, das wir vor den traumatischen Erlebnissen hatten, wiederzugewinnen. Wir fühlen uns dann so frei wie einst, haben mehr Selbstvertrauen, Mut und Lebensfreude.

Mit Hilfe der Therapie lassen sich toxische Energien blitzartig aus unserem Körper entladen, indem die Endpunkte oder Meridiane unseres Energiesystems angezapft werden (ähnlich wie bei der Akupunktur), während wir uns fest auf die negative Emotion konzentrieren. Dabei lösen wir uns von emotionalen Blockaden und öffnen uns positiven Lebensgefühlen.

Dieses An- bzw. Abzapfen ähnelt sehr stark dem Vorgang, wenn uns die Delfine ihre sonaren Klicklaute schicken, die dann auf unsrer Haut als Vibrationen spürbar werden. Nicht von ungefähr kommt es hierbei zu genauso schnellen und wirkungsvollen Heilergebnissen. Es liegt also nahe, dass die Heilkraft der Delfine mit ihrem Sonar-System zusammenhängt. Sie helfen uns damit, alte, überflüssige Energien abzubauen, so dass wir uns nach einer Begegnung mit ihnen oftmals seelisch erneuert und auch körperlich erfrischt fühlen.

Bei diesem »Abzapfen« löschen wir gleichsam ein unerwünschtes Programm aus unserem Energiesystem. Akupressur, orientalische Massage- und Ausstreichtechniken werden bei dieser Therapieform eingesetzt. Nach und nach können wir sämtliche Stellen unseres Systems angehen, in denen die alten Negativ-Gefühle (Aggression, Angst) wie auch die aus einem Sicherheitsdenken heraus festgefahrenen Verhaltensweisen (Rückzug, Konkurrenzdenken, Druck und Zwang, Täuschung und Manipulation) gespeichert sind. Dieses »Großreinemachen« schafft Klarheit in uns. Zurück bleibt das reine, höhere Selbst, das seinen Ausdruck in unverfälschter Liebe und ausgelassener Freude findet.

Kraftfelder der Harmonie und Liebe aufbauen

Ganz gleich, ob wir die traumatisch besetzten Energien mit Hilfe der Energie-Therapie oder des Delfinsonars freisetzen, wichtig ist allein, dass wir uns von ihnen befreien. Wenn ein negatives Gefühl von früher auf Grund eines Ereignisses wieder in uns aufsteigt, beeinflusst es sofort unsere emotionalen Reaktionen und unsere Entscheidungen.

Wenn beispielsweise meine alte Versagensangst wegen eines Erlebnisses, das meine Erinnerungen daran geweckt hat, wieder in mir erwacht, ziehe ich mich aus Angst vor der Angst in die Passivität zurück. Anstatt diese Gegebenheit als Chance zu begreifen, verhalte ich mich kontraproduktiv und schade mir selbst. Die negativen Energien sabotieren mein gesamtes Aktionspotenzial. Ich werde von einer Stagnation und letztendlich auch Resignation ergriffen. Deshalb ist es so wichtig, sich von ihnen zu lösen.

Je nachdem, in welcher Situation wir uns befinden, entscheiden wir uns für ein bestimmtes Verhalten. Doch ist es gleichgültig, ob das Verhalten aus einer Reaktion auf alte Ängste resultiert oder ob wir frei und überlegt handeln. Grundsätzlich neigen wir dazu, es in zukünftigen ähnlichen Situationen zu wiederholen und entwickeln daraus ein festes

Verhaltensmuster. Entscheiden wir uns also in einer Situation für ein positives Verhalten, werden wir später in einer vergleichbaren Situation wieder positiv reagieren. Zudem beeinflussen wir andere, unser Beispiel nachzuahmen. Das Gleiche gilt ebenso für destruktive Verhaltensweisen. Die ausgebildeten Verhaltensmuster bauen aufeinander auf und verschmelzen mit individuellen und gesellschaftlich geprägten Überzeugungen und Einstellungen. Auf Grund dieses Mechanismus kann eine Gesellschaft wie die unsere in destruktive Phasen geraten, in denen die Gewalt zunimmt. Dann erfordert es große Anstrengungen, die Entwicklung zu stoppen. Deshalb ist es so wichtig, alle negativen Energien abfließen zu lassen, die uns in den Teufelskreis destruktiver Entscheidungen treiben.

Dabei können uns Energie-Therapie und die Delfine helfen. Mit ihren Möglichkeiten werden wir frei, neue, positive Verhaltensmuster zu entwickeln. Sie sind das Fundament für ein friedliches und erfülltes Leben. Wenn andere Menschen unserem Beispiel folgen, erzeugen wir gemeinsam ein starkes Kraftfeld positiver Energie, die die Zuwendung in unserer Welt aktiviert.

Delfine zapfen sich fortwährend gegenseitig mit ihrem Sonar an. Folglich lassen sich bei ihnen keine angestauten Energien finden. Sie können souverän positive Entscheidungen treffen und sind erfüllt von der harmonischen Energie des höheren Selbst. Außerdem schließen sie sich zusammen, um einen energetisch aufgeladenen Strudel zu erzeugen, in den sie alles Positive hineinziehen. Dadurch bauen sie in ihrer Mitte eine Art unbezwingbares Kraftfeld der Liebe auf, das in die Welt ausstrahlt und zugleich Liebe anziehend wirkt. Delfinbabys, die in ein solches Kraftfeld hinein geboren werden, schwingen sich in ihm empor. Ihr Leben ist von Anfang an von vibrierender Freude geprägt.

Menschliche Wesen haben es dagegen schwerer. Sie müssen sich schon früh mit Dingen auseinandersetzen, die sie teilweise überfordern. Viele Kindheitserlebnisse sind traumatischer Art, Eltern machen Erziehungsfehler, das Bildungs- und Schulsystem ist unzureichend und ein Übermaß an Gewaltdarstellungen hilft wenig beim Gelingen, die Energie der Liebe in unseren Herzen zu bewahren. So schaffen wir es nicht, uns auf positive Träume zu konzentrieren und gemeinsam ein positives Kraftfeld zu erzeugen, das mehr Herzlichkeit und Wärme zu uns und in unsere Welt hineinzieht. Stattdessen lassen wir uns von der Angst und dem Schmerz leidvoller Erfahrungen bestimmen und von dem daraus erwachsenen Gefühl des Isoliertseins.

Weil wir in einer Gesellschaft leben, in der wir uns gegenseitig so viel Kummer und Pein zufügen, laufen viele von uns Gefahr, noch mehr Leid anzulocken. Mit Hilfe der Energie-Therapie kann es uns gelingen, den bedrohlichen Kreislauf schnell und effektiv zu durchbrechen. Negative Energien fließen ab, und unsere Rezeptoren verändern ihre Gestalt in einer Weise, dass sie wieder Gefühle der Liebe und Freude anziehen.

Delfine als »Energie-Therapeuten«

Ich hatte das Glück, die Energie-Therapie schon früh kennen zu lernen, und konnte einen großen Teil meiner angestauten negativen Energie aus meinem dynamischen System abfließen lassen. Als ich dann eines Tages mit Hilfe der Therapie einen Schub Angstenergie freisetzte, beobachteten die Delfine mich mit besonderer Aufmerksamkeit. Ich spürte ihre Sonarwellen auf meiner Haut, zusätzlich drehten sie unter mir drei Spiralen. Dazu übermittelten sie mir in einer Botschaft, dass es zu ihrer Heilarbeit gehöre, mittels des Sonars unsere physischen, emotionalen und spirituellen Energieblockaden zu lösen und ausströmen zu lassen.

Nach dieser Begegnung fühlte ich mich noch autonomer von meinen negativen Energien und fragte mich, ob die Delfine den Befreiungsprozess mit ihrem Sonar und ihren Spiralen beschleunigt hatten. Zudem empfand ich an diesem Tag unglaublich viel Freude in mir. Die Meeressäuger schickten mir einen weiteren Impuls, um mir zu bestätigen, dass Menschen sich nach dem Schwimmen mit ihnen gestärkt fühlen.

Anziehungskraft ausüben

Wie wichtig es ist, beständig an unserer Anziehungskraft zu arbeiten, wurde mir während eines Workshops zur Walbeobachtung auf Hawaii noch einmal deutlich vor Augen geführt. Der Leiter des Kurses hatte ein recht spätes Datum ausgesucht; die Walsaison ging schon ihrem Ende entgegen. Zwar erlebten wir einige wunderbare Begegnungen mit Delfinen, doch Wale wurden zunächst kaum gesichtet. Viele Teilnehmer unserer Gruppe waren für dieses Erlebnis Tausende von Meilen weit geflogen, und so warteten einige mittlerweile ziemlich gereizt auf den ersten Wal.

An einem freien Tag fuhren mein Mann und ich an das nördliche Ende der Insel, wo die Wale normalerweise die letzten Tage ihrer Hawaii-Zeit verbringen und sich auf ihre Weiterreise vorbereiten. Wir waren enttäuscht, dass wir weder während der einstündigen Fahrt an der Küste entlang noch während der Stunde, in der wir, auf einer Mauer sitzend, die Bucht überblicken konnten, in der sie sonst so häufig zu sehen sind, keinen einzigen Wal entdeckten. Bevor wir zum Mittagessen aufbrechen wollten, verweilten wir noch einen Moment und fragten uns, warum der Leiter des Workshops einen so späten Termin ausgewählt hatte. Daraufhin erhielt ich einen Impuls, der mir übermittelte, dass die Begegnung mit einem Wal nicht von einem bestimmten Zeitpunkt abhänge, sondern allein von unserem Bewusstsein. Dafür ist auch die Anzahl der Wale, die in Erscheinung treten, unwichtig. Ich erzählte meinem Mann von diesem Gedanken, und im selben Moment sahen wir am Horizont einen Wal mit seinem ganzen Körper aus dem Meer auftauchen. Ein zweiter Wal folgte. Beide sprangen aus dem Wasser und spielten dann eine halbe Stunde lang vor unseren Augen im Meer herum. Später folgten sie uns entlang der Küste, als wir zum Mittagessen zurückfuhren. Selbstverständlich hatten wir unsere helle Freude an ihnen.

Am folgenden Tag begleitete uns eine äußerst energiegeladene und temperamentvolle Frau auf einer weiteren Schiffstour. Offensichtlich teilte sie nicht im Geringsten die Befürchtungen der anderen, dass wir wieder keine Wale oder Delfine sehen würden. Vielleicht gab ihr ihre Trommel diese Zuversicht, denn bekanntermaßen mögen die Meeressäuger Trommeln sehr gern. Während die energische Frau also ihre Trommel schlug, entspannte sich die Gruppe zusehends, und alle ließen sich gemeinsam von dem Rhythmus mitreißen. Alle wippten und sangen irgendwie im Rhythmus mit, und schon tauchten Wale auf. Einige stießen mit dem Rücken oder der Schwanzflosse durch die Wasseroberfläche, andere winkten aus der Entfernung mit ihren Brustflossen.

Bald darauf tauchte ganz nah bei uns ein Walweibchen kurzzeitig auf, als ob sie uns überprüfen wollte, verschwand wieder und kreiste schließlich um unser Boot herum. Dann drehte sie sich ganz knapp unter der Wasseroberfläche auf den Rücken. Ihr weißer Bauch schimmerte durch das kobaltblaue Meerwasser, was ein wunderbares hellblaues Farbenspiel ergab. In dieser Position glitt sie sehr schnell auf unser Schiff zu. Gebannt schauten wir ihr zu und fragten uns, was sie vorhatte. Mit gleichbleibender Geschwindigkeit näherte sie sich und schien unser Schiff rammen zu wollen. Wir hielten den Atem an. Ohne ihr rasantes Tempo zu drosseln, glitt sie elegant unter unser Schiff, blieb wenige Minuten verschwunden und tauchte dann vor unserem Bug wieder auf. Alle auf dem Schiff waren vollkommen überwältigt. Einigen wurde sofort übel. Sie fühlten sich von einer Energie gepackt, die sie zuerst fast vergiftete, dann aber wieder gesund machte. Andere verloren sich in überschwänglicher Freude und Begeisterung. Und wieder andere standen in benommenem Schweigen einfach da.

Nachdem sich also Spannung und Angst in unserer Gruppe gelöst und wir uns zu einer ausgelassenen, anziehenden Gemeinschaft entwickelt hatten, zogen wir die am Beginn unserer Reise so sehnsüchtig erwarteten Erlebnisse endlich an, und unser Traum erfüllte sich. Einen Monat später bot sich mir erneut Gelegenheit, an meiner Anziehungskraft zu arbeiten und sie auf die Probe zu stellen. Diesmal forderten die Umstände mir jedoch mehr Anstrengung ab.

Ich nahm einer Freundin zuliebe, die ich jahrelang nicht gesehen hatte, an einem einwöchigen Workshop teil, bei dem sie und die anderen Teilnehmer erste Schwimmerfahrungen mit Delfinen sammeln sollten. Das unsensible Vorgehen der Gruppenleiter überraschte mich sehr. Sie drängten sich im Wasser an ihren Gästen vorbei, tauchten allen voran mitten in die Delfingruppen hinein und verscheuchten damit zielsicher die Tiere. Danach tauchten sie auf, um damit anzugeben, dass die Tiere sie in ihrer Mitte hatten schwimmen lassen. Die unerfahrenen Teilnehmer fielen meistens auf die Selbstdarstellung herein, aber ich war ziemlich entsetzt darüber, wie oft die Leiter solcher Kurse den Workshop-Teilnehmern echte Delfinerfahrungen verderben. Früher hätte ich meiner Wut in solch einer Situation freien Lauf gelassen und dadurch meine positive Energie und Anziehungskraft verloren. Doch mittlerweile wusste ich, dass jeder Ärger, der sich in mein Herz eingrub, abstoßend auf die Delfine und auch auf positive Erlebnisse wirkte, auf die ich und alle Interessenten des Workshops hofften. Deshalb nahm ich mir in dieser Woche viel Zeit zur Meditation, um sanfte und gütige Gefühle in meinem Herzen wachzurufen und festzuhalten.

Der letzte Tag des Workshops war dann von Anfang bis Ende einfach grandios. Das Meer glitzerte blau und türkis im Sonnenschein, und die Wale unterhielten uns mit dem Beginn unseres Schiffstrips. Immer wieder sprangen sie mit dem ganzen Körper hoch aus dem Meer in die Luft. Es war erstaunlich, wie sie es – scheinbar gegen die Gesetze der Physik – schafften, ihre tonnenschweren Körper mit Hilfe einer einzigen Schwanzflosse und eines Paares zierlicher Brustflossen komplett aus dem Ozean zu heben, und das auch noch mehrmals hintereinander.

Später entdeckten wir in einem der Meeresarme der Küste eine Herde von etwa achtzig Delfinen, die sich mit einigen freundlichen und sensiblen Schwimmern eines anderen Schiffes vergnügten. Wir machten neben ihrem Schiff fest und sprangen auch ins Wasser. Unter uns sahen wir die Delfine. Doch wieder einmal vergraulten die Gruppenleiter die Tiere durch aufdringliche Annäherungsversuche, anstatt ihnen Raum zu geben und sie von sich aus näher kommen zu lassen. Glücklicherweise waren es so viele Tiere, dass jeder sie wenigstens einen Moment aus der Nähe anschauen konnte. Doch jede intensivere Begegnung wurde durch das Fehlverhalten der Leiter unterbunden. Schon bald suchten die Delfine das Weite. Wir wurden aufgefordert, zum Schiff zurückzukehren, um den Tieren nachzufahren.

Mir missfiel der Plan, die Delfine weiter zu verfolgen. Auf meinem Weg zurück zum Schiff traf ich auf unseren Kapitän, der gerade zwei Rochen entdeckt hatte. Ich schwamm hinter ihm her, und als ich die Rochen sehen konnte, rief ich sie leise mit meinem Herzen zu mir. Fast erschreckt sah ich, wie sie eine Neunzig-Grad-Wende machten und direkt auf mich zuschwammen. Ich war glücklich, dass ich es geschafft hatte, meine Liebesenergie durch Meditation zu aktivieren. Auch der Kapitän freute sich und hielt aufgeregt seine Videokamera auf die Fische. Doch leider wurde unser Traum jäh unterbrochen, als einer der Workshop-Leiter erschien. Er rempelte mich an und schoss an mir vorbei auf die Rochen zu, die sofort abtauchten, um sich in Sicherheit zu bringen. Auch ich machte kehrt, schwamm Richtung Schiff und gab mir alle Mühe, meinen Ärger zu unterdrücken.

Dann stieß ich mit Peri zusammen, einer liebenswerten, jungen Frau, die ein Meditationszentrum leitet. Leise forderte sie mich auf, mich mit ihr wegzustehlen, um einige Delfine zu begrüßen, die sich von der anderen Seite des Schiffes näherten. Ich schloss mich ihr an, und wir sandten gemeinsam Locklaute ins Wasser aus, hielten uns dabei an den Händen und sehnten die Delfine mit unseren Herzen herbei. Bald umringten uns etwa zwanzig Tiere. Sie schwammen etwa zehn Minuten in unterschiedlichen Formationen vor uns herum, blickten sich an, lächelten, liebkosten sich gegenseitig und hielten sich an den Flossen. Ein wunderbares, noch schrumpliges Delfinbaby führte uns mehrmals seine ersten Springversuche vor, als wir es mit unseren Jubelrufen anfeuerten. Ich wusste, dass Babys etwa zwei Stunden nach der Geburt zu springen beginnen. Dies waren ganz offensichtlich die ersten Versuche. Wir fühlten uns sehr geehrt, dass seine Mutter ihm erlaubt hatte, so nah vor uns sein Debüt zu geben.

Dann kamen drei erwachsene Delfine auf uns zu, fesselten uns mit ihren Blicken und schickten uns Wellen von liebender Energie. Jetzt näherten sich wieder Mutter und Baby, das zum Säugen angelegt war.

Schließlich hatte uns auch meine Freundin Sue entdeckt. Sue, Peri und ich hielten uns an den Händen, während die drei großen Delfine immer wieder an uns vorbeischwammen. Zufrieden stellte ich fest, dass ich meiner Wut keinen Platz gelassen hatte und ruhig geblieben war. Damit hatte ich dieses besondere Erlebnis für uns gerettet. Als wir zum Schiff zurückkehrten, hatte sich sogar meine Haltung zu den Gruppenleitern verändert. Ich empfand nun versöhnlichere Gefühle für sie. Weil ich an der Liebe festgehalten hatte, bewahrte ich die Anziehungskraft auf meine Träume, und ich kurierte mein Herz.

Diese Ruhe und Liebe im Miteinander in jeder auch noch so herausfordernden Situation zu bewahren muss das Ziel der Menschen sein. Wir sollten unseren Herzen ermöglichen, sich weit für andere zu öffnen, ganz gleich, wie sie sich auch verhalten. Suchen wir in jedem das Beste, und geben wir jedem das Beste von uns – wie die Delfine es uns vormachen. Begegnen wir anderen beständig mit Zuneigung und Güte! Damit stellen wir unsere Rezeptoren kollektiv darauf ein, das Positive anzuziehen, was der Menschheit insgesamt nur von Nutzen sein kann.

Das, wonach du dich sehnst, sehnt sich auch nach dir.
Franz von Assisi

DIE FÜNFTE ERKENNTNIS:
Spiele, während du auf die Ankunft deiner Träume wartest.

Glaube fest daran, dass deine Träume auf dem Weg zu dir sind.
Sei glücklich, während du auf ihre Ankunft wartest!

Nichts ist schlimmer, als zu leiden, nur weil sich ein Traum noch nicht erfüllt hat. Wenn wir in einem Restaurant auf das Essen warten, bleiben wir auch ruhig und gelassen. Wir müssen Geduld aufbringen, bis sich ein erklärtes Lebensziel erfüllen kann.

Allerdings werden Bestellungen in einem Restaurant recht schnell ausgeführt, ganz gleich, wie wir uns verhalten. Wenn wir aber für unser Leben eine Bestellung aufgeben, müssen wir meistens länger warten und uns überlegen, wie wir uns zwischenzeitlich verhalten, damit unsere positive Anziehungskraft erhalten bleibt.

Spiele, während du auf die Erfüllung deiner Träume wartest

Die Delfine raten uns, die Zeit des Wartens auf unsere Träume fröhlich zu verbringen und uns der Freude im Leben nicht erst dann zu widmen, wenn unsere Wünsche sich erfüllt haben. Sonst laufen wir Gefahr, Spiel und Vergnügen nur als Belohnung für etwas Erreichtes zu verstehen anstatt als wesentlichen Bestandteil unseres Lebens, den zu genießen es keiner Rechtfertigung bedarf. Die Delfine leben uns vor, wie das funktioniert.

Statt negative Haltungen wie Ungeduld und Verzweiflung zu entwickeln, während wir auf die Erfüllung eines Traumes warten, sollten wir entspannt und heiter spielen, damit wir unsere Anziehungskraft bewahren. Dann bleiben unsere Rezeptoren auf Empfang für positive Erlebnisse geschaltet. Immer wieder trainieren die Delfine mit uns, mehr Geduld zu entwickeln. Oft lassen sie uns warten, führen uns an der Nase herum und spielen dann erst mit uns. Sie raten uns, die Wartezeit als heitere Zeit zu erleben und nicht als Zeit zunehmender Ängste.

Der natürliche Effekt des Spielens

Es gibt unzählige Formen des Spielens, und alles Spielen hat den Sinn, Entspannung, Freude und Spaß zu schenken. Die einen relaxen beim Essen, die anderen beim Lesen, wieder andere bevorzugen es, sich bewusst durch Meditation, Trommeln, Singen und Tanzen in einen entspannten, aber auch konzentrierten Zustand zu versetzen. Alle diese Formen von Aktivität sorgen dafür, dass die positiven Sehnsüchte eines Menschen aktiv und energiegeladen bleiben. Das hilft besonders Menschen wie mir, denen es von Natur aus schwer fällt, intensiv und konzentriert an ihren Zielen festzuhalten.

Manchmal kann es auch gut sein, etwas ganz anderes zu unternehmen, um eine innere Balance zu finden, zum Beispiel ein Bad zu nehmen, zu joggen, Sport zu treiben, spazieren zu gehen, zu spielen, zu kochen oder in den Tag hinein zu träumen. Manche Menschen entspannen sich am besten, wenn sie in die Natur eintauchen oder in der Sonne sitzen. Jeder muss nach seiner Erfahrung wählen, was für die eigene Lebensstruktur am besten ist. Entscheidend ist allein, dass es einen Ausgleich und Freude bringt.

Entspanne dich, aber gib nicht auf

Zwar raten die Delfine uns zu Entspannung und Spiel, aber sie warnen uns auch davor, dabei unseren Traum aufzugeben oder im Streben nach seiner Erfüllung nachzugeben.

Zuerst glaubte ich, die Botschaften »entspanne dich« und »spiele, während du wartest« stünden in Zusammenhang mit den Ratschlägen, die Menschen ermuntern, »sich zu lösen«. Doch die Delfine zeigten mir mehrmals deutlich, dass das hier nicht gemeint ist. Sie mahnen uns, unsere Träume nicht aufzugeben, sondern sie in unseren Herzen wachzuhalten.

In einer Phase, in der ich mich deprimiert fühlte und mich für unfähig hielt, als Autorin zu arbeiten, fuhr ich einmal hinaus in die Bucht. Ich war bereit, meinen Traum, Bücher zu veröffentlichen, fahren zu lassen und mich in eine Golf- und Tennisgemeinschaft zurückzuziehen, wo ich einfach nur spielen und mich entspannen konnte. Allein mit Gebeten und Meditationen wollte ich weiterhin etwas zur Welt beisteuern.

Dieser Trotzgedanke war zugleich eine Drohung an Gott, dass ich den tieferen Sinn des Lebens nicht mehr anzuerkennen bereit war, wenn er mir nicht helfen würde. Der Ausstieg aus den Qualen und Aufregungen des Schreibens reizte mich sehr, und meine Warnung war durchaus ernst gemeint.

In jenem Jahr hatten die Delfine sich nicht oft in der Bucht blicken lassen, um mit Menschen zu spielen. Das hatte sich bereits herumgesprochen, es gab mittlerweile weniger Besucher und der Strand war nicht mehr so überfüllt, wie er es lange Zeit über gewesen war. Allmählich erschienen die Delfine wieder regelmäßiger, und so beschloss ich, in die Bucht zu fahren, um vielleicht in den Genuss eines seltenen Erlebnisses zu kommen.

Als ich ankam, stiegen gerade einige Schwimmer aus dem Wasser, die mit Delfinen herumgetollt hatten. Ich konnte mir also nicht sicher sein, ob sie noch länger blieben, um auch mit mir zu schwimmen. Trotzdem sprang ich ins Meer. Als ich meinen Kopf untertauchte, hörte ich einige Delfinlaute, doch die Herde blieb weit entfernt von dem Strandabschnitt, an dem ich mich befand. Ich fühlte mich im Stich gelassen, freute mich aber darüber, wie geduldig ich diese Ablehnung ertrug. Offenbar hatten sie mich nicht für ihr Spiel ausgesucht, und dieser Tatsache wollte ich mich fügen. Bei diesen Gedanken erhielt ich spontan die Botschaft, nicht loszulassen. Aufzugeben sei die falsche Reaktion, denn dann würden sie sich nicht mehr von meiner Sehnsuchtsenergie angezogen, sondern von meinen negativen Energien abgestoßen fühlen.

Die Wahrheit dieser Eingebung leuchtete mir ein, aber ich blieb unsicher. Ich fühlte mich hin und her gerissen zwischen meinen positiven Gefühlen, der Lust, mich zu entspannen, anziehend zu bleiben und mein Ziel vor Augen zu halten, und meinen negativen Gefühlen, mich für unfähig zu halten und mein Ziel aufzugeben. Daraufhin bekam ich einen starken Impuls, der mir sagte, dass ich einfach die Wartezeit nutzen sollte, um zu spielen. Das würde mir die innere Balance geben; denn weder Loslassen noch Aufgeben würden mich zum gewünschten Ziel bringen, sondern eher das Gegenteil bewirken. Die Delfine führten mir diese Lehre immer wieder vor Augen und gaben zu verstehen, wie wichtig es ist, Selbstverantwortung für die eigenen Ziele zu übernehmen.

Wenn diese nicht akzeptiert wird, wird es problematisch. Die Menschen neigen dazu, sich aus der Verpflichtung zu stehlen. Sie stehen nicht dazu, dass sie frei entscheiden und gestalten können und auch zu verantworten haben, was in ihrer Lebenswelt geschieht. Sie neigen dazu, Helden, Führer oder auch Gott das Engagement zu übertragen. Wenn etwas Entsetzliches passiert, schreiben sie es gern einem Schicksal zu, dem sie machtlos gegenüber zu stehen glauben. Sie wollen nicht mit aller Konsequenz begreifen, dass die Wirklichkeit ein Resultat unserer eigenen Vorstellungen und Pläne ist. Wir müssen an unseren Träumen arbeiten, sie fest in unseren Herzen halten und dürfen unseren Glauben an die Möglichkeit ihrer Verwirklichung niemals verlieren. Nur so behalten wir die positive Energie, die uns die Stärke gibt, unsere Welt auch positiv zu gestalten.

Nach all diesen Überlegungen begann ich, mich zu entspannen und allein den Moment zu genießen. Ich gurrte den Fischen zu, während ich mir weiterhin vorstellte, wie schön es wäre, mit den Delfinen zu schwimmen. Und schon tauchten sie auf. Meine drei besten Delfinfreunde kamen frontal auf mich zu, dass ich schon annahm, wir würden zusammenstoßen. Im selben Moment zogen sie in einer Kurve an mir vorbei und umkreisten mich; dann schwammen sie wieder direkt auf mich zu. Dieses Verhalten war eher untypisch, weshalb ich ein wenig ängstlich wurde.

Das Zusammentreffen dauerte nur kurz und wurde abrupt abgebrochen. Ich entschied mich, die Begegnung dennoch dankbar hinzunehmen. Daraufhin wurde ich getadelt, weil ich die gerade erteilte Lektion immer noch nicht begriffen hatte. Noch einmal wurde ich ermuntert, mich ganz auf das zu konzentrieren, was ich wirklich wollte – und ich folgte der Aufforderung. Dieses Mal kehrten die Delfine nicht so schnell zurück. Sie ließen sich Zeit. Aber dennoch schaffte ich es, zu warten und dabei meinen Wunsch mit Heiterkeit in meinem Herzen zu bewahren.

Schließlich erschienen sie wieder. Fast über eine Stunde lang tollten etwa dreißig Delfine mit mir herum. Dabei machten sie mich um einige Erfahrungen reicher und gaben mir Antworten auf Fragen, die mich zuvor beschäftigt hatten. Beispielsweise hatte mich interessiert, wie viele Delfine sich zusammenschließen, um eine doppelte Schraubspirale zu bilden. Nun versammelten sich einige große Delfine ruhig unter mir und brachten sich für eine gemeinsame Schraubdrehung in Position. Sie verharrten einen Moment, so dass ich sie hätte zählen können, was mir aber zunächst noch nicht gelang. Daraufhin brachen die Delfine ihre Formation auseinander, bildeten sie noch einmal und hielten sich wieder völlig bewegungslos. Jetzt konnte ich sie besser zählen. Dann führten sie die Schraubspirale ganz langsam vor meinen Augen aus, um sie mir im Einzelnen genau zu demonstrieren. Es gelang mir sogar, einige Fotos von diesem sonst so rasant ablaufenden Vorgang zu schießen.

Nun kamen vier Delfinmütter mit ihren Babys auf mich zu und umkreisten mich mehrmals. Dabei löste sich jedes Baby kurz von der Mutter, um sich mir einen Moment lang allein zu präsentieren. Das eine stieß eine Luftblase aus, das nächste schnalzte, ein anderes schwamm auf dem Rücken, und wieder ein anderes schaffte schon einen halben Sprung. Dann näherte sich ein trächtiges Delfinweibchen. Offenbar stand die Geburt kurz bevor. Es wurde von zwei anderen Weibchen eskortiert. Sie kamen sehr nah heran und kreisten eine halbe Stunde lang immer wieder um mich herum. Schließlich schied die werdende Mutter die dunkle Geburtsflüssigkeit aus, die anzeigte, dass die Entbindung einsetzte, und verschwand. Daraufhin erschienen weitere trächtige Weibchen, insgesamt fünf, und auch sie zogen ihre Bahnen um mich herum. Wie sollte ich diese Begegnungen deuten? Wollten sie mir die Chance geben, einer Geburt beizuwohnen? Eine Woche später erfuhr ich, dass mein erstes Enkelkind unterwegs war. So hatten mich die vielen werdenden Delfinmütter und die Babys auf das bevorstehende Ereignis in unserer Familie eingestimmt.

Jedesmal wenn ich glaubte, das Spiel sei nun vorbei, kamen noch mehr Delfine – manche in Paaren, andere zu dritt – ganz nah an mich heran, um »Hallo« zu sagen. Nach einer Stunde verschwanden sie dann endgültig. Zutiefst dankbar und froh schwamm ich zurück zum Ufer. Ich empfand eine Zufriedenheit, konnte die Delfine leichten Herzens ziehen lassen – meine Sehnsucht war ja gestillt. Die Delfine hatten mich noch einmal dazu gebracht, das Gefühl der Machtlosigkeit zu überwinden. Ich hatte gelernt, anders als in den vorhergehenden Jahren der Kapitulationen, meine Energie zu bündeln und meine Ziele konsequent zu verfolgen. Nun konnte ich geradezu dabei zusehen, wie ich nahezu magnetisch alle meine Ziele anzog. Mein Herz war erfüllt von positiver Wunschenergie, und meine Rezeptoren zogen den Zauber in mein Leben.

Die ersten fünf Erkenntnisse der Delfine und die Verwirklichung meiner Träume

Die Delfine hatten mir bisher also fünf entscheidende Lebensregeln zum Erreichen von Zielen aufgewiesen, die ich mir von nun an in meinem täglichen Leben zu Herzen nahm. Zu meiner Überraschung und Freude ließen sich die Ratschläge nicht nur leicht befolgen, sondern die Ergebnisse übertrafen sogar meine Erwartungen.

Zusammenfassung der Erkenntnisse

Als ich begann, nach den Grundsätzen der Delfine zu leben, wurde mir zuallererst bewusst, wie oft ich es in der Vergangenheit verpasst hatte, meine Träume klar und deutlich zu definieren, sie beständig in mir präsent zu halten und konsequent zu verfolgen. Vielmehr hatte ich mich viel zu oft von Zweifeln und Problemen lähmen lassen und aufgegeben, wenn sich ein Vorhaben nicht schnell genug realisieren ließ. Jetzt übte ich, mein Ziel nicht mehr aus den Augen zu verlieren, sondern es festzuhalten, mich einzusetzen und dabei immer eine entspannte, positive Grundstimmung zu bewahren.

Die Folge war, dass mir vieles müheloser gelang, mir fast zufiel. Ich war gesund, hatte viele Patienten, glückliche Beziehungen und keinerlei finanzielle Sorgen. Leichtigkeit und Freude nahmen immer mehr Raum in meinem Leben ein. Allmählich wurde mir auch bewusst, dass die Delfine mit mir eine Absicht verfolgten. Ich sollte ihre Lebenserkenntnisse den Menschen nahe bringen, und sie boten allen Menschen, die sich ein erfülltes Leben wünschten und eine bessere Welt für uns alle schaffen wollten, ihre Unterstützung an.

Alles lief wunderbar für mich. Doch hatte ich noch einige anspruchsvolle Ziele für mich formuliert, die ich in relativ kurzer Zeit verwirklichen wollte. Dazu gehörten auch Vorhaben, die ich bei den bevorstehenden Reisen umzusetzen hoffte. Am stärksten wünschte ich mir allerdings, mich als Autorin zu etablieren. Nun vertraute ich darauf, mit den Methoden der Delfine meine hoch gesteckten Ziele in dem engen, mir zur Verfügung stehenden zeitlichen Rahmen verwirklichen zu können.

Die Erkenntnisse auf dem Prüfstand

So entschloss ich mich, die Lebensregeln der Delfine in der Praxis zu trainieren, und brach mit dem Ziel, vier größere Träume zu verwirklichen, zu einer Reihe von Reisen auf. Ich nahm mir vor, während einer internationalen Delfin- und Walkonferenz in der australischen Harvey Bay mit den dort lebenden Delfinen und Walen zusammenzutreffen, und wünschte mir dabei besonders intensive Erfahrungen. Außerdem hoffte ich auf Schwimmerlebnisse mit den berühmten gefleckten Zügeldelfinen von Bimini und den Buckelwalen der Silver-Banks im Norden der Dominikanischen Republik. Schließlich wollte ich die zutraulichen Grauwale von San Ignacio in Mexiko ein zweites Mal besuchen und mich mit ihnen anfreunden. Nach all den Jahren vielfältigster Begegnungen mit Walen und Delfinen war mir völlig klar, was für Erwartungen ich hatte. Vielleicht würde ich inmitten der riesigen Ozeane schwimmen und keinen einzigen Wal oder Delfin zu Gesicht bekommen. Das ist nun häufig genug vorgekommen. Ich wusste, wie anspruchsvoll meine Ziele waren. Zudem hatte ich nicht viel Zeit zur Verfügung. Aber ich glaubte fest daran, dass ich es mit Hilfe meiner neuen Methoden schaffen könnte.

Australien

In Australien fand ich glücklicherweise Schiffskapitäne, die bei der Walbeobachtung sehr geschickt und überlegt vorgingen. Ich musste mich also nicht erst mit schwierigen Bedingungen auseinandersetzen.

Nur ein einziges Mal erlebte ich während dieser Reise eine herausfordernde Situation. Bei einer Ausfahrt war der König einer südafrikanischen Provinz unter den Passagieren, der zuvor auf der Meeressäuger-Konferenz in Erscheinung getreten war. Seine Schwester und mehrere Frauen begleiteten ihn. Die Anwesenheit Seiner Majestät schien die Menschen an Bord einzuschüchtern, so dass die Stimmung nicht gerade ausgelassen war. Nach einer Stunde ohne jede Walsichtung bettelte ein kleines Mädchen seine Mutter an – beide gehörten zu der südafrikanischen Gruppe – die Wale endlich zu rufen. Doch die Mutter schüttelte mit dem Kopf. Das Mädchen ließ nicht locker, gab dann schließlich auf und fing an, mit den Händen an die Außenwand des Bootes zu klopfen.

Ungeachtet der gedämpften Stimmung an Bord beschloss ich, dem aufgeweckten Mädchen zu folgen und schlug auch gegen die Bordwand. Fast im selben Moment brachen nicht weit entfernt von uns zwei Wale kurz durch die Wasseroberfläche. Die meisten Passagiere blieben immer noch ernst, aber das Mädchen und ich jubelten, und wir fuhren fort mit unseren trommelartigen Rhythmen. Jetzt bat das Mädchen seine Mutter noch einmal, die Wale zu rufen, und die Mutter gab endlich nach und formte einen wunderbaren Trillerlaut. Die Wale näherten sich unserem Boot jetzt geradezu übermütig. Die Stimmung an Bord löste sich und die meisten Menschen hatten ihre helle Freude an diesem besonderen Erlebnis. Leider mussten wir dann in den Hafen zurückkehren und die Begegnung vorzeitig abbrechen. Die Wale begleiteten uns noch ziemlich lange, während die Mutter des Mädchens ihre Triller sang. Eindrucksvoll wurde hier demonstriert, was die Delfine mich gelehrt hatten. Wenn wir spielen, während wir warten, erhöhen wir unsere Anziehungskraft auf unsere Wünsche. Diese Lehre sollte mir auch später in Bimini noch von großem Nutzen sein.

Bimini

Alle Vorbereitungen für einen Kurztrip mit dem Wasserflugzeug nach Bimini waren getroffen. Wir hatten gerade zwei Tage Zeit, um dort die gepunkteten Zügeldelfine zu sehen, die in dem Gebiet des Atlantischen Ozeans leben, wo viele das sagenumwobene versunkene Atlantis vermuten.

Wir warteten bereits darauf, an Bord zu gehen, als uns über Funk mitgeteilt wurde, dass das Wetter in Bimini zu schlecht sei, um dort landen zu können. Also ging uns ein weiterer Tag verloren. Das Glück schien nicht auf unserer Seite zu sein, denn später bekamen wir noch gesagt, dass unser Boot, mit dem wir die Delfine beobachten wollten, in dem Unwetter beschädigt worden war und repariert werden musste.

Ich war enttäuscht und befürchtete, dass noch mehr schief gehen könnte. Schwarzmalerei schien mir in die Wiege gelegt worden zu sein. Aber ich fasste mich wieder, zerstreute meine Gedanken und konzentrierte wieder all meine positive Energie auf ein Treffen mit den Delfinen. Statt in die Falle des Schwarzsehens zu tappen, stellte ich mir bildlich vor, wie ich mit den Zügeldelfinen von Bimini spielte, die manche Menschen als die Tibetaner unter den Delfinen bezeichnen. Ich sah sie auf mich zuschwimmen, neben mir entlang gleiten und mich zu fröhlichen Spielen im Wasser auffordern. Nachdem ich eine Weile in Gedanken ganz in dieses positive Bild eingetaucht war, fühlte ich mich leichter und heiterer und wusste, dass ich meine Anziehungskraft auf die Delfine behalten hatte.

Während ich auf das Wasserflugzeug wartete und mich diesen Träumereien hingab, entdeckte ich plötzlich einen Delfin in der vor mir liegenden Wasserstraße. Er winkte mir mit der Schwanzflosse zu. Dieser unerwartete und lustige Anblick hatte etwas Unwirkliches. Ungläubig starrte ich auf diesen einzelnen Delfin in der engen Wasserstraße. Später erzählte man mir, dass sich dorthin nur höchst selten ein Delfin verirrt.

Ich hielt die Begegnung für ein gutes Omen. Kurz darauf riefen uns unsere Kontaktpersonen von Bimini aus an. Sie hatten ein anderes Schiff für uns gefunden, dessen Kapitän im Umgang mit Delfinen erfahren sein sollte. Er habe sich bereit erklärt, in das gewünschte Gebiet zu fahren. Uns blieb nur noch, das Beste zu hoffen. Ich beging nicht den Fehler, Zweifel in mir zu nähren und mich zu fragen, ob der Kapitän wohl so geschickt sein würde wie unsere ursprünglich ausgesuchten Führer.

Als das Flugzeug in Bimini aufsetzte, blies uns ein frischer, starker Wind entgegen. An diesem Tag war noch kein Boot ausgefahren, und die Inselbewohner liefen in Pullovern und Jacken herum. Ein ungewohnter Anblick. Nachdem wir die Insel ein wenig erkundet und in einem Restaurant zu Abend gegessen hatten, suchten wir unsere Herberge auf und gingen zu Bett. Die Versuchung, zu verzagen, lauerte in mir, doch ich hielt mich an die Regeln der Delfine und blieb konzentriert. So schlief ich mit dem Bild der Zügeldelfine in meinem Herzen ein.

Als wir am nächsten Morgen erwachten, strahlte die Sonne aus einem wolkenlosen Himmel auf den ruhigen blauen Ozean herab. Wir setzten unser Boot auf das klare Wasser und steuerten auf die Gegend zu, wo viele andere Menschen bereits mit den gefleckten Zügeldelfinen zusammengetroffen waren. Doch leider begannen mein Mann und ich einen Streit. Ich befürchtete, dass diese Disharmonie das Positive, das sich – wie ich spürte – bereits auf dem Weg zu uns befand, abstieß. Anstatt mich wie sonst auf den Streit einzulassen, verzog ich mich und beruhigte mich innerlich. Bald konnte ich wieder an meinem Glauben, dass ich etwas Schönes erleben würde, festhalten, und ich wünschte auch meinem Mann in Gedanken ein gutes Erlebnis. Ich lehnte mich jetzt am Bug des Schiffes entspannt und träge zurück, schloss die Augen und übergab mich ganz der Gewissheit, dass die Delfine bald erscheinen würden. Plötzlich wurde ich von einem lauten Ausruf aus meinem träumerischen Zustand geweckt: »Da sind sie ja!« Ich erhob mich und sah mindestens dreißig Delfine in einiger Entfernung vor uns springen und herumtollen. Der Skipper staunte über die vielen Delfine, und machte uns immer wieder aufgeregt darauf aufmerksam, dass sich drei Herden zusammengeschlossen hatten, um uns gemeinsam zu begrüßen. Gekonnt manövrierte er das Schiff parallel zu den Tieren und hielt eine angemessene Distanz. Mit seinem Verhalten lud er die Delfine ein, in den Bug- und Kielwellen unseres Schiffes zu reiten.

Unter den Zügeldelfinen erkannte ich auch einige gewöhnliche Delfine und Große Tümmler. Es waren alle Generationen vertreten, viele ausgewachsene Tiere, mehrere Jungtiere und auch einige Babys. Sichtlich genossen sie das Spiel in den Wellen unseres Schiffes, und ich bat den Kapitän weiterzufahren, um ihnen dieses Geschenk noch ein wenig länger zu gönnen. Doch er verlangsamte die Fahrt und schlug uns vor, ins Wasser zu springen. Ich erklärte ihm, dass ich den Delfinen gern die Möglichkeit geben würde, noch etwas zu spielen, bis sie zufrieden von sich aus aufhören würden. Er befürchtete, dass wir das Schwimmerlebnis verpassen könnten. Ich aber fühlte, dass sie unser großzügiges Geschenk schätzten und deshalb nach dem Wellenreiten noch bleiben und mit uns spielen würden. Der Kapitän ließ sich überzeugen, und wir hatten in den nächsten zwanzig Minuten unser wahres Vergnügen mit den Tieren. Sie surften und sprangen in den Bug- und Kielwellen, und wir jubelten laut und spornten sie an.

Dann hielten sie inne, ließen sich um das Schiff herum treiben und signalisierten uns, dass sie nun bereit wären, mit uns zu schwimmen. Während wir uns vorbereiteten, erzählte der Kapitän, dass diese Delfine besonders gern mit Menschen zusammen seien, die aktiv und kreativ mit ihnen spielten. So mussten wir eine Stunde lang mit diesen wunderbar ausgelassenen Delfinen mithalten. Als ich ins Wasser sprang, versammelten sich fast alle blitzartig um mich herum, stießen einander und auch mich an, um möglichst nah heranzukommen. Eine derart herzliche

Begegnung hatte ich noch nicht erlebt. Dann richtete sich ein Delfin etwa eine halbe Minute lang vor mir auf, wir tauschten Herzensbotschaften aus und bekundeten unseren gegenseitigen Respekt. Nun stieg auch mein Mann ins Wasser und tauchte spontan unter. Die Delfine umringten ihn, und er schaffte es kaum zurück an die Oberfläche, ohne sie anzurempeln.

Die Tiere schnalzten und pfiffen, sie schwammen auf uns zu und neben uns her. Sie kreisten um die Wette um uns herum, sie brachten uns Tang und Blätter zum Spielen und sie luden uns ein, mit ihnen zu tauchen. Sie hielten sich an den Flossen, wenn wir uns an den Händen hielten, und sie versammelten sich alle unter uns, um ihre Klicklaute zu uns zu schicken. Als ich sie um eine Luftblase bat, sandte ein Delfin sofort eine große Blase direkt zu mir. Ich dachte an weitere Luftblasen und bekam noch eine von einem anderen Delfin. Der nächste fing die Blase in seinem Schnabel und ließ sie zerplatzen. Eine Gruppe drehte unter mir eine Spirale, einzelne schlugen Saltos. Manche glitten zu zweit oder dritt aneinander geschmiegt an uns vorbei und blickten uns fest an. Wir waren überwältigt von diesem einzigartig herzlichen Empfang.

Und so spielten und tanzten wir mit diesen hinreißenden Geschöpfen, bis wir völlig außer Atem und erschöpft waren. Erst jetzt verabschiedeten sie sich und verließen uns nach und nach. Sogar nachdem wir zum Schiff zurückgekehrt und schon wieder auf dem Weg zum Ufer waren, folgten uns noch einige. Unser Kapitän wiederholte immer wieder, wie sehr ihn dieses Erlebnis erstaunte. Er rief uns zu, dass wir auf einer Skala von eins bis zehn, die seltene Note neun erreicht hätten.

Auf meine Frage, ab wann das Erlebnis als zehn eingestuft würde, erwiderte er, dass mehr Babys hätten dabei sein müssen, denn diese könnten immer so herrlich aufgeregt herumspringen. Kaum hatte er das gesagt, hüpften in großer Entfernung drei Delfine mehrmals leicht ungeschickt hintereinander hoch. Zuerst hielten wir sie für Babys, doch dann erkannten wir, dass es ausgewachsene Tiere waren. Vielleicht ahmten sie die Babysprünge nach, um uns zu einem Erlebnis der Note zehn zu verhelfen. Auf der Rückfahrt zum Ufer waren wir uns alle einig, dass wir gerade eine großartige Begegnung mit Delfinen erlebt hatten. Wir waren trunken vor Glück und erfüllt mit Dankbarkeit. Mir war es gelungen, die Ratschläge der Delfine umzusetzen und damit ein wunderbares Ereignis zu gestalten.

Auf Bimini hatte ich meine praktische Erfahrung mit den Methoden der Delfine intensiviert und vertraute nun darauf, was immer ich zu träumen wagte, auch realisieren zu können. Noch ahnte ich nicht, wie sehr ich in den nächsten Tagen von diesem Erlebnis profitieren würde, um noch größere Herausforderungen zu bestehen. Denn nun ging die Reise weiter in die Karibik zu den Silver-Banks im Norden der Dominikanischen Republik. Hier wollte ich mir den Traum erfüllen, zum ersten Mal mit Walen zu schwimmen.

Die Silver-Banks

Nachdem ich eine Zeitlang mit Delfinen zusammen gewesen war, die biologisch betrachtet ja kleine Wale sind, wuchs in mir der Wunsch, auch mit den viel größeren Buckelwalen zu schwimmen. Ich organisierte daher eine Reise zu den Silver-Banks, dem weltweit größten Paarungsgebiet der Buckelwale. Ich ließ mich von einem Mann begleiten, der sich den Tieren in jenen Bereichen des Gewässers, in denen die Walbeobachtung erlaubt ist, respektvoll und leise näherte.

Die Silver-Banks zu erreichen war nicht einfach und auch kein Abenteuer für Ängstliche. Wir zählten zu den Ältesten in unserer Gruppe. Zu Beginn der Ausfahrt hatte ich noch einen kleinen Unfall, der böse hätte enden können. Ich fiel zwischen Begleit- und Mutterboot und schaffte es gerade noch, an Bord zurückzukommen, bevor sie gegeneinander stießen. Dabei verrenkte ich mir die Schulter. Doch konnte mich das nicht von meinem Wunsch abbringen, mit den Walen zu schwimmen. Zu sehr hatte ich mich danach gesehnt. Es war gut, dass ich einen so starken Willen hatte, denn es gab während der Reise noch andere Ereignisse und Zwischenfälle, die meine Aufmerksamkeit von meinem eigentlichen Ziel ablenken sollten.

Wir bestiegen unser Boot in Puerto Plata, das für die Woche auf den Silver-Banks unser Heimathafen werden sollte. Wir fuhren nachts aus, und am folgenden Morgen beim Aufwachen begrüßte uns ein herrlicher Sonnenaufgang zu unserem Abenteuer. Die Spannungen begannen jedoch schon früh am Tage. Die Mitreisenden sollten sich in zwei Gruppen aufteilen und jeder wollte in der besten Gruppe sein, was auch immer die Kriterien für diese Beurteilung waren. Die Gruppen sollten die ganze Woche über bestehen bleiben und wurden den beiden Beibooten zugeteilt, die uns im Wechsel näher an die Wale heranbringen sollten. Unsere Gruppe bestand hauptsächlich aus professionellen Walbeobachtern. Jeder von ihnen war ein umgänglicher Zeitgenosse, aber als Team konnten wir nicht gut zusammenarbeiten.

Am ersten Nachmittag kam es bei unserer Gruppe zu keiner Walbegegnung. Im Gegensatz dazu konnte die lockerere und harmonischere Gruppe vom anderen Beiboot beim Abendessen davon erzählen, wie sie mit fünf Delfinen und zwei Walen geschwommen war. Unsere Gruppe fragte sich, ob sie überhaupt in der Lage sei, Wale anzuziehen. In der Zeit vor dem Einschlafen versuchte ich nun, mir die Begegnung mit Walen bildlich vorzustellen, obwohl das bisherige Geschehen das Gegenteil erwarten ließ.

Glücklicherweise gelang es dem Führer des anderen Beibootes, unsere Gruppe aufzumuntern. Dank dieser umgeschlagenen Stimmung zeigten sich einige Wale, die dann auch näher an unser Boot kamen, als wir ihnen laut zujubelten. Die nächste halbe Stunde über brachen sie immer wieder durch die Wasseroberfläche, um uns, angefeuert durch unser Freudengeschrei, eine spannende Vorstellung zu geben.

Mitten während dieser Show wurden wir zum anderen Boot gerufen. Wir sollten hinüberkommen, um eine Begegnung mit einem Muttertier, seinem Kalb und den Begleitwalen mitzuerleben. Als wir eintrafen, schien die Mutter einige Meter unter der Wasseroberfläche mit weit geöffneten Brustflossen auf dem Rücken liegend zu schweben. Der Anblick war von einer wunderbaren Würde. Mir stiegen Tränen in die Augen, als ich über sie hinweg schwamm und sich die Schatten meiner Arme auf ihren Flossen abzeichneten. Die nächste halbe Stunde umkreiste ich sie wie hypnotisiert. Die ganze Zeit über blieb sie in dieser meditativen Pose. Ihr Kalb schwamm unter ihr, ahmte sie nach und lugte ab und an zu den Schwimmern. Die begleitenden Wale hielten sich ruhig in der Nähe auf und beobachteten uns genau. Schließlich beendete das Muttertier diese Stunde des Miteinanders, indem sie sich langsam und vorsichtig auf die Seite drehte, um keinen Schwimmer zu treffen oder in ihrem Sog mitzuziehen. Dann zog sie mit ihrem zwölf Meter langen und mächtigen Walkörper davon. Anfangs klopfte mein Herz heftig, bei der Vorstellung, mit einem Wal dieser Größe zu schwimmen; doch es beruhigte sich schnell dank ihrer freundlichen, uns herzlich anziehenden Energien.

Obwohl unsere Gruppe nach diesem ekstatischen Erlebnis entspannter und gelöster wirkte, machte sich doch spürbar Neid breit, weil die andere Gruppe die Wale angeblich erfolgreicher anlocken konnte. Man hielt sich für die »Verlierer« eines uneingestandenen, heimlichen Konkurrenzkampfes. Die Gruppenführer trugen unabsichtlich zu unserem wachsenden Pessimismus bei, als sie uns scherzend fragten, wer von uns eigentlich »das Problem« verursache. Wir konnten den Walen in den darauffolgenden Tagen zwar bei ihren Vorführungen beobachten, doch es kam zu keinen weiteren Begegnungen – unsere Anziehungskraft schien sehr gering zu sein.

Am letzten Tag entschied ich, mich nicht mehr für die Gruppensynergie einzusetzen, sondern mich selbständig zu machen und darauf zu konzentrieren, Erlebnisse mit Walen unter Wasser für mich zu verwirklichen. Ich löste mich von der Gruppe und konnte mich nun besser auf die Methoden konzentrieren, die ich von den Delfinen gelernt hatte. Ich bemühte mich, anziehender auf die Wale zu wirken. So ließ ich alle kollektiven Zweifel der Gruppe von mir abfallen und füllte mein Herz mit Liebesenergie. Dann konzentrierte ich mich allein auf das Ziel, die Wale zu mir zu holen, anstatt darüber zu grübeln, ob mir das unter den gegebenen Umständen gelingen könnte.

Es dauerte nicht lange, bis sich einige Wale unserem Boot näherten. Als sie erschienen, beeilte ich mich ins Wasser zu springen, um mich ihnen zu zeigen. Jetzt war ich allein im Ozean und fand mich plötzlich direkt vor einer Walmutter und ihrem Kalb. Ich konnte ihnen in die Augen schauen, so nah waren sie, dass mein Herz zu rasen begann. Diesem Paar folgten weitere Mütter, die ihre weichen, ungelenken Kälber auf dem Rücken trugen. Sie fixierten mich mit ihren großen seelenvollen Blicken. Ein Paar glitt etwa drei Meter unter mir her. Ich erschrak und staunte zugleich, als ich dieses »schwimmende Gebilde« unter mir hertreiben sah.

Nach diesen wunderbaren Zusammentreffen kehrte ich ins Boot zurück. Kaum eingestiegen, hörte ich einen Wal singen. Sein Gesang war derart laut, dass er durch den Rumpf des Bootes zu uns hallte. Ich sprang wieder ins Wasser und antwortete ihm, worauf er jeden meiner Töne nachmachte und dann auf den nächsten wartete. Eine Zeit lang kommunizierten wir auf diese Weise, wobei der Wal immer näher kam. Schließlich schien er mir so nah zu sein, dass ich mich wunderte, warum ich ihn noch nicht sehen konnte. Ich tauchte auf, um die beiden Männer, die mit mir ins Wasser gestiegen waren, zu fragen, ob sie ihn entdeckt hatten. Dabei schaute ich nach links und sah auch schon seine Schwanzflosse hoch ausgestreckt aus dem Wasser ragen. Er verharrte einige Minuten in dieser Position und schwenkte die Flosse hin und her. Offenbar hatte der Wal nicht nur meine Frage beantwortet, sondern auch Lust gehabt, uns ein wenig an der Nase herumzuführen.

Als der Wal dann wieder unter die Wasseroberfläche glitt, tauchten auch wir ab. Dann wechselte er von der hohen Tonlage in eine sehr tiefe. Unsere Körper vibrierten in diesem unglaublich tiefen Ton. Er durchzog unsere Brust mit einer Kraft, dass wir alle gleichzeitig auftauchten und uns gegenseitig zuriefen: »Hast du das gerade auch gespürt?« Der Wal blieb in dieser Tonlage und machte uns damit allen deutlich, dass er die Macht besaß, unsere Lungen zum Explodieren zu bringen. Als ich später über die Niederfrequenz-Experimente unserer Regierung erfuhr, begriff ich, wie sehr sie das Leben gefährden können.

Obwohl sich meine Schulterverletzung verschlimmert hatte, war ich nach der Begegnung mit dem singenden Wal völlig schmerzfrei, und ich hatte auch später keine Beschwerden mehr. Trunken vor Glück und Begeisterung kehrte ich zum Boot zurück.

Mittlerweile hatten auch alle anderen ihre Schwimmanzüge angezogen und waren bereit, ins Wasser zu springen. Sie reagierten ziemlich spät, und ich dachte unwillkürlich an die Lehre der Delfine, wie wichtig es ist, sich Träumen zu stellen, wenn sie zu uns kommen. Davon hängt der Erfolg eines Vorhabens ab.

An unserem Abend vor der Abreise glitten einige Wale bei Sonnenuntergang ganz nah an unser Boot heran. Mehrmals schwenkten sie zum Abschied ihre Brust- und Schwanzflossen. Ich freute mich über die auf dieser Reise gemachten Erfahrungen und meine wachsenden Fähigkeiten, meine Träume zu verwirklichen.

Miguel San Ignacio

Unser erster Abend im mexikanischen San Ignacio war einfach fantastisch. Vor uns lag eines der schönsten Paarungsgebiete für Wale. Leider ist es bedroht, weil der Mitsubishi-Konzern dort den Bau einer Salzgewinnungsanlage plant. Das Wasser der Lagune schimmerte in allen erdenklichen Blautönen, weiße Meeresvögel stiegen vor dem Blau des Meers auf in den Abendhimmel, und im Hintergrund erhob sich blassgelb unter dem bereits aufsteigenden Mond das Gebirge. Das rot-orange Licht der untergehenden Sonne fiel auf unsere recht einfachen Hütten und Zelte. Die Plastikbehälter mit dem Duschwasser lagen in den letzten wärmenden Strahlen der Sonne. Niemand beklagte sich über die schlichte Unterbringung, allein die lauten »Oohs« und »Aahs«, vermischt mit dem Klicken der Kameraauslöser, waren zu hören.

Am nächsten Morgen brachen wir früh in kleinen, von mexikanischen Führern gesteuerten Motorbooten auf, um die berühmten zutraulichen Grauwale von San Ignacio zu besuchen. Wir saßen zu sechst in einem Boot und fuhren mit zwölf weiteren Booten aus. Dies war das Limit, mehr Boote durften nicht gleichzeitig in die Lagune fahren. Alle Passagiere waren für das besondere Walerlebnis von weit her angereist, und unsere gemeinsamen Hoffnungen und Ängste stiegen gewaltig an.

In unserem Boot saßen ein erfolgreicher, vornehmer Geschäftsmann, seine wunderschöne Frau, die Tierärztin war, und eine Sozialarbeiterin mit ihrer gebrechlichen Mutter, die sich ohne Erlaubnis ihres Arztes aufgemacht hatte, um vor ihrem Tod noch einen Wal zu küssen. Die Wale schienen überall in der Lagune zu sein, dennoch wichen sie den Booten aus. Eine zaghafte Stimmung breitete sich aus. Enttäuscht beobachtete ich, dass einige der mexikanischen Bootsführer den Walen hinterherjagten. Drei Jahre zuvor bei einer Reise in ein anderes Gebiet waren sie noch zurückhaltender. Die gestiegenen Erwartungen der zahlenden Besucher hatte sie zu diesem aggressiveren Verhalten verführt.

Schnell ließ ich meinen Ärger über diese Entwicklung fahren, und suchte nach einem Gespräch. Nachdem ich erfahren hatte, dass die Tierärztin auch von der telepathischen Begabung der Meeressäuger überzeugt ist, konzentrierte ich mich wieder bewusst auf die Begegnung mit den Walen. Bald hatte ich mich in den richtigen Zustand versetzt, um sie anzuziehen. Meine Gereiztheit war überwunden und ich fühlte meine innere Balance wiederkehren. Ich stellte fest, dass mir die Methoden der Delfine mittlerweile zur zweiten Natur wurden.

Bald tauchte vor unserem Schiffsbug eine Walmutter mit ihrem Kalb auf. Beide hatten ein weißes, irisförmiges Mal an der Längsseite. Sie tauchten wieder ab und schossen dann gleichzeitig kurz mit dem Kopf hoch, um einen »Spion-Blick« auf uns zu werfen, was unter Walkennern auch als »Spy-Hopping« bezeichnet wird. Dann kam das Kalb mit einigen »Spionhüpfern« näher heran und begann, uns zu umgarnen. Ausgelassen drehte es sich vor uns auf die Seite. Bald kam die Mutter dazu, und beide flirteten eine halbe Stunde lang mit unserer Gruppe.

Unser Bootsführer lenkte das Boot in einem geschickten Winkel an sie heran und hielt dabei respektvoll Distanz. Dann stoppte er, ließ aber den Motor laufen, so dass sie uns peilen konnten. Es dauerte nicht lang, und sie kamen bis auf wenige Zentimeter an unsere ausgestreckten Hände heran.

Ich sandte Wellen der Liebe aus meinem Herzen zu der Mutter, die wir später Iris nannten, und ihrem Kalb und wünschte mir nichts mehr, als sie so nah zu mir zu locken, dass ich sie mit den Händen berühren konnte. Das Kalb kam immer näher, betrachtete mich ganz genau, zog sich dann wieder ein Stück zurück, um sich erneut heranzuwagen. Manchmal bekam es auch einen zusätzlichen Stups von der Mutter. Ich hielt die Anziehungskraft, die ich zwischen uns aufgebaut hatte, spirituell fest, und schließlich war das Kalb neben dem Boot. Es hob den Kopf aus dem Wasser, genau unter meiner Hand, und verharrte einen Moment, so dass ich seine samtige Kopfwölbung streicheln konnte.

Daraufhin streckte es seinen Kopf ganz aus dem Wasser heraus, bis es mein Gesicht erreicht hatte – ich hing mittlerweile über dem Bug –, und begrüßte mich. Ich liebkoste und umarmte das Kalb, und es schien sich meine Liebe ebenso zu wünschen, wie ich mir die seine, denn mehrmals wiederholte es die herzliche Geste.

In dieser Woche gelang es mir, noch viele andere Wale zu streicheln, ich sah Sprünge und Luftblasen, sah die alte Frau einen Wal küssen, und ein ausgelassener Wal spritzte mir sogar einen Schwall Wasser direkt ins Gesicht. Aber die außergewöhnlichste Begegnung blieb die mit der Mutter und ihrem Kalb, denn ich wusste, dass ich die beiden mit Hilfe der Delfinlehren zu mir geholt hatte.

Bei meiner Rückreise in die Vereinigten Staaten dachte ich darüber nach, wie wundervoll unsere Gesellschaft und unsere Welt sein könnten, wenn wir den Kindern schon in der Schule die Lehren der Delfine zur Verwirklichung von Träumen näher bringen würden.

Ein goldenes Herz schenkt ein goldenes Leben.
Gurumayi Chidvilasananda

DIE SECHSTE ERKENNTNIS

Aus reiner Freude springen

Bleibe dir selbst treu,
um deine Freiheit und Freude zu bewahren.

Nach diesen glücklichen und ermunternden Reiseerlebnissen tauchte ich zu Hause wieder ganz in meinen Alltag ein. Bald hatte ich immer weniger Zeit für mein morgendliches Programm – wenn ich es überhaupt schaffte –, und mit fehlte die Muße für meine Traumreisen und Meditationen. Zwar achtete ich, feinfühliger geworden, auf meine innere Stimmung und gebot allen negativen Zukunftsszenarien, die ich mir eventuell ausmalte, und den deprimierenden Begleitgefühlen rechtzeitig Einhalt, doch die bewusste, aktive Konzentration auf meine Wünsche fand keinen Platz mehr in meinem Tagesplan. Ich fühlte mich wie ein Mönch, der sich aus der friedlichen Einsamkeit seines Bergklosters in das Treiben der Großstadt begeben hatte. So war es eigentlich kein Wunder, dass sich meine Träume nicht so reibungslos wie auf meinen Reisen verwirklichen ließen.

Als Gegenmaßnahme nahm ich mir selbst das Versprechen ab, jeden Tag wieder mindestens eine Stunde mit meinen Übungen und Meditationen zuzubringen. Sie waren, das hatte ich ja auf meinen Reisen gelernt, der Schlüssel zu meinem Glück. Ich hatte verstanden: Immer wenn ich den Übungen mehr Zeit widmete, bekam mein Leben einen zusätzlichen Energieschub. Wenn ich dagegen eine Zeitlang nur das Minimum erfüllte oder meine Übungen ganz fallen ließ, spürte ich, wie meine Lebensenergie innerhalb weniger Tage abnahm. Durch das mehrmalige Unterbrechen und Wiederaufnehmen meines Programms ist mir noch deutlicher bewusst geworden, wie wichtig es ist, an meinen Träumen aktiv zu arbeiten.

Noch ein weiteres Hindernis stellte sich meinen Wünschen in den Weg. Während ich gerade dabei war, die von den Delfinen gelernten Grundsätze anzuwenden, bekam ich das herausfordernde Angebot eines großen Verlages, mein Delfin-Buch zu veröffentlichen. Ich freute mich zwar sehr, dass ich das angesehene Verlagshaus auf mich hatte aufmerksam machen können, doch die Bedingungen unserer Zusammenarbeit erschienen mir ausgesprochen einseitig. Ich hatte Vorbehalte, diese ungleiche Partnerschaft zu akzeptieren. Andererseits wollte ich mir die Chance auch nicht entgehen lassen, und so geriet ich in ein ziemliches Dilemma.

In meiner Unsicherheit halfen mir auch meine bisherigen Methoden nicht weiter. Also beschloss ich, die Delfine um Rat zu fragen, und fuhr in die Bucht. Ich wusste nicht, ob sie auf meine Frage reagieren würden, denn zum ersten Mal kam ich mit einem handfesten Anliegen zu ihnen. Aber ich wollte es zumindest versuchen, denn das Buch erzählte von ihnen und ihren Botschaften an die Menschen.

Springen in die Unabhängigkeit

Als ich in der Bucht ankam, zog es mich zu den Klippen. Unten im Meer ragten Delfinflossen aus dem Wasser heraus. Schnell parkte ich mein Auto, packte meine Sachen, baute meinen Stuhl auf, und stellte meine Frage, noch bevor ich saß. Im selben Augenblick sprang auch schon ein ausgewachsener Delfin etwa drei bis vier Meter hoch in die Luft. Mit dem Sprung erhielt ich eine Botschaft, die sich eindringlicher als sonst in meine Gedanken einprägte: »Springe aus Freude!« Zwar entzückte mich der überraschende Sprung, doch mit der Botschaft konnte ich nichts anfangen. Ich war irritiert, dass sich der Delfin angesichts meines echten Problems so schelmisch verhielt. Der Meeressäuger wiederholte seinen Sprung, und dieses Mal hörte ich ganz deutlich in meinen Gedanken: »Schreib das Buch aus Freude!« Ich erzitterte und verstand plötzlich, was er mir sagen wollte.

Ich hatte von gefangenen Delfinen oftmals gefordert, meist leicht nörgelnd, dass sie doch einmal wieder aus Lust und Freude springen sollten, wie vor ihrer Gefangenschaft. Denn ich war überzeugt, dass sie ihre innere Freude am Springen nicht verlieren durften, nur weil sie nun dressiert wurden, für Belohnungen zu springen. Dann würden sie sich auch in Gefangenschaft glücklicher fühlen. Meistens ignorierten die Delfine der Hotel- und Meeresaquarien meinen Vorschlag. Einmal jedoch überraschte mich Keola. Er reagierte auf meine mentale Aufforderung mit einem hohen Sprung und landete dann mit einem Bauchklatscher genau vor mir in seinem Hotelbassin. Es stimmte mich nachdenklich, mehr als ich erwartet hatte, einen gefangenen Delfin zwischen seinen Showauftritten einfach aus Freude springen und die typische Bauchlandung machen zu sehen, die ich so oft bei frei lebenden Delfinen beobachtet hatte. Einen Augenblick lang strahlten wir uns an, nachdem er wieder aufgetaucht war, waren aber zugleich auch erschreckt.

Nun forderten die wilden Delfine mich auf ähnliche Weise auf, mein Buch »aus reiner Freude an der Sache« zu schreiben, ohne auf die Belohnung zu schielen. Wie viel Weisheit und Humor steckten doch hinter diesem Vorschlag! Die Delfine tauchten unten vor den Felsen auf und ab. Laut rief ich ihnen zu: »Ich hab's kapiert!«, und freute mich über ihren tiefsinnigen Humor und die wunderbare sechste Erkenntnis.

Dankbar nahm ich die neue Lebensregel an, aber in mein Buch wollte ich sie nicht mehr aufnehmen, weil ich keinen direkten Zusammenhang zu dem Thema der Verwirklichung von Träumen sah und weil es dabei zu sehr um mich persönlich ging. Dennoch wurde ich wiederholt dazu aufgefordert, die neue Erkenntnis in mein Buch mit einzubeziehen. Während ich noch überlegte, dämmerte mir allmählich, wie unglaublich klug die Antwort der Delfine war. Wenn ich mein Buch – auch wenn in ihm jahrelange Arbeit stecken würde – aus reiner Freude und ohne einen Gedanken an das Honorar oder das eventuelle Prestige schrieb, würde ich mich befreien. Wenn ich also dieses Gefühl der Unabhängigkeit von jeder Art der Bestätigung wiedergewönne – so wie ich es den Hoteldelfinen immer wieder riet –, könnte ich mein Buch frei aus meinem Herzen und aus keinem anderen Grund als aus der Freude schreiben, die ich am Beginn meines Schreibens noch empfunden hatte.

Ich erinnerte mich an das unbefangene Lebensgefühl meiner Kindheit, bevor ich lernte, auf die Urteile anderer zu achten und bevor ich jenes Geld verdienen mußte, das zum Symbol der Sicherheit und zum Wertmaßstab unserer Gesellschaft geworden war. In diesen frühen Kindheitsjahren fiel es mir leichter, mir treu zu bleiben und nach meinen Überzeugungen zu handeln, ohne darauf zu achten, ob andere mich verstanden, mir zustimmten oder mich belohnten. Wenn sich jeder von uns diese Freiheit wieder erobern würde, könnten wir wahrhaftiger unser höheres Selbst leben. Persönliche, gesellschaftliche und weltverändernde Entscheidungen würden dann nicht mehr allein aus dem Bestreben getroffen, Anerkennung zu bekommen, Besitz, Job und Status zu wahren und Macht zu erhalten. Wie die Delfine sollten auch wir Menschen unsere Entscheidungen nicht von sekundären Faktoren wie Geld abhängig machen, sondern uns auf unsere echten Werte besinnen. Meine neue Einstellung und das daraus gewonnene Gefühl der Freiheit erzeugten in mir eine wahre Hochstimmung, so dass auch ich aus reiner Freude hätte in die Luft springen können. In den nächsten Wochen ging mir das Schreiben leicht und flüssig von der Hand, allein aus Freude am Schreiben.

Dann bekam ich meinen Vertrag, aus dem zu schließen war, dass mein Honorar zusätzlich gedrückt werden sollte und dass die Fertigstellung und Veröffentlichung des Buchs noch in der Schwebe hing. Als man auf meine Gegenvorschläge und Gesprächsangebote ungeduldig reagierte – offenbar weil ich mich als gleichberechtigte Partnerin verstand –, erschien mir ihr Angebot nicht mehr akzeptabel. Dennoch fiel es mir schwer, einem so großen Verlag den Laufpass zu geben. Deshalb kämpfte ich innerlich mit meiner Entscheidung.

Ich ging also noch ein weiteres Mal zu den Delfinen, um sie um Rat zu fragen. Wieder warteten sie bereits vor den Klippen. Sie strahlten eine ernste, fast feierliche Stimmung aus und zeigten keine Freudensprünge. Wieder erhielt ich einen besonders starken Impuls. Die Botschaft sagte mir, dass es stets leicht und wie selbstverständlich funktioniert, wenn man aus reiner Freude springt, und wenn man frei ist. Wenn du aber deine Freiheit verloren hast, bedarf es sehr viel mehr Anstrengung, aus einen lustvollen Gefühl heraus zu hüpfen. Deswegen ist es besser, so weit es möglich ist, schon im Voraus für eine unabhängige Situation zu sorgen. Dies war der zweite Aspekt der sechsten und letzten Erkenntnis der Delfine.

Als ich über diese Lehre nachsann, standen mir einige meiner Delfinerlebnisse wieder vor Augen. Ich erinnerte mich an den zutiefst traurigen gefangenen Delfin, der uns den Schmerz seiner Gefangenschaft so deutlich übermittelt und uns damit demonstriert hatte, dass er den Kampf, auch ohne Freiheit Freude zu empfinden, verloren hatte. Ich dachte daran, wie Iwa jahrelang stets Liebe geschenkt und ihre Heilkraft ausgesandt hatte, bevor sie in Depressionen verfiel, weil man ihre Bedürfnisse missachtete, sie von ihrer Familie trennte und in ein kleines, überfülltes Wasserbecken einsperrte. Ich dachte an Maka, der nicht nur mich in den schweren Zeiten meiner Ehe aufgemuntert, sondern auch vielen anderen Menschen Kraft gegeben hatte. Zwei leidvolle Jahre lang musste er in seiner Isolation ausharren, bevor er zur Lagune zurückkehren durfte. Und nun hatte der Graue Star seine funkelnden

Augen befallen, und es wird für ihn keine Heilung mehr geben. Ich dachte an die Tausende von Delfinen und Walen, die es nicht geschafft hatten, sich in Gefangenschaft durchzusetzen, sondern einfach starben, Selbstmord begingen oder krank und depressiv wurden.

Meine Gedanken wanderten weiter zu den Menschen, die ihre Jahre der Gefangenschaft überstanden haben. Wie tief ehren und respektieren wir Menschen wie den berühmten Psychiater Viktor Frankl (*Trotzdem Ja zum Leben sagen*), der seine Lebenskraft in den Konzentrationslagern der Nazis nicht verlor, oder Menschen wie meinen Freund, Captain Jerry Coffee (*Beyond Survival*), der Jahre der Gefangenschaft in Hanoi überlebte und nicht aufgab. Ich dachte an die unzähligen Menschen in unserem Land und auf der ganzen Erde, die Verachtung und Geringschätzung durch andere erfahren und sich nicht dagegen behaupten können. Vergeblich versuchen sie sich mit Antidepressiva oder anderen Mitteln, Mut zu machen und ihre Lebenskraft zu stärken.

Der Kampf der Menschen um Herrschaft, Macht, Status und Geld durchdringt und bestimmt alle unsere Lebensbereiche. Zudem fühlen wir uns anderen Menschen wie auch anderen Lebewesen oftmals überlegen. Auch wenn die Überlegenheitshaltung bei vielen Menschen nur unterschwellig spürbar ist, sie ist unser gravierendster Irrtum. Sie ist die Quelle der Probleme, die wir uns selbst und anderen schaffen. Wir sind unfähig, andere so zu betrachten, wie sie sind, und sie als völlig ebenbürtig zu respektieren. Deshalb erachten wir Menschen uns untereinander für gering und missachten und ignorieren den Wert der Erde, der Ozeane und all der wunderbaren Geschöpfe, die sie mit uns bewohnen.

Ich wusste nun, warum die Delfine mir diese wichtige sechste Erkenntnis nahe gebracht hatten. Freiheit und Gleichheit sind die Voraussetzungen zum Glücklichsein. Erst wenn diese Voraussetzungen erfüllt sind, können die Methoden zur Verwirklichung von Träumen greifen. In Anbetracht des menschlichen Strebens, Macht über andere zu gewinnen, fragte ich mich, wie viele Menschen die Lehre von der Freiheit und Gleichheit in ihrem Berufs- und Privatleben umzusetzen vermögen.

Wie es das Schicksal wollte, besuchte ich gerade an jenem Abend einen Vortrag von Marianne Williamson, der mit stehenden Ovationen des Publikums endete. Sie ermutigte Menschen, die Geringschätzung und Verachtung erfahren hatten, sich gegen die Ungerechtigkeiten in ihrem Leben aufzubäumen. Ihre Liste der Menschen, die in diese Kategorie fallen, war lang: Frauen, insbesondere Opfer von Vergewaltigungen und Kindesmissbrauch, vernachlässigte und misshandelte Kinder, Menschen verschiedener Rassen und Religionen, Homosexuelle, Arme und Chancenlose und auch jene, die erniedrigende Arbeit unter elenden Bedingungen verrichten müssen. Sie schloss auch Menschen ein, die sowohl in ihren persönlichen wie ihren beruflichen Beziehungen in einer Partnerschaft ohne Gleichberechtigung stecken. Und sie nannte die Millionen von Menschen, die es nicht wagen, gegen Verletzungen des menschlichen Geistes aufzubegehren, gegen den Holocaust, die Sklaverei, ethnische Säuberungen und andere Verbrechen aus Hass, ebenso wie gegen das Lügen und Betrügen in der Wirtschaft, in der Wissenschaft, der Medizin, der Gesetzgebung und den Staatsgeschäften. Sie sprach auch darüber, wie wir mit anderen Spezies und dem Planeten umgehen, den wir als unsere Heimat betrachten. Als besonders entscheidend aber betonte sie, dass es nicht an Menschen mit hohen Werten und Gerechtigkeitsgefühl fehle, sondern an Menschen mit dem Mut, sich für ihre Werte einzusetzen. Doch den Mut und die Kraft, um für Gleichheit und Freiheit einzutreten, erlangen wir erst, wenn wir uns unsere Situation vergegenwärtigen. Wir können die neue Welt unserer Träume nicht gestalten, ohne zuerst unsere niederen Eigenschaften abzustreifen und die Normen der Welt, die es zu überwinden gilt, aufzubrechen.

Aber ich begriff auch, warum wir meistens anders handeln. Nichts ist schwerer und herausfordernder, als sich aus Abhängigkeiten zu befreien. Viele Ängste müssen überwunden werden, aber noch schlimmer ist es, sich freiwillig in Gefangenschaft zu begeben.

Meistens ist es leichter, als wir denken, sich für die eigenen Überzeugungen einzusetzen. Wir müssen einfach aussprechen, was wir wirklich meinen, anstatt aus Furcht vor der Verachtung anderer oder aus Angst, unseren festen Platz in einer ungleichen Partnerschaft zu verlieren, zu schweigen.

Wir akzeptieren unsere hierarchisch strukturierte Gesellschaftsordnung als kulturell gegeben, und jeder spielt seine Rolle, um sie zu bewahren. Weil wir alle gemeinsam an der Erhaltung dieser Hierarchie arbeiten, liegt die Verantwortung für die Folgen auch nicht allein bei einer Person. Manchmal hatte ich den dominierenden Part in einer ungleichen Partnerschaft inne, und es fiel mir sehr schwer, diese Rolle aufzugeben. Aber ich kann nicht erwarten, dass nur der schwächere Teil

Konsequenzen aus der ungleichen Situation zieht. Sobald sich aber einer von uns von den üblichen Verhaltensmustern löst, beginnen sie aufzuweichen und können dann letztlich auch verschwinden. Weil Menschen, die eine Machtposition innehaben, Veränderungen kaum von sich aus herbeiführen, müssen die Menschen, die auf der anderen, benachteiligten Seite stehen, mutig den Anfang machen. Jedesmal wenn wir uns ungleich behandelt fühlen, sollten wir aufwachen, den ersten Schritt tun und für unsere Freiheit eintreten. Das hatte ich schon als junge Frau in den frühen sechziger Jahren zu Beginn der Frauenbewegung beherzigt, und genau das ist jetzt wieder erforderlich.

Ich vergaß meine Befürchtungen und nahm mir vor, in allen meinen Beziehungen als Mensch und als Autorin zu meinem Recht auf Gleichberechtigung und Freiheit zu stehen. Dabei empfand ich weder Bitterkeit noch Wut – so wie die Delfine es mich gelehrt hatten. So brach ich am darauffolgenden Tag auf, um den unbefriedigenden Vertrag endgültig abzulehnen und einen Verlag zu suchen, der mich als gleichberechtigte Partnerin akzeptierte. Andernfalls wollte ich das Buch im Selbstverlag herausgeben. Nachdem ich diesen Entschluss gefasst hatte, fühlte ich mich wieder frei.

Zwar hatte dieser Schritt Kraft gekostet, doch ich wusste, dass es die richtige Entscheidung war. Ich dachte an die vielen Menschen, die es noch nicht geschafft hatten, ihr Recht auf Gleichheit und Freiheit in unserer Gesellschaft geltend zu machen, und wie wichtig deswegen auch für sie die sechste Erkenntnis der Delfine ist.

Mein nächster Traum

Nachdem ich dem großen Verlag eine Absage erteilt hatte, feierte ich die neue Erfahrung, dass ich persönlichen Mut bewiesen und meine Freiheit bewahrt hatte. Anschließend forderten die Delfine mich auf, zum Spiel zu ihnen in die Bucht zu kommen. Auf dem Weg dorthin, bat ich sie um ein Zeichen, ob sich bald eine gleichberechtigte Zusammenarbeit mit einem anderen Verlag ergeben würde. Dabei merkte ich, um wie viel gelassener ich dieser Sache jetzt entgegenblickte.

Als ich ankam, sah ich die Delfine in der Nähe der Klippen. Dann verlor ich sie aus den Augen, parkte mein Auto am Straßenrand und schaute übers Meer. Im selben Moment brachen zwei junge Delfine zu einem perfekten Synchronsprung aus dem Wasser, krümmten ihre Rücken und schlugen einen seltenen und wunderschönen doppelten Rückwärtssalto. Zum ersten Mal sah ich einen solchen Sprung im Duo. Ich verstand ihn als symbolische Botschaft und interpretierte sie dahingehend, dass ich eine gleichgesinnte Partnerschaft zwischen einem Verlag und mir finden werde. Als ich dieser unbezahlbaren Vorführung zuschaute, verließen mich all die Minderwertigkeits- und Angstgefühle, die mich als unbekannte Autorin befallen hatten.

Dankbarkeit

Ich saß noch immer in meinem Auto und vertiefte mich noch einmal ganz in dieses Erlebnis. Dann sah ich die Delfine in Richtung Bucht schwimmen und entschied mich, ihnen zu folgen. Kaum war ich ins Wasser gestiegen, begann ein junger Delfin, mir Laute zu schicken. Ich sandte ein »yeeha« aus, und diesen Ruf schien er nachzuahmen. Zunächst glaubte ich, mich getäuscht zu haben, dann aber wiederholte er mehrmals und damit offensichtlich meinen Freudenruf.

Anschließend erlebte ich ein ganz besonderes Wiedersehen mit meinen engsten Delfinfreunden, die zehn Jahre lang meine Lehrer gewesen waren. Zunächst versammelten sich sechs Delfine tiefer im Meer unter mir und drehten eine Spirale. Danach glitt eine Mutter mit ihrem winzigen, erst ein oder zwei Tage alten Baby eine Zeit lang neben mir her. Das Baby befand sich hinter der Mutter, lugte an ihr vorbei zu mir hin und huschte unter ihr her, so dass es einen Moment lang zwischen uns schwamm. Dann zog es sich hinter seine Mutter zurück und wiederholte die ganze Aktion noch einmal. Mich erfüllte tiefste Befriedigung dafür, dass mir dieses einmalige Erlebnis zuteil wurde.

Das Gefühl der Dankbarkeit entwickelt sich nicht, wie wir vielleicht annehmen, als nachträgliche Reaktion auf ein schönes Erlebnis, sondern es ist in jeden glücklichen Augenblick bereits integriert. Dieses Gefühl hatte sich in mir gezeigt und niedergelassen, und ich wusste, dass das die Folge eines neuen, positiven Verhaltensmusters war, das in meinem Leben Platz gefunden hatte, sich nun entfaltete und das Gute magnetisch anzog.

Innerhalb einer Woche stellte ich den Großteil meines Buches fertig. Dann besuchte ich die Hoteldelfine, die ich in der Zeit des Schreibens vernachlässigt hatte. Maka schenkte mir an diesem Tag seine besondere Aufmerksamkeit. Er glitt stolz mit einem Blatt auf der Schwanzfluke an mir vorbei, und Hoku, Iwas Sohn, tat es ihm nach. Ich war bezaubert von den intensiven Blicken, die mir beide gewährten. Wir schauten tief in unsere Herzen hinein. Die Delfine wirbelten mit ihren Brust- und Schwanzflossen herum, um Strudel zu erzeugen, schenkten mir die unterschiedlichsten Luftblasen und sprangen in einer mir von ihnen unbekannten Ausgelassenheit in der Lagune herum. Vielleicht feierten sie mit mir meine Entscheidung zur Freiheit.

Ein neuer Traum

Ein weiterer Monat verstrich. Ich stand kurz vor der Fertigstellung meines Buches. Drei andere Verleger hatten Interesse bekundet, aber dabei war es zunächst geblieben. Also plante ich innerhalb der nächsten Wochen, das Buch im Alleingang herauszubringen. In dieser Zeit fühlte ich mich sehr ausgeglichen und stark. Obwohl ich keinen Verleger gefunden hatte, gab ich mich keinerlei Frustgefühlen hin. Dann nahmen zwei weitere Verlagshäuser Kontakt mit mir auf. Innerhalb einer Woche unterschrieb ich einen Vertrag mit *Beyond Words*.

Eine Woche später arbeitete ich noch einige Vorschläge des Verlags in mein Buch ein. Dazu nahm ich das komplette Manuskript mit in die Hotellagune, um draußen in der Sonne zu arbeiten. Als ich zum Delfinbassin ging, wurde ich von Kaiko'o, der dort noch nicht lange lebte, ungewöhnlich stürmisch begrüßt. Er schoss vom anderen Ende des Geheges zu mir herüber, richtete sich auf und schaute mich freudig an. Dann sprang er trotz der Enge hoch auf und blickte mich unverwandt mit selbstzufrieden funkelnden Augen an.

Zu meiner Überraschung sprang Kaiko'o noch einmal. Dieses Mal landete er mit einem heftigen Aufklatscher. Dann schnellte Kaiko'o auf mich zu und richtete sich vor mir auf. Ich kreischte vor lauter Freude und fragte ihn, ob er die Freude spüren könne. Er stieg noch zu zwei weiteren Sprüngen auf – der letzte war sogar über zwei Meter hoch.

Springe aus Freude,
springe wieder und immer wieder.

ZUKUNFT

PFLEGE DEN GARTEN DER MENSCHEN

Aktiviere Güte und Mitgefühl

Liebevoll und geduldig nähern sich die Delfine unseren Küsten, tanzen für uns, spielen mit uns und erobern uns für die Liebe.

Fünf mächtige Schwertwale lagen völlig regungslos in einer Lagune vor den Küsten von Japan. Eine Handvoll Männer, die neben diesen sanften Riesen sehr klein aussahen, warfen ihre Seile über die Wale und fesselten sie mit stolz geschwellter Brust. Während die Männer bei der Arbeit waren, stießen weiter entfernt im Meer die restlichen Mitglieder der Schwertwal-Familie die schlimmsten Verzweiflungsschreie aus, die ich jemals gehört habe. Ich sah diesen Film in einem abgedunkelten Raum zusammen mit mehreren hundert Männern und Frauen 1998 bei der *Whales-Alive*-Konferenz. Es dauerte nicht lange, und wir schluchzten gemeinsam über das unendliche Leid der verwaisten Kälber, das wir alle selbst in uns zu spüren glaubten. Drei der fünf Wale, die an diesem Tag gefangen wurden, starben innerhalb weniger Wochen.

Während die Menschen derart barbarisch jagen, bleiben die Delfine und Wale uns gegenüber freundlich. Gleichgültig, was wir ihnen auch antun, sie sind immer wieder bereit, mit uns zu spielen, uns zu helfen und ihre Lebensweisheiten mit uns zu teilen. Wie alle, die ein ähnlich hohes Entwicklungsstadium erreicht haben, warten sie geduldig, dass unsere Herzen sich öffnen und unser kollektives Bewusstsein erwacht. Offenbar wissen sie, dass ihre Gegenwart in unseren Leben diesen Prozess beschleunigt. Deshalb kommen sie zu unseren Schiffen und Ufern. Sie machen uns ausfindig, um uns zu heilen, uns weiterzubringen und unser Potenzial an außergewöhnlichen Eigenschaften aus uns herauszuholen. Denn ihr Überleben hängt davon ab, dass unsere Herzen sich bewegen und wir ein höheres Verhaltensniveau entwickeln. Wird ihnen das gelingen, bevor wir sie und in der Folge auch uns vernichten?

Was geschieht, wenn wir nicht rechtzeitig erwachen? Wie können wir die Einsamkeit auf diesem Planeten ertragen, wenn der letzte Delfin am Horizont entlang getanzt ist und der letze Wal sein Todeslied gesungen hat? Wie werden wir ohne diese zauberhaften, vor Lebensfreude sprühenden Geschöpfe in unserer Mitte, die Begleiter unserer Lebensreise, überleben können? Werden wir uns einst fragen, was wir hätten lernen können, wenn wir nur einen Augenblick innegehalten und zugehört hätten?

Als ich der Gefangennahme der Schwertwale zusah, dachte ich daran, wie oft wir Wale und Delfine einfangen, sie von ihren geliebten Kindern und Familien trennen, nur um sie aus Profitgründen und für unser Entertainment für den Rest ihres Lebens in kleine Becken und Aquarien zu sperren. Wir nehmen gar nicht wahr, wie viele Delfine in Gefangenschaft sterben oder Selbstmord begehen, welch tiefe Depressionen sie durchleben und welche chronischen Krankheiten sie entwickeln, so dass sie oft dauerhaft auf Antibiotika angewiesen sind.

Ich dachte an die ungeheure Zahl der Delfine und Wale, die starben und sterben, weil sie sich in Treibnetzen verfangen, von Harpunen und Gewehren getroffen werden und die Verschmutzung der Meere nicht mehr aushalten. Zu allem Übel gibt es neuerdings Bestrebungen, die ohnehin schon armseligen, allgemein anerkannten Schutzbestimmungen und festgelegten Fangquoten zu lockern.

Ich dachte auch an die große Gefahr, die von Echolotexperimenten in den Ozeanen ausgeht. Und ich dachte daran, dass es Menschen gibt, die diese weisen Geschöpfe verspeisen, die ihre Haustiere mit Walprodukten füttern und die Leichen der Wale ausschlachten, um relativ unwichtige Produkte herzustellen. Trauer erfüllte mich über das mangelnde Bewusstsein der Menschen. Wie wenig begreifen sie, dass Wale und Delfine empfindende Wesen sind.

Ich dachte daran, dass wir ihre Meere für Nukleartests missbrauchen, dass wir unseren Atommüll dort begraben, und sie mit Chemieabfällen, Abwässern, Öl und Müll verseuchen, so als wären die Ozeane nichts als gigantische Mülleimer.

Ich dachte an unsere Gesetze, die es legalisieren, Treibnetze für den Thunfischfang auszuwerfen, obwohl sich Delfine darin verfangen können – und das nur für unsere Sandwiches und um im Konkurrenzkampf der Fischer jedem seinen Gewinn zu garantieren! Uns wird erzählt, dass die Delfine sich zufällig in diesen Netzen verfangen, und nehmen gar nicht wahr, dass die Tiere oft mit Hilfe von Hubschraubern und Sportflugzeugen aufgespürt werden, weil sich auf diese Weise die Thunfischschwärme entdecken lassen, die im Meer unter den Delfinen schwimmen.

Ich dachte an die übermäßige Lärmbelästigung, die wir diesen sehr hörempfindlichen Tieren durch die Schifffahrt und die Bohrinseln zumuten.

Ich dachte daran, wie sehr wir verkennen, dass Meeressäuger sensitive Wesen mit hoher Intelligenz und Weisheit sind, und dass sie uns darin mindestens ebenbürtig, wenn nicht viel weiter entwickelt sind. Dennoch weigern wir uns, sie als gleichberechtigt anzusehen, sprechen von ihrem »Bestand« und setzen mit Fangquoten fest, wie viele Tiere wir jährlich für die Forschung »nutzen« oder vernichten dürfen.

Ich dachte daran, mit welcher Trägheit wir das illegale Auswerfen von kilometerlangen Treibnetzen ignorieren, in denen willkürlich Tonnen von Fischen, Schildkröten, Delfinen und anderer »Biomasse« landen, von der der »unbrauchbare« Großteil wieder ins Meer zurückgeworfen wird, um auf dem Meeresgrund zu verrotten. Trotzdem wundern wir uns noch, warum es immer weniger Populationen im Meer gibt und warum die Fischgründe der Welt sich so alarmierend schnell verringern.

Wie unachtsam, wie egoistisch, grob und manchmal auch aggressiv verhalten wir uns sogar dann noch, wenn wir Wale und Delfine beobachten und mit ihnen schwimmen und eigentlich unsere Liebe und Achtung für sie zum Ausdruck bringen wollen.

Manche staatlichen Organisationen, die sich offiziell um den Schutz der Meeressäuger und anderen Meeresbewohner kümmern müssen, erteilen zugleich aus Rücksicht auf politische Interessen, Geldverteilung und Arbeitsplätze die Erlaubnis für Forschungsprojekte, die Tiere und Meere zugleich gefährden.

Schließlich dachte ich auch daran, wie leicht in uns Wut auf all jene aufsteigt, die für diese Probleme verantwortlich sind, und wie schnell wir anderen die Schuld zuweisen. Doch diese Reaktion wird uns nicht weiterhelfen, weil wir damit nur noch mehr negative Energie in die Welt ausstrahlen. Jeder sollte zunächst bei sich anfangen und versuchen, mit Hilfe der Lehren der Delfine sein Bewusstsein zu erweitern und ein nachdenklicheres Verhalten zu entwickeln. Hier sind einige Vorschläge, wie Sie das umsetzen könnten:

Möglichkeiten, die Situation zu verbessern

Richten Sie Ihre Aufmerksamkeit und Konzentration auf den Gedanken, dass die Menschen sich zu einer Spezies entwickeln, die mehr Nächstenliebe verinnerlicht und ihre Welt und alle anderen Geschöpfe mit Liebe und Respekt behandelt.
Sie können diese Zukunftsvision mit täglichen Meditationen aktivieren.
Sie können auch die Regeln für Begegnungen mit Meeressäugern, die sich im Anhang des Buches befinden, beherzigen und sie an andere Menschen weitergeben.
Wenn Sie Geld für Spenden übrig haben, können Sie es den Organisationen zugute kommen lassen, die sich aktiv für den Schutz der Meeressäuger und ihrer Ozeane einsetzen. (Siehe Adressen im Anhang.)
Vielleicht möchten Sie auch selbst in einer dieser Organisationen zum Schutz unseres Planeten aktiv mitwirken.

Alle diese Möglichkeiten, tätig zu werden, beinhalten wesentliche Aspekte, wie wir gemeinsam die Welt unserer Träume gestalten und uns zu einer menschlichen Spezies entwickeln können, die zu wahrer Liebe fähig ist. Wenn wir uns aus tiefstem Herzen für dieses Ziel einsetzen, werden uns die Delfine und ihre Wal-Verwandten unterstützen. Sie besuchen unsere Küsten, um uns mit ihrer Magie zu verzaubern, uns in ihre Herzen zu ziehen und uns zu unserem höheren Selbst zu beflügeln.

Das Finale: Auch wir können es schaffen

Delfine können schwimmen, springen und sich höher und schneller um die eigene Achse schrauben, als es ihre Größe und physische Gestalt annehmen lässt. Wale schaffen es, sich mit ihren bis zu fünfzig Tonnen schweren Körpern aus den Tiefen des Meeres emporzuschwingen, um sich mit erstaunlicher Eleganz und Würde zu präsentieren.

Beide tauchen plötzlich wie aus dem Nichts auf, um auf einen Gedanken zu antworten, einer Bitte um Heilung nachzukommen oder ein verabredetes Treffen einzuhalten. Sie sind erfüllt von liebendem Mitgefühl, sie ruhen in Harmonie und strahlen unendliche Güte aus. Sie sprechen über viele Wege zu uns. Und wenn wir sie nicht verstehen können, finden sie immer einen Weg, uns zu erreichen. Sie gehören ganz einfach zu den großartigsten Geschöpfen, die unter uns leben.

Während dieser Reise mit ihnen haben die Delfine die Eigenschaften des höheren Selbst erklärt und dabei ihr Rezept für die Gestaltung einer Welt voller Schönheit eingesetzt. Indem sie sich allein auf das Beste in ihrem Wesen konzentrieren, erzeugen sie ein kraftvolles Energiefeld der Wahrhaftigkeit und Freude, das sie zu uns an unsere Küsten bringen. Zugleich nutzen sie diese Kraft, um uns zu heilen, zu lehren und uns in ihr positives Energiefeld hineinzuziehen.

Ihre großzügigen Unternehmungen mit uns berühren und öffnen unsere Herzen und fordern uns zu mehr Anstrengung heraus. Dabei warten sie unsere Erweiterung des Bewusstseins geduldig ab. Wir sollten diese wunderbaren Wesen als unsere Lehrmeister achten und von ihnen lernen, beständig Liebe zu allem und jedem in uns zu tragen. So können wir durch die Kraft der Liebe unserer Herzen den Himmel auf Erden verwirklichen.

Delfine und Wale singen tief unten im Meer und tanzen über den Horizont. Sie verführen uns zu ihrem Tanz der Weisheit, Liebe, Harmonie und Freude – und warten geduldig auf uns.

Anmerkungen

1 Kenneth S. Sluslick, »The Chemical Effects of Ultrasound«. In: *Scientific American,* Februar 1989, vol. 260, Nr. 2, S. 80 ff.

2 Ken Marten, Karim Shariff, Suchi Psarakos und Don J. White, »Ring Bubbles of Dolphins«. In: *Scientific American,* August 1996, vol. 275, Nr. 2, S. 82–87. Sie können die Luftringe auch im Internet bobachten: http://earthtrust.org oder unter: http://www.sciam.com.

3 Aus den Forschungen des *Hearthmath Institute* lässt sich ableiten, dass Liebe und Mitgefühl die Kräfte sind, die für den Energiefluss durch unsere Meridiane und Chakren sorgen. Wir wissen zwar, dass die DNA aus zwei Strängen besteht, doch ein dritter Strang ist entdeckt worden, und manche Forscher meinen, dass wir mit fortschreitender Entwicklung bis zu zwölf Stränge herausbilden können.

4 Die Sonolumineszenz ist eine Entdeckung der Physik. Kleine Blasen, die mit hochfrequenten Schallwellen beschossen werden, beginnen, innen blau aufzublitzen. Bei diesem Phänomen entstehen extrem hohe Temperaturen in den Bläschen. Ähnliche Bläschen sah ich an Tagen, an denen sich die Delfine in der Bucht aufhielten, und eine dieser Blasen schien an einem Tag Hitze abzustrahlen. Ich habe auch schon silbrig leuchtende Bläschen in der Hand gehalten, die nicht nur stabil waren, sondern sich ineinander verwoben, wie die Luftblasen, die in kochendem Wasser aufsteigen. Ich weiß nicht genau, wie diese Beobachtungen zu deuten sind, aber vielleicht können andere etwas damit anfangen.

5 Paul Pearsall, *Heilung aus dem Herzen,* München 1999.

Regeln für eine erfolgreiche Begegnung mit Meressäugern

Es ist zunächst von entscheidender Bedeutung, dass Sie sich Delfinen und Walen mit dem Respekt nähern, den Sie auch einem weisen Menschen entgegenbringen würden. Denken Sie daran, dass nur eine Begegnung, die von Delfinen und Walen selbst ausgeht, ein echtes Schwimmerlebnis mit diesen wunderbaren Geschöpfen ausmacht. Hinter ihnen herzujagen verhindert eher ein Zusammentreffen und führt in keinem Fall zu einer erfüllenden Begegnung.

Die folgenden Regeln richten sich sowohl an Schwimmer und Taucher sowie an Bootsführer, also an all jene, die Delfine und Wale in den Ländern, in denen es erlaubt ist, beobachten oder mit ihnen schwimmen möchten. (Wasserski fahren sollte man wegen der hohen Lärmbelästigung in der Nähe der Tiere grundsätzlich vermeiden.)

Jagen Sie niemals hinter den Tieren her, versperren Sie ihnen nicht den Weg, bedrängen und stoßen Sie sie nicht. Nähern Sie sich ihnen niemals frontal oder von hinten oder im rechten Winkel.

Nähern Sie sich langsam und mit Bedacht nur von der Seite oder parallel. Große Boote sollten hundert Meter, kleinere Boote mindestens zwei Bootslängen und Schwimmer etwa zehn Meter Abstand halten.

Immer wenn ein Delfin oder ein Wal seine Richtung ändert und sich von Ihnen entfernt, sollten Sie ihn nicht verfolgen.

Halten Sie immer genügend Abstand zwischen sich und dem Tier, um ihm die Gelegenheit zu geben, sich von selbst anzunähern. Damit bekunden Sie nicht nur Respekt, sondern Sie schaffen auch die geeigneten Voraussetzungen für ein besonders erfolgreiches Zusammentreffen.

Es sollten nie mehr als zwei Boote zur gleichen Zeit an die Tiere heranfahren. Das zweite Boot sollte dabei hinter dem ersten fahren. Die besten Begegnungen konnte ich in Australien und Mexiko beobachten, wo sich die Bootsführer gegenseitig respektieren und ihr Boot eher abdrehen, als ein anderes wegzustoßen. Die Folge ist, dass die Delfine und Wale dort oft länger bei den Menschen verweilen –, meistens sogar eine oder mehrere Stunden.

Die gleichen Regeln gelten auch für Schwimmer. Es sollten sich nie mehr als zwei bis vier Schwimmer gleichzeitig einem Delfin oder Wal nähern, und sie sollten dabei hintereinander bleiben. Wenn Menschen freundlich miteinander umgehen, reagieren die Tiere auf die positive Energie und bleiben eher bei ihnen, während sie verschwinden, wenn Menschen miteinander rivalisieren oder sich anfeinden.

Eine behutsame Annäherung führt dazu, dass die Delfine und Wale sich frei fühlen, von sich aus bleiben und meistens jedem Schwimmer einen Besuch abstatten. Drängen sich aber Boote und Schwimmer zu sehr um ein Tier, taucht es mit großer Wahrscheinlichkeit ab und verschwindet.

Motorengeräusche sollten so leise wie möglich sein, weil die Meeressäuger ausgesprochen hörempfindlich sind. Wenn sich Delfine oder Wale Ihrem Boot nähern, drosseln Sie die Geschwindigkeit und stoppen Sie das Boot, halten Sie aber den Motor im Leerlauf. Das dämpft den Lärm, gibt den Tieren aber ein akustisches Signal, um Ihre Position zu orten. Eine Ausnahme ergibt sich, wenn Delfine in den Bugwellen Ihres Schiffes reiten möchten. Wenn dies der Fall ist, lenken Sie das Schiff sehr vorsichtig, erfüllen Sie den Tieren den Wunsch, halten Sie dabei ein konstantes Tempo oder verlangsamen Sie die Geschwindigkeit gegebenenfalls.

Haben sich einmal Meeressäuger um Ihr Boot versammelt, müssen Sie unbedingt so lange bleiben, bis die Tiere von sich aus fortschwimmen. Abrupte Richtungsänderungen können ihren Hörsinn beeinflussen und zu einer Kollision führen. Erst wenn der Abstand zwischen Ihnen und den Tieren etwa zwanzig Meter beträgt, können Sie sich sicher, aber sehr langsam und vorsichtig entfernen.

Schwimmer, die sich von einem Boot aus zu den Tieren ins Wasser begeben, sollten sich sehr leise verhalten. Gleiten Sie immer nur von der Seite, parallel an die Tiere heran und nicht frontal oder von hinten. Schwimmer sollten etwa zehn Meter Distanz halten, um den Delfinen die Möglichkeit zu geben, von sich aus näher zu kommen, wenn sie es wünschen.

Wenn sich Schwimmer im Wasser befinden, sollten sich Boote etwa hundert Meter entfernt halten.

Ganz wichtig ist es, die Delfine und Wale nicht anzufassen oder gar nach ihren Brust- oder Schwanzflossen zu greifen, um auf ihnen zu reiten. Das gehört in den Bereich des Aufdringlichseins bei einer Begegnung zwischen Menschen und wilden Delfinen, insbesondere wenn eine Gruppe oder größere Herde involviert ist. Zwar kann es auch zu gegenseitigen Berührungen kommen, aber entscheidend ist, dass immer die Delfine den ersten Schritt tun müssen. Andernfalls werden Sie die unnötige Erfahrung machen, dass die Tiere das Treffen sofort abbrechen.

Lassen Sie allen Schmuck zu Hause, denn der kann den Delfin verletzen und außerdem Barrakudas anziehen. Auch Bälle oder anderes Wasserspielzeug sollten Sie aus denselben Gründen nicht dabeihaben.

Schwimmen Sie in ruhigen, gleichmäßigen Zügen und lassen Sie den Delfin oder Wal Geschwindigkeit und Rhythmus bestimmen.

Füttern Sie Delfine oder Wale niemals, denn das gefährdet ernsthaft ihre soziale Ordnung. Außerdem verändern die normalerweie sehr friedlichen Tiere dadurch ihre Einstellung zu Menschen, sie reagieren eventuell aggressiv, beißen oder ziehen Menschen unter Wasser.

Zeigen Sie Sensibilität und respektieren Sie die Bedürfnisse der Tiere. Wenn Delfine sich beispielsweise ausruhen, meditativ schwimmen, synchron in der Gruppe atmen, ein verstorbenes Familienmitglied zur letzten Ruhe geleiten oder auch sonst kein Interesse an Ihnen bekunden, sollten Sie sie auf jeden Fall in Ruhe lassen.

Wenn Delfine frontal auf Sie zuschwimmen, dabei aggressiv mit dem Kopf nicken, mit der Schwanzfluke schlagen und mit dem Schnabel klappern, wollen sie ihre Grenzen abstecken. Sie sollten sich sofort entfernen.

Wenn die Tiere Sie aber anschauen, sich auf den Rücken drehen, mit der Brust- oder Rückenfinne schwenken oder irgendwie anzeigen, dass sie Ihre Nähe suchen, dann sollten Sie sich mit Beachtung dieser Regeln auf eine Begegnung einlassen. Am erfolgreichsten werden Sie sein, wenn Sie passiv bleiben und die Tiere auf sich zukommen lassen. Wenn Sie direkt auf die Tiere zuschwimmen, riskieren Sie, dass sie sofort abtauchen. Wenn sie sich ungeduldig aufdrängen, unterbrechen Sie die Annäherung und die nächste Phase der Begegnung kann sich nicht entwickeln.

Vermeiden Sie abrupte, laute und unerwartete Verhaltensänderungen. Damit erschrecken Sie die Tiere.

Obwohl die Tiere Musik und Trommeln mögen und oft mit Annäherung darauf reagieren, können plötzliche Laute oder fremde Geräusche sie verscheuchen.

Es ist überaus wichtig, dass sich jeder der Verantwortung für sein Verhalten bewusst ist und nicht die Regeln der Höflichkeit verletzt und dadurch Regierungen veranlasst, die Begegnungen zwischen den Spezies durch Gesetze einzuschränken.

Immer wenn Delfine sich entschließen, mit Ihnen zu schwimmen, werden sie zunächst langsam an Sie heran oder unter Ihnen her gleiten. Bei dem ersten Treffen nähern sie sich normalerweise ganz langsam aus einer Distanz von sieben bis zehn Metern und kommen bis auf fünf Meter an Sie heran. Sobald sie Sie besser kennen, trauen sie sich auch näher heran, manchmal sogar bis auf weniger als einen Meter. Sie müssen ihnen allerdings vorher genug Zeit geben, diese Vertrautheit aufzubauen.

Schenken Sie den Delfinen und Walen die Liebe Ihres Herzens, schenken Sie ihnen Musik und Freude und lassen Sie sie auf Bugwellen reiten.

Kommen Sie als Gäste und nicht als Gastgeber, kommen Sie als Lernende und nicht als die Lehrer.

WEITERFÜHRENDE HINWEISE ZU DEN »ENERGIE-THERAPIEN«

Wer sich für die Therapieformen interessiert, die ich unter dem Sammelbegriff »Energie-Therapien« vereint habe, kann sich unter den unten aufgeführten Büchern und Internet-Adressen weiterinformieren. Die meisten der darunter zu verstehenden, noch nicht lange existierenden Körper-Seele-Therapien basieren auf der Erkenntnis, dass negative Emotionen mit Hilfe meridianer Körperpunkte, visueller Stimulationen, Akupunktur, Akupressur und fernöstlicher Massage- und Streichtechniken relativ schnell zu neutralisieren sind. Parallel dazu werden neue Bio-Energiefelder aufgebaut. In den Vereinigten Staaten haben die *Thought Field Therapy (FTF)* und die *Emotional Freedom Technique (EFT)* großen Zulauf.

Gary Craig, Begründer der Emotional Freedom Technique (EFT) und Neurolinguist. Die EFT- Therapie ist eine emotionale Form der Akupunktur: Während der Klient nach innen auf sein Problem schaut, werden bestimmte meridiane Punkte mit den Fingerspitzen berührt. Weitere Informationen unter: http:www.emofree.com.

Fred P. Gallo hat ein Buch über bioenergetische Felder geschrieben: *Explorations at the Surface of Energy. Cognition, Behaviour and Health,* New York, Berlin 1998. Siehe auch: http://www.energypsych.com/.

Bobbie Sandoz, *Miracles for the Masses: Releasing Old Pain to Make Way for a Golden Future* (im Druck).

Larry Nims, Begründer der Be Set Free Fast-Therapie (BSFF), lernte seine Technik unter dem Gestalttherapeuten Roger Callahan entwickeln. Callahan wiederum hat die Thought Field Therapy (TFT) begründet, die negative Emotionen ausstreichen will. Grundlage beider Ansätze ist zudem ein postives Feedback. Online-Adresse: http://members.aol.com/eliums/bsff.html.

Errol D. Schubot hat mit Kollegen die Process-Therapie kreiert. E-Mail: csource@earth-link.net.

Mary Hammond-Newman kennt sich mit diesen Therapie-Formen gut aus: energypsych@world-net.att.net.

Victoria Danzig ist Sozialarbeiterin und Gestalttherapeutin, Expertin in der Tought Field Therapy. Die negativen emotionalen Strukturen sind bei diesem Therapieansatz für körperliche Probleme verantwortlich. Auf ihrer Homepage erklärt sie die Therapieform sehr verständlich: http://www.thoughtfield.com.

Peter T. Lambrou, Psychotherapeut, hat im Selbstverlag ein Buch über ein schnell funktionierendes emotionales Heilverfahren herausgebracht. Weitere Informationen unter: http://www.gem-systems.com.

David Grundermeyer, Psychologe, beschäftigt sich mit einer vergleichenden Energie-Therapie: http://www.energypsych.org.

Therapeuten, die diese effektiven Therapien in ihre Arbeit einbeziehen wollen, kann ich nur empfehlen, all diesen Hinweisen nachzugehen.

Die Eye Movement Desensitization and Reprocessing-Therapie (EMDR), entwickelt von Francine Shapiro, ist eine andere neue und wirkungsvolle Methode, um sich negativer Energien zu entledigen, fällt aber nicht unter die Kategorie der »Energie-Therapien«. Von Francine Shapiro gibt es zwei ins Deutsche übersetzte Bücher: *EMDR. Grundlagen und Praxis,* Paderborn 1998 und *EMDR in Aktion.* Paderborn 1998. Ein wichtiges Vorgehen ist bei Shapiro die Erforschung von Traumata.

ORGANISATIONEN ZUM SCHUTZ DER DELFINE UND WALE

IN DEUTSCHLAND

Greenpeace e.V.
Setzt sich gegen die Plünderung der Weltmeere ein; Hauptanliegen sind Kampagnen gegen den Walfang.
Große Elbstraße 39
22767 Hamburg
Tel. 040/30 61 80
http://www.greenpeace.de

Gesellschaft zur Rettung der Delfine e.V. (GSM)
Gründer: Rollo Gebhard
Engagiert sich gegen das Fischen mit Treib- bzw. Ringnetzen
Kornwegerstraße 37
81375 München
Tel.: 089/741 604 10
http://www.delphinschutz.org

M.E.E.R. e.V. (Mammals Encounter Education Research)
Der Verein kümmert sich um Forschungs- und Bildungsprojekte mit Walen und Delfinen auf der spanischen Insel La Gomera.
Wielandstraße 38
12159 Berlin
Tel.: 030/850 787 55
http://www.1travel.de.meer

Whale and Dolphin Conservation Society (WDCS)
Ansprechpartner: Niki Entrup
Die englische Organisation hat seit einem Jahr ein Büro in Deutschland. Sie unterstützt internationale Projekte, die sich zur Aufgabe gemacht haben, das Verhalten von Delfinen zu erforschen. Zugleich machen sie Aktionen, um den Wildfang von Delfinen für Aqua-Parks zu verhindern.
Goerdelerstraße 41
82008 Unterhaching
Tel.: 089/610 023 93
http://www.wdcs/de.org

Deutsches Delfin-Institut Freiburg
Ansprechpartner:
Michael Lautenbach
Bietet Delfin-Seminare an, die auf Fantasiereisen mit Delfinen basieren, um deren Potenzial wie Kreativität, Lebensfreude, Vertrauen und Visionen für das persönliche Leben auszuschöpfen. Zeigen im Rahmen eines jährlichen Delfin-Festivals Filme über Delfine und Wale.
Tel.: 0761/40 72 50
http:www.physics.helsinki

WELTWEITE ADRESSEN VON ORGANISATIONEN UND MEERESSÄUGER-EXPERTEN

Ocean Mammal Institute (OMI)
Gründerin: Marsha Green
http://www.oceanmammalinst.org

Whales Alive
Ansprechpartner: Stan Butler, Carol Zahorsky
E-Mail: whalesalive@igc.apc.or

Natural Resources Defense Council (NRDC)
http://www.nrdc.org/

Education for a Better World
Gründerin: Bobbie Sandoz
http://www.bobbiesandoz.com

Earthtrust & Sea Life Park Hawaii
Institutsdirektor: Ken Marten
E-Mail: porpoise@lava.net
http://www.earthtrust.org

Jojo Dolphin Whale and Wildlife Project
Gründer: Dean Bernal
E-Mail: jojo@tciway.tc; www.jojo.tc

International Dolphin Project
Ansprechpartner: Ric O'Barry
E-Mail: idp@rain.org

University of Hawaii Dolphin Institute
Institutsdirektor: Lou Herman
http: dolphininstitute.com

Marianne Williamson
Autorin, Delfinexpertin
http://marianne.com

Gary Zukav
Autor, Delfinexperte
E-Mail: gary@zukav.com;
http://www.zukav.com

Neale Donald Walsh
Autor, Delfinexperte
E-Mail: recreating@aol.com

Jim Nollman
Hat mit seiner Band »Orcas Greatest Hits« aufgenommen – Schwertwalgesänge und eine Männerband musizieren hier zusammen.
E-Mail: beluga@rockisland.com;
http://wwwphysics.helsinki

DANKSAGUNG

Dem ekstatischen Tanz mit der Muse folgten die Qualen der Materialsichtung und der Suche nach einem Verleger. Wir Autoren sind den Menschen, die uns bei diesem Prozess tatkräftig unterstützen, zu größtem Dank verpflichtet.

In diesem Sinne danke ich zuerst meinem Sohn und meiner Schwiegertochter dafür, dass sie den Geist der Delfine in ihren Herzen halten, dass sie mich mit Freude und Liebe unterstützen und mir bei der Herausgabe von *Mit Delfinen schwimmen* von Anfang bis Ende hilfreich zur Seite standen. Besonders danke ich ihnen für mein wunderbares Enkelkind, das sie der Welt geschenkt haben und das schon im Mutterleib erste Begegnungen mit Delfinen hatte.

Außerdem danke ich meiner Tochter und ihren Freunden für die vielen fröhlichen Stunden, die sie gemeinsam mit mir und den Tümmlern schwammen. Dank sei meiner Tochter auch für ihre großartige Mithilfe bei der Herausgabe des Buches.

Mit Delfinen schwimmen wäre ohne Julia Weinberg niemals veröffentlicht worden. Unser synergistisches Zusammenwirken begann mit dem Moment, als wir auf der Ebene unseres höheren Selbst mit den Delfinen tanzten. Ich danke für ihre liebevolle und kluge Unterstützung, für ihre Weisheit und ihre Hilfe in allen Fragen. Natürlich danke ich auch all meinen Freunden, besonders Gail, Sue, Lorna, Kathy, Puchi, Linda, Susie und Mindy.

Schließlich möchte ich auch meiner amerikanischen Verlegerin Cindy Black dafür danken, dass sie den Wert meines Buches erkannte, dazu beitrug, es noch besser werden zu lassen, und mir damit eine faire Partnerschaft anbot. Mein Dank gilt ihrem ganzen Team, besonders Kathy Matthews und Melissa Thompson für ihre Hilfe.